目次

凡例

一、本『ディオン・クリュソストモス集』は全六冊とし、彼の作として伝わる八〇篇全部、および断片、手紙、他作家による証言を収める。

二、翻訳の底本としてロウブ版（Dio Chrysostom, five volumes, by J. W. Cohoon / H. L. Crosby, London / Cambridge, Massachusetts, 1932–51）を用いるが、適宜、他の校訂本に従ったり、訳者の判断によって、それとは別の読み方を採ることがある。

三、ディオン・クリュソストモスの生涯や、作品全体に関する総論は、第一集に収録する。

四、この第一集には、作品第一篇から第六篇までを収める。各篇の冒頭に、内容概観を掲げる。また長い作品には、小見出しを適宜付ける。解説で、各篇のより詳しい説明を行なう。

五、ギリシア語とラテン語をカタカナで表記するにあたっては、

(1) ϕ, θ, χ と π, τ, κ を区別しない。

(2) 固有名詞は、原則として音引きを省いた。

六、巻末に「固有名詞索引」を付す。

王政論

弁論集 1

ディオン・クリュソストモス

西洋古典叢書

王政論

弁論集 1

内田次信 訳

若きヘラクレスの選択——王政論その一（第一篇）

内容概観

ディオンを追放に処したドミティアヌス帝の暗殺（九六年）後、ネルウァが帝位について（在位九六―九八年）「五賢帝」時代となり、ネルウァの後をトラヤヌス帝が継ぐ（在位九八―一一七年）。ディオンの『王政論』と題された作品群、第一から第四篇は――少なくとも第一篇や第三篇は――、そのトラヤヌス帝を聴き手または読者にしていると目される（ただし「解説」参照）。第一篇は、トラヤヌスが九八年に帝位についた早々に行なわれた弁論か。写本の原題は、『王政論その一（*ΠΕΡΙ ΒΑΣΙΛΕΙΑΣ Α*）』。なお、一般に写本記載の題はディオン自身によるものではなく、後代の編集者によるものらしい。

全体は二部に分かれる。

一、トラヤヌス帝への語りかけ〔一―四八節〕

アレクサンドロスを鼓吹した笛師〔一―八〕

善き王とは〔九―三六〕

大神ゼウスについて〔三七―四八〕

二、ヘラクレスの神話〔四九―八四節〕

老婦人との出会い〔四九―五八〕

王者ヘラクレス〔五九―六五〕
若きヘラクレスの選択〔六六―八四〕

一、トラヤヌス帝への語りかけ

アレクサンドロスを鼓吹した笛師

一　言い伝えによると、かつて笛吹きのティモテオスが[1]、アレクサンドロス王の前で初めて自分の技を披露したとき、王の性質に合わせながらとても熟練した絶妙な演奏をしたことがあるという。彼が奏したのは、軟弱で緩やかな曲ではなく、心を寛《くつろ》がせ安楽にさせる性質のものでもなくて、むしろ、わたしの思うに、まさしくアテナの曲[2]と称される鋭い音調の楽曲であった。二　するとアレクサンドロスは、すぐさま座席から跳び上がり、神がかりになったように武器のあるほうへ走った、それほどに彼は、この曲の旋律と笛のリ

（1）アレクサンドロスが、前三二四年にスサでマケドニア人とペルシア女性との集団結婚式を催し、自分もペルシア王女と結婚したときに呼ばれたたくさんの芸能者や音楽家のなかにこのティモテオスという笛師もいた（アテナイオス『食卓の賢人たち』第十二巻五三八f）。ただし、ここの出来事がそのときのものかは分からない。

（2）ペルセウスがメドゥサの首を切り取ったとき、それを嘆く姉妹たち（ゴルゴン）の声を真似た笛の曲を、アテナ（ペルセウスを守護していた）が作ったという。ピュティア競技などで演奏題目になっていた。ピンダロス『ピュティア祝勝歌』第十二歌一九行以下参照。

ズムに煽《あお》られてしまったのだという。

そうなった原因は、音楽の力と言うよりも、この王の気質がいつも張りつめた激情的なものであったからだ。三　なぜなら、［対照的な例を挙げると、放蕩なアッシリア王］サルダナパロス(1)をその寝室から、女たちの傍らから、起き上がらせることは、ティモテオスその他、より後代の笛師のみならず、［神話的な笛師たち］マルシュアス自身やオリュンポス(2)にすらできなかったであろう。思うに、もしそれが可能として、アテナが女神自身の曲を演奏したとしても、あの王はけっして武器に触《さわ》ろうとはしなかったはずだ。それよりも彼は、立ち上がったら、踊りだすか逃亡するかしたことだろう。それほどに彼は、権力と贅沢によって、惨めな状態に陥っていたのである。
四　だからわれわれも、この弁論を行なうに当たって、笛師に劣ることがないよう努めねばならない。そして彼の笛の調べに匹敵する男らしい勇壮な言論を考案しないといけない。**五**　しかしまた、ただ一つの音調でそれを整えるのではなく、むしろ同時に激しく優しく、戦闘的でもあり平和的でもあるというものに、さらに、法を尊ぶとともに真に王者的でもある、というものにしなければならない。というのはこの弁論は、思うに、男らしいと同時に順法を尊ぶ指導者たらんと願っている人［トラヤヌス帝］に、大いなる勇気とともに大いなる公正心を求めている人に、向けられるからである。
六　じっさいティモテオスが、戦闘的な曲の演奏を知っていたのと同様に、人の心を公正な、思慮深い、自制的な、人間愛あるものにする力を持つ曲を吹くことも心得ていたら、つまり、武器に向かって走らせるのみならず、平和と協調と敬神と人間への配慮にも向かわせる音楽を知っていたら、彼が側に侍《はべ》って笛を奏《かな》であることは、アレクサンドロスにとってこよなく貴《とうと》いものになっていたことだろう――七　犠牲式をするときのみならず、他にも王が、然《しか》るべき程度と適切さを超えて無際限に悲嘆し続けているときや、法と公正さによって許される以上の厳しさで懲罰を与えようとしているときや、自分の友人、朋輩に向かって怒りたけっているときや、人間の本当の親［ピリッポス］を蔑《さげす》んでいるときなどに、彼がそのような演奏をしていたならば。八　とはいえ、音楽の知識と技量には、どんな場合でも人間の性質を癒して助けをもたらす、というほどの力はない。それはありえない。ちょうど詩人が、

アスクレピオスの子孫［医師たち］にも神はこの恵みを与えなかった(4)

と言っているとおりである。

唯一、思慮ある賢者たちが――古人の多くがそうであったわけだが――語って聞かせる言葉だけが、人の忠言によく従う優《すぐ》れた性質の人間に対して、十分で完全な指導者になり、援助者となって、あらゆる徳に向かうよう適切に励ましつつ導くのである。

(1) アッシリア帝国の伝説的な王。もっぱら奢侈・放蕩のイメージで語られるが、いろいろなアッシリア王の特徴が、民話的要素とともに合わさったものと言われる。

(2) マルシュアスはプリュギアのサテュロス（人間の体に一部馬などの特徴を持つ野生の神）。アテナが捨てた笛を拾い、その術に長じて、キタラー琴のアポロンと競い合った。オリュンポスはマルシュアスの子（または父）で、笛の名手。

(3) 彼は、自分の本当の父はゼウス・アンモン神であると信じていたらしい。

(4) テオグニス『エレゲイア詩集』四三二行。

善き王とは

九　では、どのような話があなたの熱心さに価し、ふさわしいものとなるだろうか？　そしてどうしたらわたしは、そのような完全な言論を見いだすことができるだろうか？　放浪の独学哲学者(1)であり、多くは苦労と労働に精一杯の喜びを見つけながら、言論のほうは、自分自身やそのときどきに出会う人々に向かって、励ましの目的で口にするというにすぎないわたしである。ちょうど、運びにくい重荷を移動させようとする者が――歌人でもなく詩歌の作者でもなくて労働者であるという人間が――言葉を発し、静かに歌いつつ、労苦を軽減しようとするのと同然なのである。

一〇　しかし哲学には多くの言論があり、そのすべてが聞くに価し、無頓着ではない聴衆に驚くほどの助けをもたらすものである。目の前に、わたしの言葉を熱心に聴こうとする人を得ているからには、「説得（ペイトー）」とムーサイとアポロンに呼び掛けてから、できるかぎり心を尽くして演説せねばならない。

一一　では、善き王の気質と性向について、できるだけ簡潔にまとめながら述べることにしよう。そういう王には、

考えを巡らすクロノスの子［ゼウス］が、
王杖《おうじょう》と掟を授け、人々を教え導くようにさせた(2)

という。一二　まったくのところホメロスは、他のことでもそうだが、思うにこの点でもよいことを言っている。すべての者が、ゼウスから、王杖とそういう支配権を得ているのではなく、ただ善い人間だけが、と

いうのである。(3) またそれは他でもなく、治められる者を教え導き、彼らのために慮るという［名誉ある］権利のために授かるのであり、一三　放恣と浪費に耽《ふけ》るためではない。けっして、おのれの持てるかぎりの力を揮《ふる》って、無知と暴慢と思い上がりで魂を充たし、怒りと苦悩と恐怖と快楽とあらゆる欲望によって掻き乱される状態に心を陥《おとしい》れるためではない。いやそれは、できるかぎり自分と臣下の者のために心を配りつつ、民の本当の牧者、羊飼いになるためなのであり、ある人の言うように(4)宴の主《あるじ》や客になるためではない。寛ぐ暇もないゆえに、夜じゅう自分に眠ることすら許さない、という人間になるためなのだ。

一四　そのようなことをホメロスも、真理を説く他の賢者たちとともに述べている。すなわち、邪《よこしま》で放縦で貪婪な者は、けっして自分をも他人をも治め支配することはできず、またけっして王になることもないだろう、と。それは、たとえギリシア人や異国人が、男と女が、挙《こぞ》ってそういう男を王と呼ぼうとも、また

(1) ディオンは、ドミティアヌス帝によって追放処分を受け（少なくとも故国ビテュニアへ立ち入ることを禁じられた、期間は一〇年から一四年に及んだらしい）、遠くは黒海北岸まで放浪した。「独学 autûrgoi」と言っているが、追放前には、ストア派ムソニウスのもとでエピクテトスらと席を並べたなどの可能性もある（ただし「解説」参照）。ここは、放浪中は、やむをえず自分自身の力で哲学思索を深めながら、の意であろう（第十三篇一一参照）。

(2) ホメロス『イリアス』第二歌二〇五行以下。原文では「治める」（二〇六行）。同第九歌九八―九九行との（意図的?）混同らしい。

(3) オデュッセウスは、そこにいる（トロイア遠征中の）ギリシア人全員が王なのではない、何人も王がいるのはよいことではない、ゼウスが認めた一人だけが王たるべきだ、という趣旨で、本箇所で引用される句を口にしている。

(4) プラトン『国家』第一巻三四五C、第四巻四二一B参照。

たとえ人間が彼を讃嘆して臣従するのみならず、飛ぶ鳥や山の獣までが人間に劣らぬくらいにへりくだり、命じられるとおりに行動する、という場合でもそうなのだ。

一五　だからわれわれは、ホメロスに従いながら、真実に王たる者のことを述べることにしよう。この弁論は、あらゆる媚《こ》びや中傷を排して率直に語られながら、自分自身の判断を用いて、［理想的な］善き王に対等の者を見分け、対等する分に応じて称賛し、等しくない者は、そのことを明るみに出して批判するのである。

まず初めにそういう王は、神々のことを心にかけ、神的なるものを崇めている。一六　正しい善い人間は、最も正しく優れた存在たる神々以外には信を置くことができないのである。他方、悪い人間であるのに、神々に気に入られていると考えるときがある者は、まさにこの最初の点において敬虔《けいけん》ならざる人間である。なぜなら、神的存在を無知な者と、あるいは悪しき者[1]と見なしているからである。

一七　神々の後に彼は、人間のことを心にかける。善い人々を尊び愛し、すべての人間に配慮する。誰が、放牧者以上に牛の群れに気を配るだろう。誰が、羊飼い以上にその群れにとって助けになるだろう？　誰が、最多の馬を支配し最大の利益を馬たちから得ている人間以上に馬を愛するだろう？　一八　そして誰が、ものの理として、最多の人間を治め最大の称賛を人間から受けている者ほどに人間を愛するだろう？　なぜなら、種の異なる荒々しい動物を支配する人間［放牧者］が、同種の文明的な人間に君臨する者以上に、治められる側に対して善意を示すことがあるとしたら奇妙なことであろう。一九　さらに、牛の群れは何よりも放牧者を愛し、その指示に忍従するし、馬は御者に対してそうであるし、狩猟者は犬たちによって守られ愛される。そのように他の場合でも、支配されるものは支配するものを愛するのである。二〇　だから、心も知もないもの［動物］が、自分を顧慮してくれる人間を認識して愛するというのに、すべてのうちで最も理知的で最も感謝を知る存在［人間］が、それを認識しないとか、さらには陰謀を企てるとかいったことが考えられるだろうか？　いや、文明的で、人間愛を有する王は、必然的に、愛されるのみならず恋慕もされるのだ。だから彼は、こういうことを知っているし、生まれつきそういう性質でもあるので、すべての人に対して寛容な優しい心を向ける。すべての人を、自分に対して善意を抱いた友人であると見なすからである。

二一　そして彼は、支配するために、人より多くのものを持たねばならないと考えるが、それは財や快楽に関してではなく、配慮と思いやりの点においてである。それで彼は、他の多くの者が財や快楽を愛する以上に労苦を愛する。快楽は、それにいつも溺れる者を他の点でも害するが、とくにその快楽自体に対してすぐ不能にしてしまう。しかし労苦は、他の点でも役立つが、とくに労苦に耐える力を絶えず増大させてくれる。こういうことを彼は知っているのである。

二二　だから彼だけが、兵士に対して戦友と呼び掛け、なじみの人間を、友情という言葉を愚弄することなしに、友人と称することができる。彼は、名目の上だけで市民と被統治者の父と言われるのではなく、行ないによってもこのことを示すことができる。自分が君主と呼ばれることを彼は、自由人に対する関係においてのみならず、奴隷に対するときですら喜ばない。二三　王の務めをなすのは自分一人のためではなく、人間すべてのためであると考えているからである。

（1）悪い人間に味方する神は、悪い神ということ。

したがってまた、恩恵を受ける者よりも大きな喜びを、彼は、恩恵を与えることで味わう。そしてこの快楽に関してだけは飽きることがない。王の務めにかかわる他の事柄は余儀なくするものと考えるが、恩恵の施しだけは、自ら進んで行なう幸せな行為と思っているからである。二四　そして善いものは、それが無尽蔵であるかのように、惜しみなく与え、禍いは、太陽が闇の原因にならない以上に、それを引き起こさない性質に生まれついている。彼を見、彼と交わる者は、離れることを望まない。その声を聞く者は、知られざる父親を子供が探し出したいと思う以上に、彼を見たいと願う。二五　敵は彼を恐れ、自分が彼に対する敵であると認める者は誰もいない。友人たちは安心を抱き、すぐ近くにいる者は、これほどに安全な場所はないと考える。彼に近寄り眺める者に、恐惶や恐怖の気持ちは起こらず、むしろ、恐怖よりずっと強い力を持つ畏敬の心が生じる。恐れを抱く者は、必然的に憎悪を抱き、逃げ去りたいと願うものだが、畏敬する者は、側に留まり讃嘆するのである。

二六　彼［善き王］は、率直で誠実であることを、王にふさわしい思慮深い性質と見なす一方、悪行に耽り欺瞞《ぎまん》を用いるのは、奴隷に似つかわしい無知な性質と考える。野獣でも、最も卑しいものが、すべてのうちでいちばん虚偽を働き欺くものである、ということを見て取っている。

二七　彼は、生来、尊敬されることを愛し、また、善い人間を人々は尊敬するものだということを知っている。しかし、その気のない者から尊敬されるより、自分を憎む者から友情を得るほうが易しいだろうと考えている。

さらに戦闘的でもあり、自ら戦を采配するほどだが、また、平和を享受しており、戦いを仕掛けるに価するものは何も残っていないほどである。戦の備えをいちばんよくしている者が、いちばん平和に時を過ごせるのだということを彼は知っているのである。

二八　朋友を愛し、市民を、兵士を、等しく愛するのが彼の性質である。なぜなら、もし、戦に従事する者を軽侮し、王国のために労多き危険な務めについている者をまったく見ない、あるいは稀《まれ》にしか接見しない一方で、役に立たない、武器を取らない群衆には阿《おもね》り続けるという王がいたとしたら、それはちょうど羊飼いが、自分とともに見張りをしてくれるもの〔牧羊犬〕のことを知らず、食事も与えず、彼らが見張りをしているときにいっしょに寝ずの番をすることもしない、というのと同然である。こういう羊飼いは、野獣のみならず、犬たちにも、羊の群れを襲うよう勧めているのだ。

二九　しかし、兵士たちは甘やかし、彼らに訓練を課さず、労多き仕事を命じることもしない一方で、他の人々は意に介さないという王がいたとしたら、それはあたかも、船乗りたちにはたらふく食べさせ、昼から眠らせて増長するに任せているのに、乗客や滅びつつある船のことは考慮しないという船長に似ている。

三〇　また、こういう点についてはそこそこの振る舞いをしているが、自分の近くにいて友人と称されている人々に敬意を払わず、皆が彼らを幸せな羨《うらや》ましい人間と思うようにしてやる配慮をしない王がいたら、彼は、知らず知らずのうちに自分と自分の王国との裏切り者になっているのだ。友人である者を落胆させ、他の人間には、彼の友情を求める気持ちを起こさせず、自分自身からは、最もうるわしく有益な財たる友情を奪っているからである。三一　誰が友人ほどに労苦を、そうすべきときに、進んで引き受けるだろうか。誰が、幸運に恵まれているとき、友人ほどに喜びを共にしてくれるだろう。友人から与えられるときほどに快い称賛があるだろうか。他の誰から真実を諭《さと》されて、それほど苦痛を覚えずに済むだろう。どのような警護や守備や武器が、好意を持つ者の守護ほどに確固不動で力強いだろう。三二　人は、朋友を持っているのと同じ数の眼で見たいものを見、それだけの耳で聞くべきものを聞き、それだけの知性で自分の利益のことを考えるのである。それは神が、一つの身体を持つ者に、彼のことを全員で考慮してくれている魂をたくさん与えた、というのと異ならない。

三三　他の多くの点は言わずにおいて、最も明らかな徴《しる》しを述べるとすると、優れた王とは、善い人々が現在においても将来においても絶えず称賛を捧げ続けて恥じない、という人である。ただし、彼自身は、卑しい俗悪な者たちから称賛されることは望まない。彼が愛するのは、嘘をつけば生きるに価しないとする自由で気高い人々からの讃辞である。

三四　したがって、誰がそういう人とその人生とを至福と見なさないだろうか。人々は、彼を見るために、そしてそのうるわしく優れた知性に与《あずか》るために、どこからでもやって来るのではないか。高貴であり、また労苦を愛する王以上に尊厳な眺めがあるだろうか。穏やかで友愛に富み、すべての人々に恩恵を与えることを望み、またそうする力を持つ王ほどに快い眺めがあるだろうか。三五　公平で正しい王ほどに利益を与えるものがあろうか。皆が等しく守護する人ほどに安全な生があろうか。自分の敵と見なす者は誰もいないという人より快い生が送れる者があるだろうか。自分を責めるいわれは何もないという人より苦痛の少ない生を味わえるだろうか。善い人であるということが誰にも分かっているという人間ほどに幸せな者がいようか。

三六　わたしは、善き王にかかわることを率直に述べた。これらの特徴のいずれかがあなた［トラヤヌス帝］にあるようであれば、思いやりある善い性質のゆえにあなた自身も至福であるし、それに与るわれわれも至福である。

大神ゼウスについて

三七 いま述べた言論の後にわたしは、最大至高の王にして支配者たる存在［ゼウス］のことを論じたいと思った。(1) この方を、死すべき身にして死すべき者たちに関することを司る人々［王たち］は、心して模倣し続け、おのれの人柄をできるだけ彼に合わせて同化しないといけない。**三八** このためにホメロスも、真に王である者を、その熟慮においてゼウスに等しい者を、ゼウスに養われた人と称しているのだ。そして正義の点で最大の誉れを得ているミノスを、(2) ゼウスの朋友と呼んだのだ。おおよそ、ギリシアと異国において、かつて、こういう呼称を得るに価する王になった人々は、この神に学び見習った者たちである。これは事理から明らかである。**三九** 神々のうちゼウスだけが父にして王と呼ばれ、(3) また、市（ポリス）の、友情の、朋友関係の、一族の守護神と称される。さらに嘆願の、避難の、もてなしの神と言われ、他の多くの呼称も持っている。すべてが善い名称であり、善いことがらの基となるものである。

四〇 王という名称は、神の支配と権力のゆえに、父というのは、配慮に富む優しさのために付けられて

(1) 四八節参照。
(2) クレタの王。死後は、冥界で死者を裁いている。
(3) ゼウスに関する以下の称号の数々は、第十二篇七五でも列挙される。

いる。市の守護神というのは、法と公益を司るためであり、一族の、という名は、神々と人間の生まれが共通であるがゆえである。(1) 友情や朋友関係の神というのは、彼がすべての人間を協和させる方であり、お互いが友であることを、誰も互いに反目せず敵対しないことを、この神が望んでいるからである。**四一** 嘆願の神というのは、彼が懇願する者に対して耳を傾け慈悲深いから、また避難の神というのは、人が禍いを避けるようにさせるがゆえである。もてなしの神という名は、よそ人を蔑《ないがし》ろにせず、どの人間も縁《ゆかり》のない者とは見なさないということが友愛の初めだからであり、財産の神とか、豊作の神とかいうのは、実りをもたらし、貧乏や困窮ではなく富と財を授ける神だからである。これらすべての能力が、王たる者の能力と呼称に初めから含まれていなければならない、ということである。

四二 したがって、わたしには、神による全世界の統治について語るのがふさわしいことであったろう。宇宙が、それ自身も幸福で、知恵に充たされつつ、無限の周回を永遠に行ないながら、無限の時間を進んでいる——幸と、不変の神力と、摂理と、公正で最良の支配とがそこには伴われている——というありさまを、またそれがわれわれをも——宇宙とわれわれとお互いに共通する性質(2)に基づき、同一の掟と法の下に秩序付けられ、同じ国制(ポリーテイアー)に与っているわれわれをも——おのれに似たものになしている、というありさまを、論じればよかったであろう。

四三 この国制を尊んで守り、それに敵対することを何もしない者は、法に従い、神を愛し、秩序を保つ人である。他方、それを自分の力の及ぶかぎり乱し、違反し、過つ者は、法を知らず、秩序を損なう人間である。それは、私人と呼ばれる者でも、支配者と称される場合でも同じことだが、支配者の過誤のほうがはるかに重大であり、誰の眼にも明らかになるものである。**四四**　ちょうど、軍団、都市、属州の将軍や統治者で、あなたの性質を最も模倣し、あなたの人柄に自分をできるだけ近づけていることが明らかな者が、あなたにとって誰よりもいちばんの朋友であり、友であるようなものである。逆に、誰かが敵対的な背反的な態度でいれば、正当にも譴責と名誉剝奪の処置を受け、統率者の任を即座に解かれて、他の、よりよく統治できるよりよい人物に譲ることになるだろう。**四五**　そのように王たちも、思うにゼウスから権力を受け委任されているのだから、この神に目を向け、その法と掟に従って正しく立派に治め、統治すれば、よい運命と幸福な結末を得ることになる。**四六**　逆に、それに背反する者、委任したか、あるいはこの贈り物をしたかした神を辱める者は、その大きな権限と権力から何も得るところがない。ただ自分の時代と後代の人間に、邪悪な放縦な人間であったことを明確に知られるだけである。それは、神話のパエトン(3)の運命をたどることに等しい。力が十分ある御者でもないのに、力強い神的な馬車に、定めを超えて、乗り込んでしまった男のことである。**四七**　ホメロスも確かこのように言っている。

見るからに冷淡で、心も冷淡という男には、

---

(1) 第十二篇二七および第二分冊二二一頁註(2)参照。

(2) ストア派で、ロゴス(理性)とかヌース(知性)とか「ゼウス」などと呼ばれる共通の起源を世界全体は有し、「同一の……法」や(宇宙的)「国制」の下にあるとされる。第二分冊二二一頁註(2)参照。なお、本篇でのプラトン的要素について「解説」参照。

(3) 太陽神の息子。その馬車つまり焔の車を御することを父に乞い、手綱を握ったが、馬たちを制御する力がなく、迷走する馬車が地上を焼き焦がすので、ゼウスが雷電によってパエトンを撃ち落とした。

皆が挙《こぞ》ってその背中に禍いを呪いかける。
生前はこうであり、死後にはあらゆる人が彼を嘲笑する。
しかし、見るからに立派で、立派な心を持つ人の場合には、
その名声をよそ人たちが世界中に
言い広め、多くの人が彼を善い人だと噂する。(1)

四八　わたしとしては、すでに述べたように、このゼウスと宇宙のあり方について、喜んで、熱意を持って、論述するところであったが、いま与えられている時間はそれには短すぎる。またそれは、より厳密な論証が求められる問題である。別の機会にそれを論じる時間がおそらくあることだろう。

二、ヘラクレスの神話

老婦人との出会い

四九　しかしもしあなたが、何か神話を聞きたいとおっしゃるなら、というよりも、神話の体裁で語られる神聖な、為《ため》になる話を所望されるなら、おそらく次の話は、いま現在、また将来において、あなたの立場とそれとを考え合わされるとき、馬鹿げた物語とはお感じにならないことだろう。それはかつてわたしが、エリス人だったか、アルカディア人だったか、(2)ある婦人の口から聞いたヘラクレスの話である。

五〇　かつてわたしが、ちょうど追放の身で流離《さすら》っていたときのこと――多大な感謝をわたしは神々に抱

いている、多くの不正な出来事を目撃せずに済むようにしてくださったのだから[3]――、できるかぎり多くの土地をわたしは放浪者の姿と身なりで経巡っていた。あるときはギリシアの国々へ、あるときは異国の土地へ、

剣や釜ではなく、パン屑を求めて[4]

行ったのである。

五一　かくてわたしは、[ギリシア南部]ペロポネソスにも赴いたことがあるのだが、町々にはあまり向かわず、むしろ田舎で――歴史伝説に富む地なので――、時を過ごしながら、気高く素朴な気質の羊飼いや狩人たちと交わっていた。

五二　ヘライアからピサへ行くつもりでアルペイオス河[5]沿いに歩いていたところ、しばらくは進路が分かっていたが、そうこうするうち、樹がこんもりと繁った進みにくい地帯に入り込んだ。牛や羊の群れのあれこれに導く小道がいっぱい分かれている。誰にも会わず、尋ねる相手もいないので、わたしは道に迷い、

---

(1)ホメロス『オデュッセイア』第十九歌三二九行以下。

(2)エリスは、ギリシア・ペロポネソス半島西北部、オリュンピアを擁する地。アルカディアは、同中央部の地域。アルペイオス河沿いに歩いたと言うが(五二節)、この河は一部エリスとアルカディアの境界を流れるので、どちらの婦人だったか分からない、というのはそういう意味合いだろう。

(3)ディオンを追放処分にしたドミティアヌス帝の恐怖政治のことを言う。九六年に彼が暗殺された後、ディオンは、ネルウァ帝によって赦され処分を解かれた。

(4)ホメロス『オデュッセイア』第十七歌二二二行。

(5)ヘライアはアルカディア西部の町、ピサはオリュンピア北東の町。アルペイオス河は、アルカディアに発し、一部はアルカディアとエリスとの境界をなしながら、オリュンピアの南方を走って、西方のイオニア海に注ぐペロポネソス最大の河。

真昼時だというのにあたりを彷徨《さまよ》って歩いた。すると、ある丘の上に、樫《かし》の樹が集まって聖なる森のようになっているのを認めた。その場所から道や人家を見つけるつもりで行ってみた。

五三　わたしがそこで目にしたのは、無造作に組み合わせた石、羊飼いたちが供えたらしい犠牲獣の皮を吊るしたもの、棍棒と杖、そして少し離れたところに坐っている婦人であった。逞しく大きい、年老いた女性で、体全体が田舎風の身なりをしており、白髪の房を垂らしている。

五四　この女性にわたしは、一つひとつのことを尋ねていった。彼女はとても親しげに、好意的に、ドリス語(1)を使いながら、そこがヘラクレスの神域であることを教え、彼女自身は羊飼いをしている子を持っていて、自分もよく羊たちの守《も》りをすると話してくれた。また、神々の母から占いの技を授かっていて、付近の羊飼いや農夫たちが、皆、作物や家畜の成長とか保護のことで相談しに来る、と言った。

五五　「あなたがこの場所に来たのも」、と言葉を継いだ、「神の働きによる巡り合わせです。立ち去るとき、ここへ来たのも無駄ではなかったというようにしてあげましょう」。

こう言って、さっそく、わたしの流浪と惨めな境遇は長くは続かないだろう、「あなたにも、また他の人々にも」と予言した(2)。

五六　こう語ったときの彼女は、神がかりと言われる男や女がたいていそうするように、荒い息づかいをしたり、頭を振り回したり、恐ろしげに睨みつけようとしたりすることはなく、むしろ完全に自分を制し、思慮を保っていた。

「そしてあなたは」、と続けた、「いつか、きわめて多くの国々と人間とを治める力強い人に出会うことでしょう。この人に対して、臆せずに、この神話を語りなさい。たとえあなたを、おしゃべりな流れ者として軽侮しようとする人々がいてもです。五七　人間の言うこと、その小賢《こざか》しい所業のすべては、神々から来る霊感あふれる言葉に比べれば、何の値打ちもありません。神々と宇宙のことに関して人間のあいだに伝えられている知恵と真理に充ちた言葉は、神の意向や神的な巡り合わせによって、最初の予言者や神々しい人間を通じて、人々の心のなかに留まるようになったのです。

（1）ここはエリスとアルカディアの境目らしいが、古くはエリスでは西北方言が、もう一方の地ではアルカディア方言が話されていた。しかし後代には、ペロポネソス一帯ではドリス方言（古いドリス方言そのものではなく、アッティカ・コイネー［共通語］の影響を受けたドリス・コイネー）が支配的になっていたらしい（ストラボン『地誌』C三三三参照、cf. A. Debrunner, A. Scherer, *Geschichte der griechischen Sprache*, II, Berlin, 1969, p. 33 sq.）。なお、さらに後には、ラコニア地方は別として（Tsakonia 語という古代のラコニア語由来の方言が現代でも残っている）、アッティカ式コイネがペロポネソスも席巻する。他方、老婦人がドリス語を用いるという点は、彼女が仕えるヘラクレスの子孫ヘラクレイダイが、ギリシア中部ドリス地方から南下してペロポネソスを領有したという伝説（第二分冊一八七頁註（1）参照）も連想させる。ヘラクレスはゼウスの祭典オリュンピア競技の創始者でもあり、彼の神話による皇帝の称揚という主旨に関連する。犬儒派的色づけにもなるという点について「解説」参照。

（2）神的な女性が、一男性に知恵を授けるというモチーフに関して、プラトン『饗宴』二〇一D以下で、ソクラテスにエロースの教授をするマンティネイア人の（つまりやはりアルカディア出身の）ディオティマ参照。アルカディア人は、俗に、「月よりも前からいる（proselēnos）」人々と言われ、その歴史の古さを誇った（アポロニオス・ロディオス『アルゴナウティカ』第四歌二六四行以下参照）。そういう主張ないし言い伝えは、からかいの的にされることもあったろうが、少なくともここではそういう古さによって権威的オーラを漂わせている。

五八　たとえばトラキアで、オルペウスという人が、ムーサの子として生まれたと伝えられ、別の一人［ヘシオドス］は、ボイオティアのある山中で、ムーサたちの声をじきじき聞いたといいます。他方、神に取り付かれ霊感を与えられるということのないまま、自分独自の言葉を真実の言説として世に送り出す者は、道理にそむいた悪い人間なのです。

では、これから述べる神話を、注意して心を込めて聞き、よく記憶に留めて、あなたがいつか出会うことになるとわたしが言うその人に対し伝えられるようにしなさい。それは、いまわたしたちのお側《そば》にいるこの神に関するお話です。

王者ヘラクレス

五九　この方は、誰もがそう語るように、ゼウスの子として生まれました。そしてアルゴスの王だったのみならず、全ギリシアをも治めました。しかし大部分の人は、彼が自ら軍旅に出て自分の王国の守護に当たっていたことを知りません。エウリュステウスがそのときの王だったと言っていますが、そのように語るのは間違っているのです(1)。

六〇　いえ、彼はギリシアの王だったばかりではありません。太陽《ひ》が昇るところから沈むところまで、すべての大地を、ヘラクレスの神殿を有するすべての人類を、彼は治めたのです。

六一　彼の教養は素朴なものであり、惨めな男たちが示す小賢しさと質《たち》の悪さとによってあまりにも利巧になりすぎている、というものではありませんでした。

またヘラクレスは、何も身につけずに、ただ獅子皮と棍棒だけ持って進んだと伝えます。六二 これは、彼が、金も銀も衣服も尊ばず、むしろこれらすべては、贈り物として人を喜ばせる以外には何ら値打ちがないと考えていたからと言われます。じっさい多くの人間に彼は、莫大な金銭、土地や牛馬の群れを与えたのみならず、王国や都市の数々をまるごと贈ることもしたのです。なぜなら、すべては自分のものであり人のものではない、そしてそういう贈り物によって受け手のほうは自分に好意を抱くようになると信じていたからなのです。

六三 さらに、彼が一人で、軍を伴わずに諸方を巡ったと人々が言うのは過ちです。兵力なしに都市の数々を陥落させ、暴君を滅ぼし、いたるところであらゆる民族に命令を下すのは不可能だからです。むしろ、彼が自ら事をなす人であり、意欲的な心と秀でた肉体を持って誰よりも労働に励んだということから、一人で進みつつ自分の望むことをすべて自分で実行する人だと言われるようになったのです。

六四 彼の父［ゼウス］は、彼のことをとても気づかい、善い欲求を持つようにさせ、善い人々と交わるようにさせました。また、鳥や犠牲獣などのあらゆる占いを通じて、一つひとつのことを彼に予示しました。

六五 彼が王権を欲していること、しかし多くの人がそれを望むのは快楽と利得を狙ってのことであるが、彼のほうはこれらのものを求めているのではなく、むしろできるだけ多くの恩恵をできるだけ多くの人々に施したいからだということをゼウスは見て取りました。ただ、彼の性質が気高いものであることは分かって

（1）ヘラクレスは、ミュケナイ王エウリュステウスに命じられて各地の冒険旅行に赴いた、というのが通例のヴァージョン。

いましたが、それでも、人間的［に卑しい］部分が彼のなかでどの程度を占めているだろうかという疑いはありました。また世の中には、奢侈と放縦の悪い手本がたくさんあり、生まれつきは正しい性質の者を、彼の意に反して、その生来の性質と知性から逸脱させてしまう人間がたくさんいるものです。こういう点を考慮した神は、何をすべきか命令したうえでヘルメスを遣わしました。

若きヘラクレスの選択

六六　ヘルメスは、若いヘラクレスが育てられている［ギリシア中部］テバイに来ると、自分が誰であるか、誰から派遣されたかを告げた後、彼の手を取って、人間には知られていない未踏の道を案内し、くっきり見えているとても高い山の頂きに至りました。その外側は、垂直の絶壁と、周囲を巡りつつ大きな音と響きを上げている河が流れる峡谷とによって、恐ろしげに切り立っていました。それで、下から見上げる者には上の頂きは一つとしか映らないのですが、じっさいは一つの根から分かれて双《ふた》つになっていたのです。それらはお互いに大きく離れていました。

六七　その一方は王の頂きと呼ばれ、王ゼウスの聖地であり、他方は暴君の頂きで、［怪物］テュポン(1)の名を冠しています。そして外側に、それぞれのほうへ昇ってゆく道が一つずつあって、王の頂きに通じる道は幅が広く安全であり、最大の神から馬車を与えられている者には、それを駆って危なげなく蹉跌を味わわずに進むことができますが、もう一方のほうは狭く、曲がっていて、労力を強いる道になっています。こちらのほうを試みる者は、たいてい絶壁を転げ落ち、河水に流されて消え去ってしまいます。これは、きっと、正義に背いて進むからでしょう。

六八　たいていの人には、先に言いましたが、遠くから見るがゆえに、両方の頂きはほとんど同じところにある一つのものであるように映りますが、じっさいは王の頂上のほうがずっと優っています。こちらは、雲を突き出て、浄らかな澄んだ大空に聳えていますが、他方ははるか下方の、ちょうど雲の集まる辺りにあり、暗くて、靄《もや》がかかっているのです。

六九　さてヘルメスは、そこへ彼を導くと、その場所の性質を彼に示しました。ヘラクレスが、栄誉を愛する若者らしく、その内部を眺めたいと切望するので、

「では、随《つ》いて来るがよい」と神は言いました、「他の、無知な者は気づかないような相違点も、お前にはっきり見て取れるようにしてやろう」。

七〇　それでまず、高いほうの頂きで、輝かしい王座に坐っている女性(2)を彼に示しました。彼女は見目う

---

(1) ガイア（大地）が生んだ、上半身は人間、下半身は蛇体の巨大な怪物。彼と戦ったゼウスは、一時危うい状況に陥ったが、けっきょくエトナ山を彼の上に投じて退治した（しかしまだ憤怒の炎を吐きあげている、ピンダロス『ピュティア祝勝歌』第一歌二五行以下、アイスキュロス『テバイに向かう七将』四九三行参照）。

(2) 以下のように、少年から青年になろうとするヘラクレスによる、美徳と悪徳とのあいだの選択を、アレゴリー的に擬人化された二人の婦人の物語を通じて提示するのは、プロディコスによる作例（クセノポン『ソクラテス言行録』第二巻第一章二一—三四）を嚆矢とする。ルキアノス作『夢について、またはルキアノスの経歴』六以下、伝ケベス作『奉納額』など、模倣的応用例がいくつかある。美術でも好まれた材料。

るわしく、大きく、そして白い衣でわが身を飾り、手にしている王杖は黄金でも白銀でもない。むしろそういうのとは別の性質の、浄らかな、ずっと輝かしいものであり、ヘラの描画にあるような様子でした。

七一　その顔つきは晴れればれとしていて同時に威厳を持ち、善い者なら誰でも安らかに彼女を眺められる一方、悪い者は一人として目を向けることができないのは、目の弱い者が日輪を見上げることができないのと異なりません。彼女の姿は落ち着いていて、いつも同じ様子を見せており、眼差《まなざ》しも動じることはありません。

七二　深い、粛然たる、騒がしさとはかけ離れた静謐が辺りを支配しています。一帯に、あらゆる種類の作物や生き物が繁栄してあふれており、また、計り知れない黄金がそこには山積みになっています。銀や青銅や鉄もありました。しかし彼女が心を向けていたのは黄金ではなく、それを喜びもせず、むしろ作物と生き物に気を配っていました。

七三　彼女を見てヘラクレスは恥ずかしくなり、赤くなりました。善い子が、気高い母に対してそうするように、彼女を敬い崇めたのです。そしてどういう神なのか、ヘルメスに尋ねると、神は答えました。

「この女性は、王ゼウスから生まれた至福の神『王政（バシレイア）』である」。

ヘラクレスは喜び、彼女に向き合う勇気が出ました。ふたたび彼は、彼女といっしょにいる女性たちのことを質問します。

「彼女たちは誰ですか。とても端正で堂々としていて、男性的な顔立ちをしていますが」。

ヘルメスが答えます。

七四　「こちらの、右側に坐って、恐ろしいまた優しい眼差しをしている女性は『正義（ディケ）』であり、最高の際立った美を有している。その傍らにいるのが『治安（エウノミア）』であり、とても似ていて、見目は少ししか違わない。七五　反対の側では、若々しい美にあふれ、優美な衣裳をまとい、苦悩を知らぬげに微笑《ほほえ》んでいる女性がいる。彼女は『平和（エイレネ）』と呼ばれる。また、『王政』の近く、その王杖のすぐ前に立っている逞しい、白髪の、矜持に充ちた男の名は『法（ノモス）』。また彼は、助言を与え補佐をする『正しき言葉（ロゴス・オルトス）』とも称されている。この男なしには、彼女たちには、事を行なうことも企てることも許されてはいない」。

七六　こういうことを聞き、また見ながら、彼は喜び、一つのことも忘れることのないよう注意を凝らしていました。そこから降って行って暴君の頂きに通じる入り口へ来ると、

「こちらの」と神は言いました、「もう一方の側を見るがよい。こちらを愛する者は多く、そのためなら多くのありとある苦労を厭《いと》わない。哀れな彼らが殺人を犯すときは、しばしば子は親に、親は子に、兄弟は兄弟に対して陰謀を企てる。最大の禍いである無知なる権力に彼らは憧れ、それを至福の境遇と考えているのだ」。

七七　そして、最初に、入り口付近の状況を指し示しながら彼に教えました――一つの道だけははっきり見えていること、それはだいたいわたしが述べたとおり足を取られやすい道で、まさに絶壁のところまで通じていること、しかし他にも多くの不明瞭で見えない抜け道があり、またその場所一帯が地下に坑道を掘り巡らされていて、おそらく王座の下そのものも穿《うが》たれていること、わき道や側道はすべて血まみれになって

おり、死体に充ちていることを。しかし神はこれらの道を案内することはせず、外側のまだ浄らかなところを導きました。あちらは見物するだけにせよ、ということだったのでしょう。

七八　中に入ると彼らは、『暴政（テュランニス）』が高い座席に坐っているのを見いだしました。そして自分の考えでは、もっと高いもっと力のある王座に坐っているつもりでいます。その座席には無数の彫り物がしてあるとともに、黄金、象牙、琥珀、黒檀などのあらゆる色合いの材料が嵌め込まれそれを飾っています。しかしこの王座は、足元は不安定でしっかりしていません。ぐらぐらしているし、座がへたり込んでいるのです。

七九　他の点も何一つ整ってはおらず、むしろすべてが見てくれと、はったりと、奢侈を目的にしています。何本もの王杖や、頭の上に載った多くのティアラと頭環がそうです。そして『王政』の気質を真似ようとしていますが、親しみやすい微笑の代わりに卑しい下心のあるほくそ笑《え》みをし、威厳ある眼差しの代わりに気難しく粗暴な目で陰険に睨みます。**八〇**　豪気なように見せたいがため、近寄るものに目を向けず、むしろ見下す態度で恥をかかせるので、皆に嫌われているし、彼女が知る人間は一人もいません。坐っていてもじっとしていることはできず、しきりに周囲を見回したり、何度も座席から跳び上がったりしています。自分の懐に金貨を誠にあさましく抱《かか》え込んでいるかと思うと、今度は恐怖に駆られて全部放り出してしまう、それからまたすぐに、側を行く誰彼から、それがどんなに少額でも、奪い取るのです。

八一　着ている服は多様多彩のもので、ここでは紫衣の、ここでは緋衣の、またあちらではサフラン色の布地から成り、白い上着（ペプロス）も見えていますが、またあちこちが裂けてもいるという身なりです。

顔色をさまざまに変えながら、恐怖に、煩悶に、不信に、また怒りに彩られ、またあるときは苦悩に消沈し、あるときは喜びで有頂天になる姿が見られ、いま野放図な顔つきで笑っていたのが、またすぐ悲嘆に暮れる、という調子です。

八二　彼女の回りの女たちも、先ほど『王政』の周囲にいると述べた者たちには似ても似つきません。それは、『残酷（オモテス）』に、『暴慢（ヒュブリス）』に、『無法（アノミア）』に、『内紛（スタシス）』であり、皆、彼女を堕落させて最悪の仕方で滅ぼそうとしている女たちです。また、『友愛（ピリア）』の代わりに『へつらい（コラケイア）』がいます。奴隷的な根性の、裏表のある女であり、陰謀にかけてはこれらの女たちに引けを取らないどころか、むしろ女主人の滅亡にいちばん熱心な女なのです。

八三　こちらのほうも十分に見終わると、ヘルメスが彼に、どちらの境遇、どちらの女性が気に入ったか尋ねました。彼は答えます。

「片一方の女性をわたしは讃嘆し、愛します。真実に神のようで、羨むべき、至福と称すべき人だと思われます。しかし後のほうの女性は、わたしの考えでは、とても忌まわしい汚らわしい人物であり、この断崖から喜んで突き落として滅ぼしたいほどです」。

この答えをヘルメスは誉め、ゼウスに伝えました。**八四**　そして神は、その資格が十分あるとし、人類のすべての民族を王として治める地位を彼に委ねたのです。

それで彼は、暴政と暴君を見いだせば懲らしめて、それをギリシアと異国から廃絶し、王政と王を見ればそれを尊んで守護しました」。

このゆえに、と婦人は言った、彼は大地と人間の救い主なのである。それは、彼が野獣を駆逐したからではない――ライオンや猪がどれほどの害をなすだろう――、むしろ彼が、野蛮な邪悪な人間たちを懲らしめて暴君の権力を挫《くじ》き、取り除いたからなのである。そしていまでも彼はこういう働きを行なっている。そしてあなたが王位にあるかぎり、あなたの治政を援助し、守護しているのだ。

少年アレクサンドロスの熱弁——王政論その二（第二篇）

内容概観

少年アレクサンドロスが、父のマケドニア王ピリッポス二世を相手に、王の理想的政治について弁じる。詩人たちのうちでとくにホメロスを高く評価するアレクサンドロスが、王や英雄に関する詩人の表現・記述を引きながら、またときに個別的箇所に解釈を加えながら、詩人が王政のあり方についてどのように教示しているかを説く。彼の口を借りたディオンの王政論かつホメロス論である。主たる聴き手はやはりトラヤヌス帝と思われるが、弁論の年代を特定はできない。構成は単純で、アレクサンドロスの熱弁が主体。

一　あるときアレクサンドロスが、まだ少年だったが、ホメロスに関して、父ピリッポスと、とても男らしく気高い会話をしたと伝えられている。その話は、同時にまた、おおよそ王政に関するものでもあった。アレクサンドロスは、すでに父といっしょに行軍するようになっていた。ピリッポスはそれを止めようとしていたが、アレクサンドロスは自分を抑えることができなかった。ちょうど、血筋のよい子犬たちが、狩りに出かける者たちに取り残されるのに耐えられず、しばしば縛《いまし》めを破って随《つ》いてゆくのと同然である。

二　ときには彼らは、若くて逸《はや》るので吠えてしまい、獣をあまりに早く飛び立たせて、狩猟の邪魔をすることもあるが、ときには、真っ先に飛びかかって、彼ら自ら獲物を捉えることもある。アレクサンドロスの場合も、当初は、そのようなことになったのである。それで、カイロネイア(1)における戦闘と勝利も、父は危険を冒すのを躊躇《ためら》ったのに対し、彼のほうがそれをもたらす元になったのだという。

さて、そのさいに、軍旅から戻って来た彼らは、ピエリアのディオンでムーサイに犠牲を捧げ、その地で古来行なわれてきていたというオリュンピア祭を催した(2)のだが、三　二人がいっしょにいるとき、ピリッポスが彼にこう質問したのである。

「いったいなぜお前は、わが子よ、それほどホメロスに夢中になって、詩人たちのなかでも彼だけに時を費やすようになっているのか？　本来なら、ほかの詩人たちも疎《おろそ》かにすべきではない。賢明な人々なのだから」。

するとアレクサンドロスが言った。

「なぜならわたしには、父よ、すべての詩が王にふさわしいものとは思われないからです。ちょうど衣裳の場合と同じです。**四**　ほかの詩人の作品は、わたしの思うに、あるものは宴の詩、あるものは愛の詩、あるものは運動競技者や競走馬の祝勝歌、あるものは死者追悼の詩、またあるものは、喜劇作家やパロス出の

(1) ボイオティアの町。前三三八年、マケドニア軍がアテナイとボイオティアの軍を壊滅させた。

(2) ディオン市でのオリュンピア祭は、マケドニア王アルケラオス（前四一三―三九九年）が創設したとも、ピリッポス二世がそうしたともいう。

詩人[1]の作のように、笑いや嘲罵を目的とするものです。**五**　さらにあるものは、民衆のための詩と称することもできるでしょう。一般人の大衆に、助言や勧告を与えるもので、ポキュリデス[2]やテオグニス[3]の作品の類いがそうだと思います。しかし、そういう詩が、われわれのような人間に役立つ点があるでしょうか、

すべてを治めようと欲し、すべての主たらんとする[4]

われわれのような者に？

六　しかし、ホメロスの詩だけは、本当に気高く、偉大で、王にふさわしいものであることがわたしには分かります。できれば世界全土の人間を、あるいはそこまで行かないとしても、卓越した人々の大部分を支配しようと企て、真実ホメロスの言う『民の羊飼い』になろうとしている者が、それ［彼の詩］に心を向けることは、ふさわしいことなのです。それとも、馬については、その最良のものしか用いない王が、詩人に関しては、まるで暇をもてあましているかのように、劣った詩人たちも読むというのは、おかしなことではないでしょうか？　**七**　申しておきたいのですが、父よ、わたしは、ほかの詩人のみならず、ホメロスの英雄韻律以外のものを聴くことすら耐えられないのです」。

それでピリッポスは、気高い心を持つ息子に讃嘆した。彼が、卑俗な、低級な考えを抱く者ではないこと、いや、英雄たち、半神たちに自らを比べる者であることがはっきりしたからである。

八　それでも、彼を刺激しようとしてこう訊《き》いた。

「ヘシオドスのことは、アレクサンドロスよ、少ししか価値のない詩人だと見ているのか？」。

「いえ、そうは思いません。あらゆる点で値打ちのある詩人です。でも、王や将軍にとってはそうではないでしょう」。

「では、どういう人間にはよいのか?」。

アレクサンドロスは、笑いながらこれに答えた。

「羊飼いに、また大工に、また農夫にとってはよいでしょう。羊飼いはムーサイに愛されていると彼は言ってますし、大工に対しては、どういう大きさの車軸を切るべきか、経験者然と助言し、農夫に対しては、いつ酒がめの口を開けるのがよいか述べています」。

九　「では、そういうことは、人間の役に立つのではないか?」とピリッポスが言った。

「われわれには、父よ、また現在のマケドニア人には、そうではありません。以前の、放牧や農作をしながらイリュリア人[5]やトリバロイ人に隷従していた頃のことなら別ですが」。

「種まきや刈り入れに関するヘシオドスの詩句も」とピリッポスが訊いた、「お前には気に入らないのか

---

(1)前七世紀、エーゲ海パロス島出身のアルキロコス。嘲罵的イアンボス詩の創始者。

(2)前六世紀ミレトス出身と言われ、箴言的ヘクサメトロンの作者と伝える詩人。

(3)前六世紀メガラ出身、道徳訓的エレゲイアの詩人。

(4)ホメロス『イリアス』第一歌二八八行。

(5)マケドニアの西方に隣接する地域。次のトリバロイは、同東方。

――堂々たるこういう句だが？

アトラスから生まれたプレイアデスが昇るときに
刈り入れを始めよ、しかし沈むときには耕作を[1]」。

一〇「ホメロスの、農作に関する詩句のほうがずっとよいです」とアレクサンドロスが答えた。「いったいホメロスがどの箇所で農作のことを述べているのか？」とピリッポスが尋ねる、「それとも、盾「の浮き彫り」のなかで、耕作する者や、刈り入れる者や、ぶどうの収穫をする者を描いているところを言っているのか？」。

「そうではありません」とアレクサンドロスが言う、「それよりも、こういう詩句です。

ちょうど刈り手たちが、裕福な者の小麦や大麦の畑で、
お互いに向かって、刈る列を進めてゆく、そして手に握られる麦束がしきりに地へ落ちる、
そのようにトロイア人とアカイア人は、お互いに跳びかかりながら
殺戮を加え、どちらも、忌まわしい逃走のことを思わなかった[2]」。

一一「しかし、そういう詩句を作ったホメロスはヘシオドスに敗れたのだ」とピリッポスが言う、「それともお前は、ヘリコンに供えられた三脚かなえの、こういう銘文について聞いたことがないのか？

ヘシオドスが、ヘリコンのムーサイにこれを捧げまつる
――カルキスで、神的なホメロスを、歌によって打ち負かして[3]」。

一二　「彼が破れたのはまったく当然です」とアレクサンドロスは答える、「王たちのあいだで［ヘシオドスと］競い合ったのではなく、農夫や大衆のあいだで、というより、快楽を求める軟弱な者たちのあいだでそうしたからです。それでホメロスは、詩のなかで、エウボイア人たちに復讐したのです」。

「どのように？」と、ピリッポスが驚いて訊く。

「ギリシア人のうちで彼らだけに醜い髪の切り方をさせ、後頭部だけそれを生やしているようにさせたわけです[4]——ちょうど今日の詩人たちが、柔弱な子供たちにそうさせるようにね」。

一三　すると、ピリッポスが笑って言った。「お前には分かっているわけだ、アレクサンドロスよ、立派な詩人や優れた著作家は、われわれに関して好きなことを言う力を持つので、彼らをいら立たせてはいけないということを」。

「何でもできるのではありません。少なくともステシコロスは、ヘレネをおとしめる嘘をついたことで、ろくな目には遭いませんでした[5]。しかしヘシオドスは、父よ、自分の力がホメロスよりどれほど劣っているかということを、自分でも知っていたように思えます」。

（1）ヘシオドス『仕事と日』三八三行以下。
（2）ホメロス『イリアス』第十一歌六七行以下。
（3）『ホメロスとヘシオドスの歌くらべ』二一〇行（Allen）。
（4）ホメロス『イリアス』第二歌五四二行。
（5）ヘレネを尻軽女的に述べたが、彼女の怒りのせいで盲目になったという。プラトン『パイドロス』二四三A参照。

一四　「どういうことを言っているのか?」。

「ホメロスは英雄たちについて詩作しましたが、彼自身は婦女の列伝を作り、真に女性部屋を歌の題材にして、ホメロスに男たちの讃美を譲ったわけです」。

それからピリッポスはこう尋ねた。「だがお前は、アレクサンドロスよ、どういう者になることを選ぶのか——アガメムノンか、アキレウスか、あるいはほかのああいう英雄たちの一人か、それともホメロスか?」。

一五　「いいえ」とアレクサンドロスが答えた、「むしろ、アキレウスやほかの者たちをはるかに凌賀する者になりたいと思います。あなたがペレウスより劣るとも思わないし、マケドニアがプティア[1]よりも非力ということも、オリュンポスがペリオンよりも名のない山ということもないでしょう。しかしまた、わたしがアリストテレスから受けた教育は、アキレウスが、あのアミュントルの子、父と仲違いして亡命者になったポイニクスから受けたものに劣ってはいません。こういう点に加え、アキレウスはほかの者に差図される身であり、少しの手勢とともに［トロイアへ］送られたのであり、支配者ではなくて共同遠征者の一人として行ったのです。しかしわたしは、人間の誰にも支配されることはないでしょう」。

一六　するとピリッポスが、ほとんど色をなして言った。「だが、少なくともわたしには支配されているお前だ、アレクサンドロスよ」。

「いえ違います。わたしは父としてのあなたに従っているのであり、支配者としてではないのですから」。

「よもや、自分を生んだ母は、アキレウスの場合のように、女神だとは言わないだろうな?」とピリッポスが言う、「それともオリュンピアスをテティスと比べうると思っているのか?」。

するとアレクサンドロスは静かに微笑み、「わたしには彼女は、ネレウスのどの娘よりも男らしいと思えます、父よ」と答えた。

一七　そこでピリッポスが笑いながら言う。「男らしいだけではなく、戦闘的でもある彼女だ、わが子よ。少なくともわたしと戦うことを止めることがない」。

このようなことまで、真剣さを交えながら、冗談を言い合った。

さらにピリッポスが尋ねた。「だが、アレクサンドロスよ、それほどホメロスを讃嘆しながら、どうして彼の技芸を見くびるのか？」。

「オリュンピアで触《ふ》れ役が大きく明瞭な声で発表するときにも喜びを感じることは確かですが、ほかの勝利者たちをわたしのほうで発表するというのは願い下げです。むしろ発表されるほうになりたいというのが、わたしのずっと大きな望みなのです」。

一八　このように話すことで、ホメロスは、武徳についての真実に神的な触れ役であると見ていること、しかし自分とあれらの勇士たちは、うるわしい功績をめぐる運動競技家的な競争者であると考えていることをはっきりさせたのである。

「もしその素質があれば、わたしが良い詩人になることはおかしなことではありません、父よ」と続けた、「王には弁論術も必要でしょうから。じっさいあなたは、手ごわい魔術師的弁論家デモステネスに対して、

（1）テッサリアにおけるアキレウスの故郷。次のペリオンはテッサリアの山。

またほかのアテナイの政治家たちに対して、反対の著述や抗弁をすることを強いられています」[1]。

一九 「アテナイ人たちには」とピリッポスが冗談で言った、「デモステネスの手ごわい弁論の代わりにアンピポリスを譲ってやりたいくらいだ。ところで、ホメロスは弁論術についてどう考えていたと思うか？」。「それを嘆賞していたと思われます、父よ。さもなければ、アキレウスの話し方の教師としてポイニクスをつけるということはしなかったでしょう。じっさい彼［ポイニクス］は、［アキレウスの］父によって、［アキレウスが］

雄弁家に、また武勲者になるよう[2]

［教師として］送られたのだと詩人は言うのです。

二〇 また、ほかの王者的な勇武者たちも、同様にそういう［弁論の］力について真剣に考えていたことを表現しています。ディオメデス、オデュッセウス、ネストルのことです。最後の者は、知性も説得力も卓越していたとし、その詩作品『イリアス』の初めのほうで、

彼［ネストル］の舌からは、蜜よりも甘い言葉が流れ出た[3]

と述べているのです。二一 それで、彼のような長老が助言者として十人いてくれたほうが、アイアスやアキレウスといった若者がいるよりも望ましいとアガメムノンが願ったわけです――そうなれば、トロイアがもっと容易に落ちるだろう、と[4]。

さらにほかの箇所でも、詩人は、弁論の必要性を明らかにしています。二二 すなわちギリシア軍が、戦

争の長さと、攻城の困難さのゆえに、さらには、思うに、襲いかかった悪疫と、王たちアガメムノンおよびアキレウス同士の内輪もめとのせいで、戦を行なうことにもう音《ね》を上げてしまい、それに加えるに、一人の民衆扇動家［テルシテス］が彼らの前に立ち上がって集会を騒動に陥《おとしい》れると、兵士たちは船のほうへ駆け寄り、いますぐにも乗船して逃亡しようとしました。それを誰も止めることはできず、アガメムノンも、この状況をどう処理したらよいか途方に暮れました。二三　このとき、ただ一人オデュッセウスが、彼らを呼び戻し、後戻りさせて、最後に、ネストルとともに弁舌を揮って、留まるよう彼らを説得したのです(5)。したがって、これが弁論家たちの手柄であることは明らかです。ほかの例もたくさん示すことができるでしょう。

二四　ホメロスのみならず、ヘシオドスも、哲学とともに真の弁論術も王にふさわしいと考えていたことが、カリオペに関する次の詩句で明らかです。

彼女［カリオペ］は、畏れ多き王たちにも付き添っている
――ゼウスに養われる王のたちうちで、偉大なゼウスの娘たち［ムーサイ］が、誉れを授けつつ

(1)デモステネス『弁論集』の一部の写本で第十二番に置かれている「ピリッポス書簡」（アテナイ民会宛）参照。これは研究者によって真作と見られることもあるが、R. Hercher (ed.), *Epistolographi Graeci*, Paris, 1873 に収められている彼の書簡集で、第二のもの（＝デモステネス第十二弁論）は別にして、その他の書簡（アテナイ民会宛その他）は後代の偽作だろう。

(2)ホメロス『イリアス』第九歌四四三行。

(3)ホメロス『イリアス』第一歌二四九行。

(4)ホメロス『イリアス』第二歌三七一行以下。

(5)ホメロス『イリアス』第二歌一八三―三六八行。

その生誕時に目をかけた者には[1]。

二五　しかし、父よ、叙事詩をものしたり、あなたが名声を博している手紙のごとき散文の書き物[2]をなしたりするのは、必ずしも王に必要不可欠なことではありません――聞くところによるとテバイで言論の勉強に打ち込んだというあなたの場合のように、若くて暇のある王であれば別ですが――、二六　また王には、哲学を徹底的に究める必要もありません。

むしろ、飾り気のない、てらいのない生き方をしながら、自分の博愛的な、優しい、正義を守る性格を、さらに高邁《こうまい》で勇敢で、とくに、神々の性質に最も近いこととして、恩恵を施すことを喜ぶ性格を、行ないそのものによって示すことが王には必要なのです。

哲学の言説には、それが適切なときには、喜んで耳を傾けるべきです。王の性質にそれは調和するのであり、違《たが》うものではないからです。

二七　詩を喜び、それに心を向けるとはいっても、すべてのものにではなく、むしろ最高にうるわしく堂々としたものにそうするよう、高貴な王者的な魂には勧めたいと思います。それは、われわれの知るところでは、ホメロスの詩だけがそうであり、さらにヘシオドスの作品のうちでそれに類した部分、また、ほかの詩人が何か有益なことを言っていればそうであるということになります。

二八　音楽も、すべてを学びたいとは思いません。いや、キタラーやリュラーだけ使うことを覚え、神々の讃歌とそのお勤めに、さらには、たぶん、偉人たちの頌歌に、それを用いたいと思います。また、サッポーやアナクレオンの恋愛歌を歌うことは、王たちにはふさわしくないでしょう。もし何かやるとすれば、どうしても必要というときには、ステシコロスやピンダロスの歌を選ぶでしょう。二九　でも、これにも、ホメロスで十分かもしれません」。

「何だと？　お前は、ホメロスの詩句で、キタラーやリュラーと調和するものがあると思うのか？」とピリッポスが言う。

するとアレクサンドロスは、ライオンのように恐ろしい目付きで睨みながら、「わたしは、父よ」と答えた、「ホメロスの詩句の多くが、［軍隊の］喇叭に合わせて歌われるのにふさわしいと思っています。しかし、撤退を告げるものではなくて、兵を励まし突撃させる喇叭です。またその詩句は、女性や乙女の合唱団ではなく、武装した歩兵たちによって歌われるのです。スパルタ人のもとで歌われるテュルタイオスの詩句よりも、ずっとふさわしいでしょう」。

三〇　ここでピリッポスは、彼が、詩人［ホメロス］の価値にふさわしいよいことを言ったと褒めた。「いまわれわれが述べたこともホメロスははっきり示しています」とアレクサンドロスは続けた、「たとえばアキレウスが、アカイア軍の陣営に居残っているとき、ブリセイスを愛しているのに、ふしだらな恋愛歌を歌わせるという形では創作していません。しかし、キタラーは使っています。でも、買ったものとか、家の父のもとから持ってきたというものではありません。テバイを落とし、ヘクトルのしゅうとのエエティオ

（1）ヘシオドス『神統記』八〇行以下。

（2）一八節参照。

ンを殺したときに得た戦利品の一つがそれなのです。三一　それを彼はかき鳴らしながら――と詩人は述べます――、

心を慰めていた。歌っていたのは勇士たちの勲[1]

であったというのは、高貴で王者的な男は、飲んでいるときであれ歌っているときであれ、武徳をも名高い功績をも忘れてはならず、いつも、自分で何か目ざましい偉大なことをなすか、そういうことを想い出しているかしていないといけないからなのです」。

三二　こういうことを父に対して語りながら、自分の考えを明らかにした。ホメロスを愛する一方、アキレウスに対しては、讃嘆を向けるとともに、ホメロスの詩のゆえに嫉妬を覚えていた。ちょうど美しい少年が、ときに、より力のある愛人を得ている美少年を嫉妬する類いであった。

ほかの詩人にはあまり関心を抱かなかった。三三　しかしステシコロスとピンダロスには言及した。前者は、ホメロスの模倣者であると見なされ、トロイアの陥落を、その市にふさわしい仕方で描いたからであり、ピンダロスに触れたのは、その素質のきらびやかさのゆえでもあり、また、彼の先祖の同名人で、「ギリシア愛好者」と呼ばれたアレクサンドロスをこの詩人が称賛して、次のような詩句を彼に対しものしたからでもある。

幸いなるダルダニダイにちなむ名を持つ者よ[2]！

それで、後にテバイを攻略したときも、彼の家だけはそのまま残させた。そこにこう書きつけるよう指示し

たのである。

詩人ピンダロスの屋根には火をつけるなかれ。(3)

自分を卑しくない仕方で讃える者たちには大いに感謝した。名誉を愛する彼だったからである。

三四 「では、どうだ、わが子よ」とピリッポスが言う、「お前のそういう言葉を聞くのが楽しいので尋ねるが、快楽のため、高価な黄金や琥珀や象牙で家を飾り立てるのは、王にふさわしいことだと思うか?」。「いえ、けっして、父よ」と答えた、「むしろ、敵から奪った戦利品や武具で飾るほうがずっとよいです。また神殿もそのように飾って神々をなだめるべきです。ちょうどヘクトルが、アカイア軍のなかで最強の者に戦を挑みかけながら、勝てば、遺骸は戦友たちに引き渡そう、しかし、『武具は剝ぎ取り』、
遠矢を射るアポロンの神殿に掛けるつもりだ(4)
と言うのと同じです。三五 神殿のこの飾りのほうが、ニノスでサルダナパロス(5)が用いていたようなエメラルドや、紅玉髄や、縞瑪瑙《しまめのう》の飾りよりも、あらゆる点で優っているのです。そういう宝石は、王が自慢にす

(1) ホメロス『イリアス』第九歌一八九行。
(2) ピンダロス「断片」一二〇(Snell / Maehler)。マケドニア王アレクサンドロス一世(前四九八—四五四の治世)を讃える詩で、ダルダニダイ(トロイアの祖の一人ダルダノスの子孫)に属するアレクサンドロス(パリス)と同名である点に触れている。
(3) このトロカイオス詩は後代の偽作か。アレクサンドロスがピンダロスの家を守らせたという話は、プリニウス『博物誌』七-一〇九、『スダ』「ピンダロスについて」の項、その他にも見える。
(4) ホメロス『イリアス』第七歌八三行。
(5) アッシリアの伝説的な王で、放縦な生活の代名詞。

るようなものではなく、分別のない娘や放縦《ほうしょう》な女の玩具にすぎないのですから。
三六　それで、アテナイ人に関してわたしが嫉妬を覚えるのは、アテナイ市と神殿のために彼らが費やしてきた多額の出費のことよりも、その先祖たちがなし遂げた功績のことなのです。彼らが奉納物として所有するマルドニオスの剣[1]や、ピュロス[2]で捕虜にしたスパルタ兵たちの盾は、アクロポリスのプロピュライアや、一万タラントン以上の費用がかかったオリュンピオン神殿[3]よりも、ずっと荘厳で優れているものだからです」。
三七　「では、この点では」とピリッポスが言う、「ホメロスを讃えることはできないだろう。アルキノオスという、島住まいのギリシア人の王宮を、快適に暮らせるよう、庭園や植物や泉水で、またそれのみならず黄金の像によっても飾り上げているのだから[4]。さらにそれよりも、メネラオスの館を——それも遠征から帰ってきた男の住まいであるのに——ペルシアやメディアの館のように記述し、セミラミスやダレイオスやクセルクセスの王宮とあまり違わないようにしているではないか。三八　じっさい、詩人はこう述べるのだ。

　太陽か月のもののような輝きが、
　誉れ高きメネラオスの、屋根高き館に照っていた
　……
　金と琥珀と銀と象牙の輝きが[5]。

三九　お前の考えによれば、それは、こういうものよりも、トロイアでの戦利品によって輝くべきであったのだから」。
　するとアレクサンドロスは、彼を制して、「ホメロスが弁護されないままで我慢するとは思えません」と

応じた、「おそらく、メネラオスの性格に合わせてその王宮を創作したのでしょう――アカイア軍のうちで彼だけが軟弱な戦士だ[6]と言っているのです。**四〇**　この詩人は、ほかの点でも、何事も無意味に語っているようには思えません。いや、衣裳や、館や、暮らしぶりを、当の人間の性格に合わせて述べるのです。それで、パイアケスの国の王宮を、森や、年中実がなる果物や、流れの絶えない泉で飾ったし、**四一**　カリュプソの館についてはもっとそうしています。人間に親切な美しい女神が、自分だけで、ほかの者から離れて、島住まいをしているのですから。その島は、快い香料がたかれているので、とても芳しい香りがするとか、よく繁った樹々が濃い影をなしているとか、洞窟の周りを房でたわわな美しいぶどう樹が巡り、その前方にはセロリなどの入り混った柔らかい草地があり、島の真ん中には、明るい透明な水を――下り坂とか凹凸のある地形とかではないので――四方へ流し出す四つの泉があると語るのです。これらの特色が、すべて、愛

(1)ペルシア遠征軍の将軍。プラタイアで戦死（前四七九年）。その剣がアテナイのパルテノンに掛けられていたという。

(2)ペロポネソス戦争中の前四二五年、メッセニア西岸のピュロス島に立てこもったスパルタ兵がアテナイ軍の捕虜になった。

(3)アテナイにおける、オリュンポスのゼウス神殿。その最初の建物は、神話上デウカリオンの時代にまでさかのぼらせられる。ペイシストラトス（前六世紀）によって、古い神殿の代わりに新たな建設が始められ、ハドリアヌス帝（後二世紀）によってやっと完成された。ギリシアの神殿で最大級、今日も柱がいくつか残っている。

(4)ホメロス『オデュッセイア』第七歌八四―一三二行。

(5)ホメロス『オデュッセイア』第四歌四五―四六行に、同七三行が付けられている。

(6)ホメロス『イリアス』第十七歌五八八行。

欲をそそる快いものになっているのは、女神の性質に合わせているからだと思います。

四二　またメネラオスの王宮が財に富み、黄金に富んでいるのは、アジア生まれの王族に彼が属するからでしょう。というのも彼は、タンタロスやペロプスから血縁的に隔たっていないからであり、そこからエウリピデスは、合唱隊に、この王が登場してくるとき、この点を暗示させるのです。

　メネラオスは、
その優雅さによって、よく見分けられる
――タンタリダイの血を受けているから。[1]

四三　しかし、オデュッセウスの館はそれとは違っています。堅実な男なので、その性格に合わせた造りにしているのです。こう詩人は語っています。

　部屋が次から次へと続き、中庭には
壁と笠石が巡らされている。二重の扉は
しっかりと拵《こしら》えてある。誰も力ずくで押し入ることはできまい。[2]

四四　また、詩人は、あるときは助言や勧告を行ない、あるときは単に叙述を進め、あるときは非難したり嘲笑したりしていると解するべきです。

じっさい、就寝のことや昼の生活に関する点でホメロスは、英雄や王者にふさわしい教えを与える力があるようです。それで彼から学んだリュクルゴスが、スパルタの共同会食制をスパルタ人に定めたのです。**四五** また彼はホメロスの称賛者になり、その詩を初めてクレタあるいはイオニアからギリシア［本土］にもたらしたと言われます。

たとえば詩人は、ディオメデスを、野生の牡牛の固い皮の上に寝かせ、その周りに槍を、石突きを下にして、立たせておきますが[3]、これは見てくれのためではなく、いつでも摑めるようにしているわけです。また、英雄たちをもてなす食事は肉であり、しかも牛の肉であるというのは、快楽のためではなくて力をつけるためであることは明らかです。**四六**　じっさい、全軍の王であり最も富裕なアガメムノンは、いつも牡牛を犠牲にほふり、それに与《あずか》るよう勇士たちを呼び集めるとされます。そしてアイアスが勝ったあとに、牡牛の背肉で彼をねぎらうのです[4]。

四七　他方、魚を彼らが食するという描写はけっしてしません。しかも、その都度『魚に富む』——事実そうですが——と詩人が呼ぶヘレスポントスの海沿いに陣営を置いている彼らなのです。まさにこういう点にプラトンが正しく言及しています[5]。しかし詩人は、求婚者たちにすら、魚の食事をさせません。とても放縦で奢《おご》った者たちであるし、それも、イタケで宴をしている彼らなのですが[6]。

（1）エウリピデス『オレステス』三四九行以下。「タンタリダイ」＝タンタロス一族は、小アジア・シピュロス人のタンタロスにさかのぼる。その子ペロプスがペロポネソスに移住し、アトレウスをもうけ、その子メネラオスらへと続く。
（2）ホメロス『オデュッセイア』第十七歌二六六行以下。
（3）ホメロス『イリアス』第十歌一五〇—一五六行。
（4）ホメロス『イリアス』第七歌三二一行。
（5）プラトン『国家』第三巻四〇四B。
（6）イタケ（ギリシア本土西方）という海に囲まれた島なのに。ホメロスの描く英雄たちが原則として魚食をしないのは、戦士的英雄のイメージにそぐわないからか。現実にはミュケナイ時代から食べられている。

四八　そう意味もなく叙述しているのではないことを、彼自ら明らかにしています、すなわち、食べ物はどういうものであるべきか、何のために摂られるのか述べるのです。それを誉めようとするときは、『力にあふれた（メノエイケア）』食事と言いますが、それは『メノス』すなわち力を与えてくれるような食事ということです。こういうことを語りながら、立派な人間というものは、食卓のことにも心を配らなければいけないと教え、助言しています。というのは、あらゆる種類の贅沢な食事に通じていた彼なのであり、今日それに夢中になっているペルシア人や、シリア人や、ギリシア人ではイタリア人［南イタリア近辺のギリシア人］やイオニア人［小アジア・イオニア地方のギリシア人］でも、ホメロスにおける豪勢な贅沢さに近づくことすらできないのです」。

四九　「では」とピリッポスが訊いた、「英雄たちに、できるだけ美しい衣服を着せないのはなぜか？」。「していますとも」と答えた、「ただし女性的なものでもないし、多彩なものでもありません。いや、アガメムノンには緋色の衣のみ着飾らせ、オデュッセウスには、家から持ってきた外套だけを着させます。指導者たちは、卑しい姿や、多くの平《ひら》の兵と同じ外見をしているべきではない、いや、衣服や武具の点でほかの者たちよりも偉大で荘厳に見えるよう異なる装いをしているべきである――ただし、おめかしをしたり、そういうことに凝っているというわけではない――とホメロスは考えているのです。五〇　たとえば、黄金で身を飾りながら戦場にやって来たカリア人を、詩人は、あけすけに非難してこう言っています。

彼は、まるで頑是ない少女のように、黄金を身に着けて
戦に臨んだが、それが悲しい破滅を防ぐことはなかった。

いや、脚速《あし》きアイアキデス(1)の手によって
河の中で命を落とし、その黄金を、猛きアキレウスが奪い去った。(2)

五一 彼のおしゃれぶりと、まるで自分の殺害の賞品を敵のところに持って来た愚かしさとを、詩人は笑っているのです。だからホメロスは、明らかに、黄金を身にまとうこと、とくにそれを戦場につけてくることを誉めません——腕輪とか、首飾りとか、さらには、ペルシア人の慣習だという黄金の頬当《ほお》てや馬勒《ばろく》といったもののことです。彼ら［ペルシア人］は、戦のことに関して叱責してくれるホメロスを持たないからです。

五二 そういう慣わしに基づき、指揮者たちを優れた勇士にする一方、兵たちは統御のされた者たちにします。じっさい、彼の詩では、彼らが、

司令官たちを恐れながら、黙って(3)

進んでゆく一方、夷人たちは、騒がしく無秩序に、鶴と同然の仕方で行進するわけです。(4) 兵士が指揮官を恐れてもいることが、危機にさいして、いちばん救いと勝利をもたらすものとなるのですが、逆に自軍の指揮者に恐怖を抱いていない者たちは、敵をすぐに恐れるのです。

五三 さらに、勝利の後もアカイア人は、陣営で静穏にしていますが、トロイア側では、少し優勢になっ

---

(1)「アイアコスの子孫」アキレウスのこと。
(2) ホメロス『イリアス』第二歌八七二行以下。「カリア（小アジア南部）人」はナステスのこと。
(3) ホメロス『イリアス』第四歌四三一行。
(4) ホメロス『イリアス』第三歌一—七行。

たと思えば、すぐに、夜を徹して、

縦笛やシューリンクスの音《ね》、また人々のざわめき(1)

が充ちているという状態になります。幸運に対して自制的に振る舞うか、逆にそれで思い上がった態度になるかという点が、徳と悪徳とを十分に示す徴《しる》しなのです。

五四　わたしには、父よ、ホメロスは、人に分別を持たせるのに最も適切な詩人と思われます。そして、彼に注意を払う試みをすることで、最も幸運に恵まれた最高の王になることでしょう。彼自ら、二つの徳すなわち勇気と正義を、最も王にふさわしいものとして、明確に教示しています。

同時に善き王であり、力強い戦士でもあり(2)

と言って、ほかの徳がそれらに随《つ》き従うように述べている箇所がそうです。

五五　しかし、わたしの思うに王は、男らしさと荘厳さの点で卓越しているだけではいけないでしょう。彼はまた、笛吹きや、竪琴弾《ひ》きや、放縦で自堕落な歌を聞かせる歌人に耳を傾けてはならないし、頽廃《たいはい》した言説への熱狂を受け入れてもいけません――それは無知な者を喜ばせるために行なわれるものですから。**五六**いや彼は、そういうものすべてを、まず、自分の魂からできるだけ遠くに投げ捨てて離し、次いで、自分の治める国からもそうしないといけません――すなわち、無自制な笑いや、嘲りを含むそういう笑いの作品を韻文や散文で書く者たちは遠ざけるのです。さらに、ふしだらな踊りや、みだらな舞踊のなかで女たちが見せる遊女的な姿態や、笛の奔放で鋭いリズムや、非音楽的な転調を伴う柔弱な歌や、多声の楽器による雑多な音楽は廃すべきです。

五七　彼が唯一歌い、受け入れる歌は、エニュアリオス［軍神アレス］にふさわしい、力強く突《つ》ん裂くような類いのものであり、聞く者に快楽やくつろぎをもたらす歌ではありません。いや、それは、抗《あらが》いがたい恐怖と騒擾をもたらすもので、ちょうどアレス自ら引き起こしたという歌のようです——

都の高みから、トロイア軍を、鋭い声でけしかけつつ(3)——、

またアキレウスが、ただ声［雄叫び］を発するだけで、姿を見せる前から、トロイア軍の潰走を起こし、彼らの戦車や武具の周りで十二人を死なしめた(4)、というときのような歌です。

五八　また、勝利のあかつきにムーサイによって作られた祝勝の歌がそうであり、たとえばアキレウスが、ヘクトルの死体を船陣まで運んでゆくとき、自ら音頭を取りつつアカイア軍に唱えるよう命じたこういうパイアンです——

いまはさあ、パイアンを歌いながら、アカイアの若者たちよ、
中空の船々の陣まで進もう、そしてこの男を運んでゆこう。
われわれは大きな誉れを手にした——神のごときヘクトルを倒した。

（1）ホメロス『イリアス』第十歌一三行。
（2）ホメロス『イリアス』第三歌一七九行。
（3）ホメロス『イリアス』第二十歌五二行。
（4）ホメロス『イリアス』第十八歌二二八—二三一行。

彼に、トロイア人たちは、都で、神に対するような願を掛けていたのだ。[1]

五九　さらに、鼓舞的な歌もよいでしょう。たとえばスパルタの行進歌であり、これはリュクルゴスの国家制度と、そこの慣習にふさわしい歌です。

さあ進め、男に恵まれたスパルタの
市民たる父たちを持つ若者らよ、
左手で盾を突き出し、
槍を勇敢に振るいながら、
命は惜しむな。
それはスパルタの父祖の慣わしではないから。[2]

六〇　同様に、舞踏と踊りの動きは、よろよろとした力のないものにはせずに、できるだけ力強い節度のあるものを、しっかりしたリズムの下で導くようにさせます。その踊りは『エノプリオス』であり、神々への捧げ物として行なわれるとともに、戦の業《わざ》の練習にもなります。これには、メリオネスが熟練していたと詩人は語っています。あるトロイア人にこう言わせているのです。

メリオネスよ、お前はよい踊り手ではあるが、
わたしの槍が当たっていればそれをきっと止めさせていただろう。[3]

六一　それとも、モロスの子が――アカイア軍の勇士のなかに数え入れられる男ですが――、クレタに伝統的なクレテス式エノプリオス以外の踊りを知っていたと語っているでしょうか？　それは、敏捷で軽い動き

によって敵の飛道具をかわし、防ぐ訓練になるものなのです。

六二　これらに付随することとして、王たる者は、ほかの人間と同じような祈りは捧げないし、神々への呼び掛けも、イオニアの詩人アナクレオンのようにはしません。

主《しゅ》よ、人をひしぐエロスと、
紺青《こんじょう》の眼のニンフたちと、
紅《くれない》のアプロディテとが
いっしょに遊びをなす方よ、山々の
高い頂きをさすらうお方よ、
あなたにわたしはお縋《すが》りします。わたしのもとに快く
おいでくださり、あなたのお気に召す
わが祈りをお聞きください。
そしてクレオブロスによい忠告をなさり、
わたしの愛を、
ディオニュソスよ、嘉《よみ》したまえ。(4)

六三　また、アッティカのスコリアや酒盛り歌で行なわれる祈願もそうです。それは王にふさわしいもので

(1) ホメロス『イリアス』第二十二歌三九一行以下。
(2)「民衆歌」八五六 (*Poetae Melici Graeci*, ed. Page)。
(3) ホメロス『イリアス』第十六歌六一七行。
(4) アナクレオン「断片」三五七 (Page)。

はなく、むしろ、羽目をはずした陽気な区民や一族のつどいでされるものなのです。

　わたしゃ、きれいな象牙の琴になりたいわい、
　そして、きれいな少年たちが、ディオニュソスの踊りに持っていってくれたらなあ。
　わたしゃ、火を入れていない[1]きれいな黄金具になりたいわい、
　そして、きれいな女性が身に着けてくれたらなあ。[2]

六四　それよりも、ホメロスが、全ギリシア軍の王に祈願させたような祈りがふさわしいのです。

　ゼウスよ、誉れ高く偉大な神よ、アイテルに住み、黒雲を集めるお方よ、
　それまでは太陽が沈むことも、闇が訪れることもないようにしてください
　――わたしが、プリアモスの館を焼いて突き崩し、
　その戸口の数々を炎に包むまでは、
　またヘクトルの胸のぐるりの鎖かたびらを青銅の武器でずたずたにし、
　彼の周りで数多くの同僚が
　うつ伏せに倒れて土をかみしめるまでは！[3]

六五　ほかにも、男らしい王者にふさわしい教えや訓導をホメロスの詩からたくさん引用することができますが、それらをいま挙げてゆくのは長くなりすぎるでしょう。ただ、自分の考えをいたるところで明らかにしているわけですが、それは、王たる者は誰よりも優れていなければならないということであり、とくにアガメムノンに関してそのことを表わしています。初めて軍を配列し、指揮官のすべてと船の勢力とを数え

上げる件りで、六六　ほかの英雄の誰にもアガメムノンと張り合う余地すら残さずに、この王のことを、力と大きさで群れに優る牡牛ほどに卓越する者と言うのです。こう語っています。

あたかも牡牛が、群れのなかで、あらゆる牛より秀でているのと
同然だった。それは、集まっている牝牛どものあいだで抜きんでている。
そのようにアトレイデスをゼウスは、その日、
多くの英雄のあいだで、秀でて際立った者になした[4]。

六七　こう詩人が述べたのは、わたしの思うに、単純に彼［アガメムノン］の力ばかりを誉めて明示しようとしたということではないでしょう。そういうことなら、彼をライオンになぞらえて譬えてもよかったはずです。しかしむしろ詩人は、彼の性質の穏やかさと、自分の支配下の者たちに対する心配りとを示そうとしているのです。というのは、牡牛は、高貴な動物の一部だというばかりではありません、また、自分のためにだけ力を用いるのでもないのです。ライオンや、猪や、鷲が、自分たちの食べ物を得るために、ほかの動物を追いかけ打ち倒すというのとは異なります。この点、彼らは、王政よりも僭主政のモデルになると言ったほうがよいでしょう。六八　他方、牡牛は、わたしの見るところ、明らかに王政と王のあり方に合わせて描かれています。十分備わっている食糧を食《は》みながら暮らすのが牡牛であり、この点、暴力を揮ったり、よ

（1）火を入れる必要のない純度の高い黄金。
（2）「酒宴歌」九〇〇、九〇一（Page）。
（3）ホメロス『イリアス』第二歌四一二行以下。
（4）ホメロス『イリアス』第二歌四八〇行以下。

そのものを奪《と》ったりする必要はなく、裕かな王たちのように要るものはたっぷりとあるわけです。六九　そして同族の者を、好意をもって――そう言えるでしょう――、そして配慮をもって支配し、治める彼らであり、あるときは草を食むのを導き、あるときは、猛獣が現われたら、逃げずに、群れ全体のために戦って、弱い者たちを援けながら、危険な野獣から一団を守ろうと努めるのです。ちょうど、真の王として支配し、人の世における最高の名誉を受けるのにふさわしい人物である者が、そうすべきであるのと同然です。七〇ただし、ときには、ほかの群れが現われたら、そちらの指導者と闘争して勝利を競い、自分と自分の群れが優っていると見られるようにします。他方、人間とは戦わず、思慮のない動物たちのうちで最も優れた者として指導的立場にはあるものの、よりまさった者の指揮は受け入れるという点、力と勇気と突進力では他に引けを取らず負かされないものの、理性と思慮に対しては進んで身を屈するという点も、分別のある王たちを教え導く王的な模範と言えるでしょう。七一　つまり、王は、人間という自分と同等の者たちのなかで、明らかに他より優れた存在として、理《ことわり》に即して正当に彼らを支配すべきであること、彼に統治される者たちを救うために配慮をなし、必要なときには先頭で戦って、野蛮で無法な僭主たちから彼らを守るべきこと、ほかの王たちに対しては――もしそういう者たちがいれば――徳に関する争いをなして、どの地であれ民の裨益になるよう勝利に努めるべきこと、七二　他方、自分より優れた者である神々には、良い牧夫に対するようにつき従い、彼らを自分の主人また支配者であると見なして、その超越した至福の本質を尊敬し、この神という最大、最高の王のいちばん誉れ高い所有物として、まず自分を、次いで自分の支配下にある者たちを示現すべきことが、教えられているのではないでしょうか？

七三　ちょうど、思慮深い牧夫たちが行なうのと同然のことが起きるのです。すなわち、牡牛が苛酷で野蛮な性質になり、自然の理《ことわり》に反して放縦な支配を行ないながら、自分の群れのことは軽侮して暴虐を加え、外部から企らみを仕掛ける者がいるときには身を引いて、力のない群衆を自分の盾にしようとする一方、何も困難な状況がないときには倨傲になり、横柄な態度を取って、脅すような大きな声で啼いたり、角《つの》を立てて無抵抗の者を突こうとしたりしながら、戦おうとしない弱者のあいだで自分の力を誇示し、牛の群れが、驚愕と恐怖のためにゆっくり草食みできないようにしてしまう——そういうときには、主人や牧夫は、その牡牛を、群れを導くのに適切でふさわしい者ではないとして、滅ぼし、入れ替えるものなのです。

七四　他方、自分につき従う牛たちには優しく、野獣に対しては恐れずに勇敢に立ち向かい、威厳があって堂々としており、群れを守り主導する働きを見せ、牧夫たちに対しては従順であるという牡牛のほうは、人間たちは、その老年の最後まで——身体がもう重くなっていても——その地位につかせておきます。

七五　同様に、神々や、人間と神々の共通の父であり配慮者であるがゆえに王のなかの最大の王たるゼウスも、人間のうち、暴力的で不正な無法者が支配者になっている場合は、そして彼がその力を敵に示すことはせずに自分の臣下や友人たちに揮い、快楽や財宝を飽きることなく求め、疑るのに早く、怒れば容赦せず、中傷に鋭く反応し、説得に耳を傾けず、あくどいことをなし、陰謀を巡らし、卑しい性質で、身勝手で、悪者たちをのさばらせ、善人たちには嫉妬し、教養を解せず、誰をも友と見なさず、またそれは自分より劣る所有物であるとして友を持つことをしない——七六　そういう王をゼウスは、支配者として自分の誉れや称号を共有するのにふさわしい者ではないと見て、恥辱にまみらせながら退場させ、廃位にします。ちょうど、わたしの思うに、パラリスや、アポロドロスや、同類の多くの者たちに対する処置と同然になるのです。

七七　他方、勇敢で、博愛的で、臣民には優しく、徳を尊重して、その点の評判において善人の誰にも引けを取らないよう競争する王、不正な者には悔悛するよう力を加え、弱者には援助を与える王——そういう王には、ゼウスは、その徳を嘆賞して、大部分の場合は、老年にいたるまで彼を導いてやります。ちょうど、キュロスや、メディア人のデイオケスや、スキュティア人のイダンテュルソスや、レウコンや、多くのスパルタ王、昔のエジプトの幾人かの王がそうでした。

七八　しかし、もしも必然的な宿命が、その者の老年前に押し寄せた場合にも、とにかく彼に関する良い記憶と、万民のあいだの名声が、永遠に生じることを許します。ちょうど」と、アレクサンドロスは言った、「その徳のゆえに、ゼウスの子と見なされたわれわれの祖先ヘラクレスの場合のように」。

七九　こういう言葉を聞いたピリッポスは、喜んでこう言った。「無駄ではなかったな、アレクサンドロスよ、われわれがアリストテレスのことを高く買い、その祖国を——スタゲイラはオリュントスの領域ではあるが——再建することを彼に許したのは。あれは、多くの立派な贈り物をされるのにふさわしい男だな、ホメロスを解説したり、ほかの方法によったりしながら、お前に、徳と王政に関してそのような教育をしてくれているのなら」。

（1）パラリス（アクラガスの僭主、前六世紀）、また次のアポロドロス（マケドニア・カッサンドレイア市の僭主、前三世紀）は暴君の代表として挙げられる。

（2）以下、キュロス（前六世紀）はペルシア帝国建国者、デイオケス（前七世紀）はメディア王国の建設者、イダンテュルソス（前六世紀）は、ペルシア軍を率いるダレイオス王と戦ったスキュティア王、レウコン（前四世紀）はボスポロスの王。

皇帝の幸福と友情——王政論その三（第三篇）

内容概観

ディオンからトラヤヌス帝に向けて行なう弁論という形式の作品（ただし現実に彼に話しかけたものかといった点は確認できない）。帝の人となりを称賛しつつ、王（皇帝）の務めを論じ、とくに皇帝が友人から得られる幸福を述べる。

序［一―一一節］
一、へつらいについて［一二―二五節］
二、ソクラテスとヒッピアスの議論［二六―五〇節］
三、王の務め［五一―八五節］
四、友情について［八六―一三二節］
五、なぐさみ［一三三―一三八節］

序

一　アテナイのソクラテスという、ずいぶん昔の人のことは、あなた[1]もお聞きになってご存知のはずであるが、その彼が、年も取り、貧しく暮らしていた折り、ペルシア王を幸せだと考えるかどうか、人に訊《き》かれたとき、「ことによれば幸せかもしれない」と答えた。しかし、彼と交流したことはないので親しく知っているわけではなく、どういう考え方の持ち主か分からない、と言った。(2) これは、察するに、幸せというものは外的なことに由来するのではない――黄金の板とか、祖国とか、その人の土地とか、他の人間とかによるのではない――、むしろ、その人自身に、またその人の考え方によるのだということである。

二　ソクラテスは、自分がペルシア王の人となりに通じていないので、彼が幸せかどうかということにも通じていないと考えたのだが、わたしのほうは、高貴な皇帝よ、あなたと接してきており、ことによれば誰よりもあなたの性質に通じている。すなわちあなたが、へつらいや欺瞞によりも、真実と率直さに喜びを覚える方《かた》である、ということを知っているのだ。

三　たとえば非理知的な快楽に対して、あなたは、おもねる人間に対するのと同様の猜疑を向ける一方、労苦のほうは、徳を試すものとして、それに耐えるのである。

そしてあなたが、皇帝よ、古人の書のあれこれをひもとき、彼らの思慮ある正鵠《せいこく》を射た言葉を理解していることに鑑《かんが》み、わたしは、あなたが明らかに至福の人間であると言おう――神々に次いで最大の力を有し、その権力を誠にうるわしく用いているあなたなのだから。

---

(1) トラヤヌス帝（九八―一一七年の治世）。
(2) プラトン『ゴルギアス』四七〇Eに基づく。この頃のペルシア王は、ダレイオス二世（アルタクセルクセス一世の子、前四二四―四〇五年の治世）。

四　というのも、あらゆる快楽を味わうことができる一方、苦労のいることにはまったく手を掛ける必要がなく、きわめて安楽に生きることができるという人間、要するに、誰にも邪魔されず、それどころかあらゆる者からそれを誉め称えられながら、好き放題なことをして生きることのできる人間――五　そういう人間が、もしも、くじで選ばれた裁判員より法にかなった裁判をし、諸都市で責任を与えられて政務を行なう高官よりも公正であり、彼につき従う軍兵よりも力強い将軍であり、強制されて働く者たちよりも進んであらゆる仕事に務め、贅沢をする財に恵まれていない者たちほどにも贅沢しようと思わず、子煩悩な父親以上に臣下の民を愛し、打ち勝ちがたく敵しがたい神々よりも敵軍に対して脅威的であるという場合、そういう人間を――彼自身にとっても、他の皆にとっても――幸いなる者であると、誰が言わないであろうか?

六　大部分の人間においては、それが庶民であろうと、何か小さな公職に就いている者であろうと、その幸福は些少なものであり、しかもそれを有している者に範囲は限られる。ところが、きわめて多くの都市がその者に服従し、きわめて多くの民が彼の考えによって統治され、互いに交わらない無数の部族が彼一人の思慮を仰ぐという場合には、その者が上記のような人間であれば、すべての人々の救済者となり、守護者となるのである。

七　なぜなら、すべての者を治め支配する人の思慮は、無思慮な者たちをも利することができるのである。すべての者に関して、同じように慮る彼だからである。またその節度は、自制のない者たちにも節度を持たせる。すべての者を同様に見張る彼だからである。またその正義は、不正な者たちにも、自分に与《あずか》ることを許す。またその勇気は、勇敢さに劣る者たちを救うのみならず、彼らをより大胆にすることもできるのである。八　というのも、その人がいれば勝利は確実という人物に随《つ》いて行きながら勇気を持てないというほど憶病な者はいないし、神がその人にのみ命令権を付与した人物が命令しているのを目にしながらのんびりしているほどに弛《たる》んでいる者もいない。また苦労する必要もないのに他の人々のために苦労している人物の側にいながら、彼といっしょに苦労しようとしないというほど恥知らずの者もいないのだ。

九　ホメロスも、まさにこの点を示しているように思える。立派な王のことを述べながら、全体の人間に関連させて、こう言うのである。

彼の下で、民は優れた者たちとなる(1)。

そういう王は、徳を、他の者にとっては良い財と見なすが、自分にとっては必要不可欠のものと考える。一〇　なぜなら、最重要事について慮りをなす者ほどに思慮が必要とされる人間はあるまい。法よりも偉大な人物以上に、的を射た正義が必要な者はあるまい。すべてが可能な人物ほどに自制ある節度が必要な者も、すべてを救おうという人物ほどに勇気が必要な者もあるまい。一一　また、全人類を、自分の人となりの見物人や証人にするという者ほどに徳の行ないが喜びの元になることもない。何を行なおうと人に知られずに済むことのない彼であり、それは、闇の中を進む太陽と同然である。他のものすべてを照らしながら、まず自分自身を顕わすのである。

(1) ホメロス『オデュッセイア』第十九歌一一四行。

一、へつらいについて

一二　こう話してきているわたしには、いま述べたことをもっと長く言う必要があることが分かっている。(1)しかし、わたしが何かおべっかを使って言うのではないかという恐れはない。なぜなら、わたしは、自由な言い方をする人間であることの些細ならざる証拠を、些少ならざる期間、示してきたのだから。(2)一三　そして、もしも以前は、恐怖ゆえに嘘をつくことが誰にも必然的であると思われていたときに、わたし一人が真実をあえて述べることを――しかもこの生命をかけて――していたのに、いまは、何の危険も冒すことなく真実を言うことが誰にもできるにもかかわらず、嘘をつくわたしであったなら、率直な発言をすべき時期も、おべっかを使うべき頃合いも知らないわたしだということになるであろう。

一四　何かを自発的になす者は、総じて、お金のためか、名声を得るためか、何かの快楽のためか、さらには、徳を追及しながらその行為をうるわしいことと尊《とうと》んで、なすのである。

一五　ところで［追従行為に関して］、お金については、わたしは、多くの人が与えようとしたにもかかわらず、誰からもそれを受け取ろうとはしなかったし、わたしが持っていた些少のお金は、他の人に分け与えるのみならず、しばしば投げ捨てたわたしだったことは明らかであろう。

一六　また、どういう快楽をわたしが追い求めただろうか――おべっか使いのなかでこの業《わざ》を最も明らかに用いている者たちすら、おべっかを、最も快からざるものと認めているのに？　他の人間を不正当に誉めるために、自分が当然嘘つきになることが快いだろうか？

一七　さらに、おべっかを名誉や徳のために行なおうとしても、それは、誉れあるものとも、うるわしいものとも思われないはずである。なぜなら、およそあらゆる悪のうち、おべっかが最も恥ずべきものと判断されるであろうから。一八　まずそれは、最もうるわしく正当なものである称賛を堕落させ、それ［称賛］がもはや信用すべきものとも、真実のものとも思えないようにする。そして、これがいちばん恐ろしいことだが、徳の報賞を悪徳に授けてしまうのである。それで、この行為は、貨幣を堕落させる者よりもずっと悪い行ないをすることになる。一方は、貨幣の価値を疑わしめるのに対し、こちらは、徳を信頼できぬものにするからである。

一九　さらに、悪者は愚か者と言われるのがならいと思うが、そしてじっさいそのとおりであるが、おべっか者は愚かさの点で誰にも優っている。というのは、真実をくらます者たちのうちで、彼が嘘をついていることをいちばんよく知っている人々に対してあえて嘘をつこうとするのは、おべっか者だけなのである。なぜなら、［聴き手のうち］誰が、自分に関する事柄について無知であろうか？　あるいは、自分の喜びは労苦にあるのか、安楽にあるのかという点や、正当な境遇を得るよりも不当にたくさん所有することのほうを自分は楽しむかどうかということや、自分が快楽に克てない人間かということや、うるわしい行為を愛する者であるかどうかという点について知らないほどに馬鹿な者がいるだろうか？

（1）皇帝賛美の話を続けることの弁明。
（2）ディオンのドミィティアヌス治政下や追放期間の言動を言う。

二〇　そして、おべっか者は、とくに、称賛を向ける相手に喜ばれると考えているが、わたしの思うに、彼はとくにこの点で成功しない。相手が完全に軽薄な者でなければ、喜ばれるよりも、逆に、うとまれるのだ。

二一　たとえば、貧乏人を金持ちと祝福すれば、自分も嘘をつくことになるし、その祝福された者の貧乏を難じることにもなる。また、とても醜い者を美しいと誉めれば、当人の醜さを面責することになるだろう。あるいは、不具の者を五体満足と称すれば、彼の不運を［逆に］思い出させるので、喜ばせることはできまい。あるいはまた、愚かな者を思慮ある人と讃美すれば、その場合は、ことによると、相手の聴き手の無思慮のゆえに、誰よりも信用される者となって、それだけいっそう害をなすということになるだろう。相手を、自分だけのためにはかりごとをなすようにさせ、思慮ある人々の協議に委ねることを怠らせるからである。二二　しかし、臆病者を勇敢だと讃嘆する場合は、へつらわれる者の愚かさをいちばん正しく利用することになる。というのも、きっとその者は、それを信じ、勇者の行為を試みて滅ぶことになるからだ。

二三　総じて言って、おべっか者は、見破られれば、弾劾されるのみならず、憎まれもする。嘲りながら語っているように思えるからだ。しかし、真実を言っていると信じさせても、大きな好意を得ることはない。彼が真実を語ることで、何か利益をもたらしていると思えるだろうか？　二四　そして、嘘をつく証人よりも悪質である。一方は、裁判員を滅ぼしはせず、ただ欺《あざむ》くだけであるが、おべっか者は、称賛とともに、相手を堕落させるのである。

二五　そこで、わたしのほうは、おべっかを使おうとしているという難癖を、あなたのほうは、面と向かって称賛されることを望んでいるという非難を、中傷者たちにさせないため、善き王に関する弁説をなしたいと思う。彼はどのような者であるべきか、統治者のふりはしているが統治と王の務めから懸け離れている者とはどう違うのか、という点についてである。

二、ソクラテスとヒッピアスの議論

二六　もし人が、いつも同じ弁をなすわたしだと言うなら、それは、ソクラテスに対するのと同じ批判である。言い伝えによると、ソクラテスが、正義と徳に関する長い話をしながら、例のごとく、舵取りや医師や靴作りや陶工の譬えを持ち出すのを聞いていたエリス人ヒッピアス(1)は、ソフィストのこととて、二七「また同じ話か、ソクラテスよ」と言った。すると彼は、笑いながら、「それに同じ事柄に関してね」と応じた、「きみは、どうやら、知恵があるせいで、同じ事柄について同じ話をすることはしないようだが、われわれには、これこそがいちばん素晴らしいことと思えるのだ。というのは、嘘をつく者は、多くの、同一ならざることを話すものだということをわれわれは知っているが、真実を追求する者には、真実以外のことを言うことはできないのだ」。

二八　わたしとしても、ほかにもっと真剣な主題や、あなたによりふさわしい話題があると知っていたな

(1) エリス出身のソフィスト（前五世紀）。

ら、そちらを弁じようとしただろう。しかし、じっさいは、医師も、身体の健康や病気以外のことを、聞いたり語ったりすることは正しくないと言うべきであろうし――健康術専門家あるいは医術専門家と呼ばれる彼らなのだから――、舵取りも、季節や風や星々について聞いたり語ったりすべきであろう――彼らは正当にも舵取りと呼ばれているのだから。そして、治政者や王も、治政と人間の管理に関する話を聞いたり語ったりすべきなのだ。

二九　では、こちらの問題について、ソクラテスがどう考えていたか、述べることにしよう。幸せに関するその答えを聞いたのち、例の男は、次のような質問をした。

三〇「ソクラテスよ」と彼は言った、「あなたは何よりもこういうことをよく知っているはずだ、すなわち、不可能と思われることも、その気になれば、可能事となして(1)、海上を徒歩で行ったり、山中を船で進んだり、河の水を人々に飲ませて干上がらせてしまうことができる者こそ、陽の下に住む人間のうちで最強の者であり、じつに神々にも劣らぬ力を有しているのだ、と。

三一　それとも、ペルシア王クセルクセスのことをあなたは聞いたことはないだろうか――彼が大地を海となし、山々のうちで最大の山アトスを切り開いて本土から分離したということ、また、歩兵の軍隊を渡海させながら、自分は、ホメロスでポセイドンがそうすると言われるごとく(2)、車駕を駆って海上を行ったということは？　ことによれば、海中のイルカも、海獣も、同様に(3)、彼がそのように駆って行ったとき、その筏の下を泳いで行ったかもしれないのだ」。

三二　するとソクラテスは、こう応じた。「その点もきみに答えることはできない、そういうことをなした男が、きみの言うごとく最大の力を有しているのか、それとも最少の、あるいは皆無の力しか持っていないのかどうかは。たとえば、彼が、節度や勇気を持ち、正義を守る男で、そういう行ないを知性とともに行なったのであれば、彼のことを強い者であると認めるし、本当に最大の力を持っていると考えてよい。

三三　他方、彼が、臆病者で、愚かでもあり、みだらで、法をかえりみず、暴慢さのゆえにそういうことをなしたのであれば、反対に彼は、わたしの思うに、とても貧乏な男が、土の一塊《ひとくれ》も所有していないので、糧を得るために、鍬《くわ》を揮って――きみの言うごとく最大の山を破砕するのではなく――土を砕かないといけない、という場合よりも、弱い者であるだろう。

三四　なぜなら、しばしば些細なことで生じる怒りを抑えられない者、とても恥ずべきことに対する欲望を止められない者、悲しみを――ときには悲しむべき原因がない場合にも――抱いてそれを払うことのできない者、労苦を――それが快楽のために行なわれるものである場合にも――耐え忍ぶことのできない者、危機のさいに助けになるどころか最も害を及ぼすものである恐怖を心のなかから追い出すことのできぬ者――そういう男が、弱い者でないわけがあろうか？　女性にも宦官《かんがん》にも劣る者ではないだろうか？

三五　それともきみは、あらゆるもののなかで最も軟弱なものである睡眠よりも弱い人間を強いと称するのか？　これによって手足を――しばしば縛るものもないのに――束縛され、他の人間に対してのみならず、

(1)後記、クセルクセス王によるギリシア侵攻に関して言う。
(2)ホメロス『イリアス』第十三歌二六行以下。
(3)ホメロス『イリアス』第十三歌二六行以下で、彼らがポセイドンの下で踊りはねたと言われるように。

自分に対しても、助力をすることはできない、また、防御してやろうという援助者を一人も呼ぶことができないという者なのに?」。

三六　それを聞いて、相手はこう言った。「しかし、こういうことをあなたは知っているはずだ、つまり、人間の住む世界全体のうち、彼［ペルシア王］は、最も良い最大の部分を治めているということを。というのは、ギリシアや、イタリアや、その他のヨーロッパの僅かの民以外は、すべてが彼の支配下に置かれているのであり、三七　アジアと称される部分の全体も、インドにいたるまで治める彼なのだ。また［他の］多くの民も、彼に服従しているという。つまり、リビアの大部分がそうであるし、ヨーロッパにおいては、トラキアやマケドニアがそうである。これらすべてに彼は力を揮っている。それで、彼だけが、大王と呼ばれるということにもなっているのだ」。

三八　するとソクラテスが応じた。「いや、わたしには、そもそも彼がどこかの町や村の王であるのかどうかという点すら、よくは分からないのだ」。

「では、皆が知っていることを、あなた一人が聞いていないということか?」。

「聞いてはいる、ギリシア人も、異国人も、多くの者が、きみの言っていることを口にしているのでね。しかし、わたしがいま話している点をよく判断できるようにさせないのは、こういうことなのだ。

三九　つまり、愛すべききみよ、彼が、法に則り、正しい仕方で、また、わたしが何度も言ったような人物の者として、そういう民のすべてに君臨するようになっているのかどうか、分からないということなのだ。なぜなら、彼が、知性にすぐれ、博愛的で、法を尊びながら、治められる者たちの安全と利益に心を配っているのなら、また、すでに述べたように、自分がまず第一に幸せであり思慮があって、その自分の幸せを他の者たちにも分け与えており、自分と被支配者たちとの利益を別々にはせずに、むしろ、被支配者たちが幸福にしているのを見るときに自分もいちばん喜び、そういうときに自分もいちばん幸福であると考えるということなら、彼は、最も強い者であり、真の王であるということになる。

四〇 しかし、もし彼が、快楽を愛し、お金を愛する者であり、暴慢な無法者であって、自分だけ栄えることを考え、可能なかぎりたくさんの財を集め、能《あた》うかぎり最大の快楽をいっぱい摘み取りながら、安楽で労苦のない生活を送っているという場合、そして自分の治政下の者は、すべて、自分の放縦に仕える奴隷と見なしつつ、**四一** 立派な羊飼いの性格を持たずに――自分の家畜の保護と草飼《は》みに心を配り、さらに、野獣を追い払い、盗っ人から守護する者の性質を示さずに――、むしろ自ら、第一番に、それを略奪し滅ぼすという振る舞いをしながら、他の者たちにも、思うに、敵から奪う戦利品であるかのごとくそれを許すという場合は、そういう男を、わたしは、けっして治政者とか、君主とか、王とかと呼ぶことはできない。むしろ、僭主とか、圧政者とかと呼ぶほうがずっと良い――ちょうど、アポロンが、かつて、シキュオンの僭主にそう呼び掛けたときのように[1]。たとえ彼［ペルシア王］が、たくさんのティアラや王杖を有し、たくさんの人間が彼に服従していても、そうなのだ。

(1) クレイステネス（前六世紀）。「汝は虐殺者」とアポロンの巫女に呼ばれた（ヘロドトス『歴史』第五巻六七、松平千秋訳）。有力な市民たちを石打ちの刑に処していたらしい。

四二　こういうことを彼は言う慣わしだった。そして、つねに、治政者をも、庶民をも、徳に向かわせ、より良い人間になそうとした。

同様のことを、彼以後の人々も、支配と王政に関して、最も賢明な考えに従いつつ、発言した。

種々の政体

四三　第一に、名称自体が、ことの相違を明らかにしている。治政（アルケー）とは、人々に対する法にかなった管理であり、人々に対する法に基づいた配慮である。王政（バシレイアー）とは、人に掣肘《せいちゅう》されざる治政であるが、王の判断が法となる。四四　他方、僭主（テュランノス）や僭主政（テュランニス）は、これとは逆に、より力があると思われる者による、人々への、暴力的な無法な遇し方である。四五　法と正義に則り、良い天運と幸せに恵まれている政体のうちで、とくに顕著なものが三種類挙げられている。

一つは、最初のもので、とくに生じやすい政体である。この弁説がいま論じている種類のものであり、一人の優れた男の知性と徳によって、ある町が、あるいは多くの民が、あるいは全人類が、良く統《す》べられているときのものである。

二番目のものは、貴族政（アリストクラティアー）と呼ばれ、四六　一人の者や多くの人間が治めているのではなく、少数の人間が主導しているものであり、すでに、実行性のある有益な政体から遠ざかっている。この点にホメロスも気づいて、こう言ったのだろう。

多くの者が治めるのは良くはない。一人の者が治め、
　一人の者が王たるべし——企《たくら》み巡らす
　クロノスの子［ゼウス］に［王杖を］授けられた者が。(1)

四七　三番目のものは、すべてのうちで最も実行性に乏しいものと言ってよいが、それは、民衆の節度と徳によって、法に即したまともな制度をいつか見いだせるだろうと望んでいるものであり、民衆政（デーモクラティアー）と称される。それに実行性があったら、まともで穏当な名称ではあるが。

四八　上述の、そういう三種の政体とは反対の、無法で破滅的なものが三つある。第一のものは僭主政であり、呪われた者たちのうちで最悪の人間の、暴慢と暴力によって治められている。その次のものは寡頭政（オリガルキアー）で、苛酷な不正なものであり、少数の、金持ちでかつならず者たちの貪欲さによって組織され、貧乏な大衆に対峙している。

四九　それに続くのは、群衆の、目まぐるしく移り変わる衝動的な政治である。彼らは、何一つ分かってはいず、ただ、悪辣《らつ》なデマゴーグにいつもかき乱され、憤激をあおられるばかりで、ちょうど、荒ら荒らしく激しい波が、厳しい風によって、あちらへ、こちらへ、吹き動かされるごときである。これらの政体について、この弁説は十分述べた。それぞれが、過去においてこうむった多くの災難や不幸を示すことができたはずである。

（1）ホメロス『イリアス』第二歌二〇四行以下。

五〇　しかし、現在支配している政体の、幸せで神的な制度については、もっとていねいに語らねばならない。

この政体の鮮明な似像や不明瞭ならざる写しは、たくさん認められる――自然が、家畜や蜜蜂の群れにおいて、より優れた一者による、より劣った者たちに対する、自然に即した統治や管理を表わしているのである。とはいえ、第一の最善の神の下にある、全世界の主導ほどに輝かしくうるわしい政体は、他にないであろう。

三、王の務め

五一　そういう王は、まず、神々から最大の名誉と信任を得ているがゆえに、神を愛する者である。そして神的なものに、何よりも先にとりわけて仕えるであろうが、それは、神々の存在ということに同意するのみならず、信じてもいるからである。自身も、おのれにふさわしい治政者たちを持つことができるようにするためである。

五二　自分による管理が他の人々の利益になることは、神々の支配が自分にとって為《ため》になるのと同然だと考えている。また、自分が悪い人間たちから贈り物を受け取ることはないであろうことを自分でもよく分かっているので、神々も、不正な人間たちの奉納物や供物を喜ぶことはないと考え、善い人間たちから捧げられる物だけを彼らは受け入れると見なしている。それで、神々に対し、こういう物で惜しみなく仕えるよう努めるが、また、立派な事績と、正しい行ないとによって彼らを敬うこともけっして止めないだろう。しかしまた、各々の神々を、自分の持てる力のかぎり、なだめ奉《たてまつ》ろうとする。

五三　また、徳を聖なるもの、すべての悪を不敬なるものと見なしている。というのは、聖物を盗んだり、神々について何か冒瀆《ぼうとく》的なことを言ったりする者だけが汚れた犯罪者というわけではなく、むしろ、臆病者や、不正な者や、自制できぬ者や、愚か者たちが、総じて、神々の力と意志に反することを何か行なったりする者たち一般が、そうなのだと考えているのだ。

五四　また、神々の存在を信じるのみならず、善きダイモンたちや英雄神たちをも――善い人間たちの魂が、死すべき性質から転化した者たちとして――信ずる。この信仰を強めさせることは、彼自身にも大いに利するのである。

五五　さらに、人間たちへの配慮を、ついでの仕事とか、――心労が重なったときそういう気持ちになりうると思うが――、意味のない骨折り仕事とかと見なすことはない。いや、それは、自分の務めであり、職であると考えているのだ。そして、他のことをなすときは、何事も、重大なことは思わず、また、自分にかかわることをなしているとも考えない。ところが、人々に利益をもたらすときは、自分の務めを果たしていると考える。というのも、最大の神によって、こういう仕事に向かうよう課せられているのであり、それに従わないことは、許されてもいないし、自分の本分であると見なしているので、不満を抱くこともないのである。

五六　なぜなら、自分の仕事に――それが骨の折れるものであったとしても――喜びを覚えないほど軟弱な者や、快楽志向の者はいないのだ。ちょうど舵取りが海での労働を嫌がることはなく、農夫が農作業の仕事を嫌うこともない、猟夫が狩りをするさいに苦労せねばならないことをうとむこともない、というのと同然である。しかし、農作業にしても、狩猟にしても、骨の折れるものなのである。

五七　他人のために苦労し、面倒なことをさせられるのを厭《いと》わない彼であり、とても多くの労苦を引き受けて多くの用事を持たねばならないからといって、不幸せだとは思わない。なぜなら太陽も、他の神々の誰にも劣らないにもかかわらず、人間たちの安泰と生存のため、永遠に、彼のしていることをすべてこれからもし続けることになるという点に、不満を抱くことはないのを見ているからである。

五八　しかし、勇気や、自制や、思慮は、正義を軽視し、僭主政を行なおうと企てる者にも――すぐに滅びるつもりでないなら――必要であると考えている。いや、そういう性質は、彼らにこそもっと求められることを理解している。五九　そしてそういう男がたくさんの者に憎悪され、たくさんの者に陰謀を企てられ、信頼できる者や気づかってくれる者は一人もいないという分だけ、いっそう、ある程度の期間は救われようとするなら、用心を怠らず、よく慮って、敵の防御では失敗せず、陰謀を仕掛けられるときには相手を認知することができるようにすべきであること、また快楽からは遠ざかって、胃の腑にも眠りにも情欲にもこだわらないようにすべきであることを認識する。それは、誰からも愛され、陰謀を仕掛けてくる者が一人もいないという者の場合以上に心得べきことである、と。

六〇　ところで、もし［悪王が善王と］同じほどの、あるいはそれ以上の気づかいをせねばならないとしたら、そして仕事のほうはより多くなり、快楽については同様に用心をし、危険のほうは同様に耐え忍ばないといけないということであれば、正義と徳を伴いながらそういうことすべてを行なうほうが、悪辣さと不正とともにするよりも、どれほど良いことであろう？　また、そういう人物であることが明らかになって称賛を得るほうが、非難されるよりも、さらには、人間にも神々にも愛されるほうが、その逆に憎まれる者になるよりも、どれほど良いであろう？

六一　また、現在という時は、人間にとって短く、［その先を］予測しがたいものであるのに対し、人生の大部分を占めるのは、すでに起こった事柄の記憶と、起こるであろうことに関する予期である。だから、［悪王と善王と］どちらの男の記憶が心を楽しませ、どちらが苦しめるであろうか？　どちらが、その予期によって元気づけられ、どちらが心穏やかならざる状態になるだろうか？　したがって、善い王の人生のほうが、より楽しいものでもあるのは必然的である。

六二　あなたもお分かりのように、どんな場合でも、より優れたものは、より劣ったものの面倒を見つつ支配するという務めを神から課されている。

たとえば、技術は未熟に対して、力は弱さに対して、思慮は無思慮に対して、心を配り、そのために考えてやるよう委ねられているのだ。そういう配慮においては、どんなことでも、支配するということは、けっして生易しいものではなく、骨の折れるものである。また、くつろぎや暇を人よりたくさん得られるわけではなく、むしろ、気づかいと労苦をより多くすることになる。

六三　たとえば、船の乗客は、ぼんやりとして、海すら見ない、いや、諺で言うように「どの地にいるか」ということすら知らずにいることができる。多くの者が、日和のよいときは、そういう仕方で船旅をしながら、スゴロクをしたり、歌を歌ったり、一日中宴をして過ごす。ところが、いったん嵐が襲ってくると、頭を服で覆《おお》って、成行きを待つ彼らである。ある者たちにいたっては、眠り込んで、港に着くまで起き上がることもない。**六四**　ところが、船長には、大海のほうを見ることも、空を見上げることも、さらに陸地を眺めることも必要である。いや、海の底のことも等閑《なおざり》にはできない。うっかりすると、海面下の岩や、目に見えない暗礁に乗り上げてしまうだろう。**六五**　そして、彼だけは、夜間には、夜番をする者ほどに眠り込むこともできず、昼間には、少しの眠りを盗むことはあっても、不安定ではっきりしないまどろみをする。帆をおさめろとか、舵《かじ》を脇に寄せろとかいった船の操作のことを、何度も叫ぶのであるから。それで、横になっていても、しっかり起きている他の者たち以上に船のことを心に掛けている彼なのだ。

六六　遠征においては、兵士たちは、各々が、自分だけのために、武器や食料のことを気にかける――それも自分で調達するのではなく、用意してもらうものを持つのを当然と考えている。自分の健康や安全のことだけを念頭に置いている彼らである。**六七**　ところが、将軍の務めとしては、すべての兵をきちんと武装させ、すべての兵が衣服に足りるようにし、人々のみならず馬たちの胃袋も充たすようにせねばならない。全員が必要品を得られないときは、自分の病のさいよりもずっと悩む彼なのだ。そして彼らの安全のことを、自分の場合に劣らず大切に考える。なぜなら、兵士たちの安全なしに勝利することはありえないのである。そして勝利のためには、立派な将の多くが、自らの死をさえ選ぶのだ。

六八　さらに、われわれ一人ひとりにおいて、肉体は、非知性的なゆえに、自分自身を助ける力もないし、自分のために慮るという性質も持たない。魂が去れば、それは、少しの時間も持ちこたえることはできず、あっという間に分解して滅ぶ。他方、魂は、肉体のために、あらゆる心づかいをし、あらゆる考え事で悩まされ、それが苦しんでいるときは大いに苦痛を味わう。**六九**　そして肉体は、魂がついているあいだだけ痛みを感じるが、魂は、痛みが生じる以前から苦痛を覚え、しばしば、それが生じそうにないときも、不安から苦しむ。また死のことは肉体はけっして感じ取らないが、魂はこれも認識するし、さらに、肉体を病から、戦から、嵐から、海上から救出しようとして、大いに難儀をする。このように、あらゆる場合において魂は肉体よりも苦労が多く、辛い思いをするのだが、それでも、より神的でより王者的なのである。

七〇　さらに、女よりも男のほうが力強く、指導的であることを誰もが認めるであろう。しかし、女たちの場合は、大部分の仕事が家で行なわれ、嵐や、戦や、危険のあれこれはほとんど経験しないまま過ごすのに対し、**七一**　男たちには、遠征や、船旅をすることが本分であり、野天で仕事を果たさねばならない。だが、こういうことで人は、男よりも女のほうが幸せだとは思わないだろう。**七二**　他方、自分の弱さと軟弱さのゆえに、女たちの生活を見習おうとした者は、サルダナパロス(1)のごとく、その恥ずべき行ないのため、今日にいたるまで悪名を馳《は》せている。

七三　しかし最も重大な手本としてあなたは、太陽が、神として、その至福により、どれほど人間に優っているかという点を、しかも永遠にわれわれに仕えながら、われわれの安らかな生のためにあらゆることをなすことを拒《こば》まないという点を分かっておられるはずだ。**七四**　太陽が永遠にしていることとは、人類が必

(1)アッシリアの伝説的な王。

要としている物事にほかならないではないか？　すなわち、諸季節を作り出し、分けながら、すべての生き物やすべての植物を養い育て、あらゆる見物《みもの》のうちで最もうるわしく快いものである光を――それなしでは、天上のものも、地上のものも、うるわしい物事のすべてが意味を持たず、生すらそうであるという光を――提供してくれているのだ。しかも、こういう恵みを与えることに倦《う》むことがない。**七五**　太陽は、とてもきつい奴隷仕事をしているのだと言うことができよう。なぜなら、少しでも注意を怠り、自分に任されたルートから逸《そ》れれば、天全体が、地全体が、海全体が滅び、この美しく幸せな宇宙［秩序］の全部が、最も醜く苛酷な無秩序に化す[1]ことを何も妨げないのである。**七六**　しかし、じっさいは、堅琴の弦を爪弾きながら妙《たえ》なる音を奏でる者のように、浄らかで至高の調和から外《はず》れることなく、いつも同一の道程を進む太陽なのだ。**七七**　そして大地が、作物を生み育てて大きくするためには、温《ぬく》もりを必要とするので、また生き物は、肉体の維持と自然な喜びのためにそれを必要とし、とりわけわれわれは、最も多くの援助を求めているのでそれを必要とするがゆえに、太陽は、われわれの住む地域に［年の進行につれ］どんどん近づきながら、［実りを促す］夏を少しずつもたらしてくれる。すべてのものを生《は》え出させ、すべてのものを養い、すべてのものを完成させ、人間たちに、驚嘆すべき神的な愉楽と祭りを与えるためである。

七八　他方でまた、他のものもわれわれも、反対の気候も必要なので、――すなわち、寒気を通じて、身体は引き締められることを、植物は強度を増すことを、大地は雨を、求めるので[2]――、太陽はふたたびわれわれから去り、程よい距離を取る。**七九**　そのようにして、われわれに都合の良い仕方で、とても安全に、適切に、限度を守っており、もしもそれ以上少しでも近づけばすべてが炎上するであろうし、離れるさいに少し行き過ぎればすべてが寒気のために冷え込むことだろう。八〇　そして、一気にそれが変化することに耐える力は乏しいわれわれなので、太陽は、それが少しずつ生じるよう工夫し、一種われわれが気づかない仕方で、春を通じて夏に耐えられるようわれわれを慣らし、秋を通じて冬への耐久力を鍛え上げる。冬季から少しずつ温めてゆき、夏季から冷やしていって、それぞれの極点までわれわれが苦痛なしに至るようにしてくれるのだ。

八一　しかしまた、光りは見るのに楽しく、それなしには何事もできない一方、寝ているあいだのわれわれは、完全に休息して光を必要としないので、太陽は、われわれが起きているのに十分な時間を昼となし、休まねばならないだけの時間は夜にした。地全体を巡りながら、それぞれの時にそれぞれの人間を休ませ、また起き上がらせて、光をもう必要としない人々からは離れ、そのときどきにそれを求める人々には現われる。そして、永遠にこういう仕組みにしながら、倦《う》むことはないのである。

八二　すべての神々のうちで最も美しく輝かしい者が、人類への永遠の気づかいを拒まないというのに、神を愛する思慮深い人間が、そういう務めを重圧と感じるべきであろうか？　いやむしろ、神の力と人類愛を、力の及ぶかぎり、模倣すべきではないだろうか？　八三　このように考えて、彼［善王］は、それに耐えながら、嫌になることはない。そして労苦は、健康と救済を、さらに名声を与える一方、安逸はその反対

（1）パエトン神話で、太陽神の馬車の炎熱によって世界が滅ぼされかけたことを指す。

（2）ヨーロッパでは初冬にまとまった雨が降る。

のもろもろのことをもたらすという点を認識している。さらに、労苦は自らをどんどん軽少にしてゆき、耐えるのにより容易《たやす》くなる一方、快楽を――労苦の後に生ずるものは――より楽しく、かつ害のないものにする。ところが安逸は、労苦を、より辛く見えるようにし続け、快楽のほうはそれを鈍らせていって、弱いものにしてしまうのだ。**八四**　なぜなら、いつも安逸に過ごしていて、労苦はけっして手掛けようとしない者は、けっきょく、労苦にはどれにも耐えられず、快楽は、どれほど強烈なものであろうと、それを感じることができないということになるであろう。**八五**　したがって、労苦を愛する自制力のある者は、王として治めるにもよりふさわしいのみならず、逆の気質の者よりもずっと快い生を送れるのである。

四、友情について

八六　しかし、彼は友情を、自分の財産のうちで最もうるわしく神聖なものと考えている。というのは、王にとって、財産のうちで、友情を欠かすほどに恥ずかしく危険なことはない、また、出費や、軍隊や、その他の力は、友人たちの忠実さほどに自分の幸せを維持することはできないと見ているからだ。**八七**　単独では、誰しも、自分のことですら、十分に処することはできないのである。そして王には、より多くの、かつより重大な事柄を行なう必要がある分だけ、協力する者もより多くいて、かつ、より強い好意を彼らから得ていることが必要なのだ。最も重大で、真剣に行なわねばならぬ事柄を、他の者に任せるか、放置するかしなければならないからだ。**八八**　そして平民の場合には、契約を交わして金銭を預けたり、家［の管理］を任せたり、何か共同の仕事をしたりする相手から容易に不正を受けないよう、法律が、そういう不正を罰することで防いでくれる。ところが王の場合には、信頼した者から不正を受けないようにすることを、法律の力で求めることはできない。いや、それは、［相手の］好意を通じてすることになるのだ。**八九**　なぜなら、誰よりも、王の近くにいて治政を共同で管理する者たちが、当然ながら、最も強い力を持つことになるが、そういう者たちに対する防護は、彼らから愛されること以外にないのである。だから、行き当たりばったりの人間に、無頓着な仕方で権力を分かつのは危険である一方、自分の友人を力ある者にすればするほど、**九〇**自分自身が力強くなるのだ。

九一　また、必要で有用な持ち物は、必ずしも所有者にとって快いものではない。他方、楽しいものは、そうだからといってそのまま有益なものになるわけではない。楽しいものはしばしば、反対に、有益でないことが明らかになる。

九二　たとえば、城壁や、武器や、攻城具や、軍隊は、支配者にとって必要な所有物である。こういうものがないと、支配権力は守られないからである。しかし、そういう有用性を離れて、そこからどういう喜びを得られるかは分からない。

九三　他方、美しい森[1]や、費用をかけた館や、昔の高度な技術による彫像・絵画や、黄金の混酒器や、多

（1）人口の森、公園。

彩に飾った食卓や、緋色の衣裳や、象牙や、琥珀や、芳ばしい香油や、各種の見せ物あるいは声楽・器楽による耳の楽しみ、さらには若い女性や少年たち——こういったものは、すべて、有用性のためにではなく、快楽のために見いだされたものだと思われる。

九四 しかし友情だけは、あらゆるもののうち最も有益で、かつ快いものになっている。たとえば、わたしの思うに、最大に必要である物事、つまり武器や、城壁や、軍隊や、都市は、それらを管理する友人がいなければ、役にも立たず有益でもない、いや、とても不安定なものである。ところが友人は、そういうものなしで助けになる。あれらは、戦においてのみ有益なのであり、**九五** それが可能として永続的に平和な生を送ろうとする者たちには、無用の重荷である。しかし友情なしには、平和においてさえ、生は安泰ではない。

九六 また、すでに述べた快楽は、友人たちと共有することでより喜ばしくなる一方、一人さびしくそれを味わうことは、あらゆるもののうち最も楽しみの少ないことであり、誰もそれには耐えられないだろう。また、自分を愛していない者たちとそれを共有せねばならないときは、さらに苦痛である。**九七** なぜなら、すべてのうちで最も重大なもの［友愛］がそこにないときに、どういう愉楽が喜ばれうるだろうか？ 出席者たちの好意がないときに、どういう饗宴が快いだろうか？ ともに宴をする者たちがいないときに、どういう供儀が神々の気に入るだろうか？ **九八** 愛の営みでも、最も快く、暴力的性質が少ないのは、交わる者同士の友情を伴って行なわれるもの、相手の好意を得ようとする人間に少年や女性からそれが叶えられるものなのではないか？ **九九** 友情には、有用性と同様、多くの名称があるのだが、美と若さに伴って生じる友情は、正当にもエロスと呼ばれている。そして、最も美しい神と見なされている。

一〇〇　ところで有益な薬は、病人には有益だが、健康な者には余計なものである。しかし友情は、つねに、健康な者にも、病人にも、大いに必要とされる。それは富をいっしょに守り、貧乏を援け、名声を輝かしめ、不名誉を翳《かげ》らせてくれる。一〇一　これだけが、辛いことはすべて和らげ、良いことはすべてより良くする。どういう不幸が友情なしに、耐えられるだろうか？　どういう幸運が、友人がいない場合に、その喜びを減じないだろうか？　また孤独は陰鬱であり、すべてのうちで最も恐ろしいものであるとしても、人間たちから［場所的に］離れている孤独をそうと見なすよりも、友人たちから遠ざかっていることをそのように考えるべきである。しばしば、非好意的な者たちとの交際よりも、孤独のほうが優っているのだ。一〇二　わたしは、いっしょに喜んでくれる者を持たない場合は、幸運を幸運とすら見なさない。というのも、友人といっしょに最も辛い不幸を耐えることのほうが、最大の幸運を一人で耐えることよりも容易なのである。不幸のさいには、それを喜ぶ人間をたくさん持つ一方、幸運のさいには、いっしょに喜んでくれる者を一人も持たない人間こそ最大に惨めな者とわたしは考えるが、これは正しいはずである。一〇三　優れた友人がたくさんおり、敵する者は、いるとしても、ごく僅かである。彼を愛する者は多いが、称賛する者はさらに多い、しかも彼を非難できる者は一人としていない――こういう人間こそ完全に幸福な男ではないか？　なぜなら、こういう男は、いっしょに喜んでくれる者をたくさん持つ一方、彼の不幸にほくそえむ者は誰もいないので、友をたくさん有し、敵をもたないという点で、あらゆる意味において幸せなのである。

一〇四　もし目や、耳や、舌や、手が、人間にとって、生の喜びの観点のみならず、生きることを可能にするという点から言っても、あらゆる価値を有するのであれば、それらに劣らず、いやそれ以上に有益なのは友人である。一〇五　なぜなら、目によって見うるのは足元にあるもの程度であるのに、友人を介すれば、地の果てにあるものも見える。耳によって聴くことのできるのは、間近にあるものだけだが、一〇六　好意的な者たちのおかげで、必要な事柄は、どこのことであろうと、聴き取ることができる。舌〔言葉〕によって指示できるのは面前にいる者に対してだけであり、手でなすことのできる仕事は、どれほど強くても、二人以上のことは越えない。しかし、友人を介すれば、全人類に話すことも、あらゆる仕事を達成することもできるのだ。好意的な者たちが、彼に有益なことを、語りもし、行ないもするからである。一〇七　しかし、最も意外なことは、一人でいながら、たくさんの友人を持っていれば、たくさんのことを同時に行ない、たくさんのことについて協議し、たくさんのことを見聞きし、同時にたくさんの土地にいるという、神々にも難しいこともできて、どの地においても何事も彼の配慮を受けぬまま残されるということがないようになるのだ。

一〇八　友人たちの幸運は、彼自身の喜びに劣らず、善王を楽しませるものである。たくさんの人々の身体のことで喜び、そのたくさんの魂のことで幸せになって楽しむ者が、至福でないことがあろうか？　一〇九　また名声が、名誉を愛する者に追い求められるものであるとしたら、彼は、友人たちが称賛してくれるおかげで、しばしば名声を博すであろう。また富がその所有者を喜ばせるものであるとしたら、持っているものを友人たちに分け与える者は、何度も富者になるであろう。

一一〇　また、たっぷりある財のうちから自由人たちに贈与するのは喜びであり、それを受け取るのも、徳のおかげで正当に受け取るときは、喜びである。したがって友人たちに恵む者は、与えることでも、それを自分が所有していることでも[1]、喜びを覚える。友人のものは共通だとする諺は古いのである。だから、善い者たちに、よいものが所有されているときは、それも確かに共通なのである。

一二　他の点では、そういう王は、平民たちを完全に凌駕しようとは望まず、多くの場合には、たとえば暇や、安楽や、くつろぎといった点では、彼らよりも少ないくらいにしようと思っている。しかし、友情に関してだけは、人より多くを持ちたいと願う。一二二　そしてそれをどうでもよいこととか、おかしなことは見なさず、むしろ、親が若者たちに愛されて誇る以上にそうされることを得意に思い、また、子供が老人たちから愛される以上に彼らから愛されることを、交際者が同等の立場で交際する者から愛される以上に交際者から愛されることを、間近にいる者が愛される以上に、伝聞だけで自分に接する者から愛されることを、誇りに思うのだ。

一二三　大いに親族を愛し、家族の者を愛する彼であるが、ある意味では、親族関係よりも友情のほうがより大きな善であると考えている。なぜなら親族関係がなくても友人は役に立つが、友情なしでは、とりわけ近い縁者でも助けにならないからである。そして友情の値打ちをとても高く見るので、かつて誰も友人から不正を受けたことはない、いやそれはいわゆる不可事に属するとまで考えている。一二四　なぜなら、人が不正を犯していることが露見した場合は、同時に、彼が友人ではなかったことが明らかにされるのだ。そ

(1) 写本どおり ktōmenos と読む。

して、ひどい目に遭わされる者は、敵から――それまで友人と呼ばれてきてはいても、敵であることが知られていなかった［だけの］者から――そうされるのだ。したがって、自分の無知は非難しても、友情の名をとがめるべきではないのである。一一五　ところが、父親であるなら息子に不正をなすことは不可能であるし、子が両親に対して過《あやま》ちを犯すこともそうである。同様に、兄弟が互いから何か災いを受けることもそうである。かくして彼［善王］は、友情をきわめて聖なるものと見なしているので、神々をも自分の友人にしようと試みるのである。

一一六　これまで述べてきたこと全体から、われわれの挙げた善なる事柄とは反対の悪い事柄が僭主にはすべて揃っていることが理解されるが、それはいま述べたことにおいてとくにそうである。なぜなら僭主は、何よりも友情にいちばん欠けているからである。また友人を作ることもできない彼なのだ。一一七　自分と同様の人間を、悪人たちであるから、見下しているし、似てはいない善い人々からは憎まれる彼だからである。憎まれる者は、正義の人にとっても、不正な者にとっても敵である。一方は彼を正当に憎むし、他方は、彼の所有物を狙って、陰謀を企らむのである。一一八　それで、ペルシア王は、『王の目』(1)と呼ばれるある男を有していたが、それは立派な男ではなく、どこにでもいそうな者であった。しかし、善い王にとっては、誰でも友人が彼の目であることを知らなかったのだ。

一一九　彼［善王］が、とりわけ家族や親族を愛さないわけがあろうか？　家族や親族の者たちを、自分の魂の一部と考えているのであり、一二〇　幸運と言われている状態に彼が与《あずか》るということのみならず、それにもまして、治政を共にするのにふさわしい者たちと彼らが思われるようにすることにも心を配る。そして、彼らを優先するのは、親族という理由からではなく、彼らの徳のゆえにそうしているのだということが明らかになるよう手を尽くす。また、正しい生き方をしている者を誰よりも愛する一方、そうでない者は、友人ではなく、系累者だと考えている。一二一　友人に関しては、何か難点が目に付いたら、関係を解消することもできるが、親族の場合は、親族関係を止めることはできない。どういう人物であろうと、親族という名を聞かされねばならない。

一二二　妻のことは、ベッドを共にする情交の伴《とも》としてのみならず、また、はかりごとや仕事や人生全般の協働者と見ている彼である。

一二三　また彼だけは、幸運を快適な生のこととは見なさずに、むしろ気高い人格を持っていることと考える。また徳は強制されるものではなく、欲するものであり、忍耐とは忍苦ではなくて安全［をもたらすもの］と考えている。快楽を労苦によって高め、このことによってより大きくなった快楽を収穫する。労苦は、習慣づけることを通じて軽くする。

一二四　また、有益なものと快いものとを同一と見なす。というのは、平民が、健康なまま老年に達することになるのは、怠けて苦労をしない身体に糧を与えるという者の場合ではなく、むしろそれまで仕事を——ときには長い辛苦を強いられる仕事を——してきている者たちである、すなわち、鍛冶屋とか、船大工とか、大工とかであるということ、一二五　また土地を持っている者なら、それまで農業のことで苦労をす

（1）ヘロドトス『歴史』第一巻一一四など参照。

る者であり、市内で暮らしている者なら、そこでの仕事を何かしてきている者であるということを理解する。
一二六　さらに、暇のある者たちについては、体育場やレスリング場は彼らでいっぱいになって、ある者は競走路を走っているし、ある者はレスリングをしているし、他のある者は、運動競技家でないので、競技以外のこと[1]を行なうことを、要するに、愚かでない者は、各々が、何か訓練をしていること、飲食物は健康的なものを摂っていることを理解する。
一二七　しかし治政者が、こういう者たちすべてと異なる点は、無意味に労苦を行なうのではないということ、また身体だけを増大させるのではなく、事績のためにもそれを行なうのだということである。彼は、配慮の必要な用件に足を運んだり、すばやさが求められる事柄に急いだり、容易になし遂げられないことを片付けたり、軍隊を配置したり、国を鎮めたり、都市を建設したり、河に架橋したり、地上に道路を造ったりするのである。
一二八　最上の馬や、武具や、衣服や、それに類する他のものを所有できるということよりも、最上の友人たちを持つことのほうが幸せであると彼は考える。また、私人のあいだに持つ友の数が、私人の誰かより少ないことを恥とする。一二九　なぜなら、あらゆる人間のうちから最も忠実な人々を選ぶことができる者、彼が友人にしようとすれば誰でも喜んで服従する者——そういう者が、最も優れた人々と交際しないのは馬鹿げているではないか？　権力者の大多数は、どういう経緯にせよ近い関係になりはしたものの、へつらうことしか望まないという者たちだけに目をやって、他の者はすべて、とくに立派な人々は、追い出してしまう。一三〇　しかし、全体のなかから友を選択する者は、ニサイオン[2]の馬がテッサリアのそれよりも良いので送らせたり、インドの犬を取り寄せたりするのに、人間だけは近くにいる者しか用いないということをおかしいと見なすのだ。一三一　彼には、友情を得る手段は何でもある。すなわち、好意を抱かせるために、名誉を愛する者には称賛を、将たることを愛する者には治政に参与させることを、戦好きの者には戦争の機会を与えることを、管理能力のある者には国事をさばくことを、情愛を求める者には親密な関係を、手段にすればよい。一三二　治政者を任命する力をより多く持つ者がほかに誰がいようか？　管理者をより多く必要とする者がいようか？　より多くの国事を分かち与える権力のある者がいようか？　戦争のことを他人に任せる力がより多くある者がいようか？　彼ほどに輝かしい名誉を授けられる者がいようか？　彼の許《もと》での食事ほどに栄えある食事があろうか？　かりに友情が買われうるものであるなら、誰も敵対しようとは思わないようにできるほど財に恵まれている者が他にいようか？

五、なぐさみ

一三三　しかし彼は生まれつき人間なので、他の異なる生を送っている者たちに属する事柄も、一種のなぐさめとして必要になる。そこから、多くの王たちに、卑しい、魂を汚す、さらには王の品位をおとしめる

（1）プラトン『カルミデス』に見られるごとく、レスリング場などで哲学議論を行なうことがあった。

（2）カスピ海南方の平原で、良馬の産地として有名。

病の数々が襲いかかった。一三四　ある王は歌にとりつかれ、いつも劇場において歌を口ずさみ、哀歌を唱えながら、自分の王としての政治には頓着せずに、むしろ昔の王たちに扮することを好んだ。(1) ある王は、笛の愛好者になった。(2)

一三五　しかし善い王は、そういうことの熱心な聴衆にすらならない。いちばんよい対象は狩りであると見なし、これをとくに喜ぶ。それによって身体はより強壮になり、魂はより男らしくなるし、戦に関することすべてを訓錬することになる。一三六　なぜなら、馬を駆り、走り、力の強い獣をしばしば待ち迎え、炎暑や寒気を耐え忍び、しばしば飢えや渇きを味わうことが必要だからであるが、それらを進んで欲して行なっていれば、すべてを喜びをもって耐えるよう習慣づけられるのである。

一三七　しかし、ペルシア式の狩りは行なわない。彼らは、狩猟園に獣を閉じ込め、そう欲すれば、囲った土地の中にいるかのようにそれを殺していった。それで、獣を探す苦労をすることも、危険を犯すこともなかった——その獣たちは、ひ弱な奴隷のようであったから。ペルシア人たちは、獲物を発見する喜びも、彼らに先んじる熱心さも、対峙して闘う覚悟も奪われていた。一三八　ちょうど、自分たちを戦闘的な者と言いつつも、敵との戦いは放棄し、捕虜を家で捉えて殺していたのと同然だったのである。

(1) ネロ皇帝のこと（スエトニウス『皇帝列伝』「ネロ」五四等参照）。

(2)「笛吹き」とあだ名されたプトレマイオス十二世（前一世紀）。第三十二篇七〇でも言及される。

ディオゲネスとアレクサンドロスの対話とダイモン論

――王政論その四（第四篇）

内容概観

コリントスでディオゲネスとアレクサンドロスが会ったという歴史的逸話を利用して両者の対話を導入し、真の王とは、という観点から、後者の訓育のための論を哲人に展開させる。人の生と運命を決定づけるダイモン（内的性質、性格）を三種に分けて説く部分は興味深い。トラヤヌス帝を（想定上の）聴き手とした作品かどうか不確か。むしろ第六篇のような、ディオゲネスにかかわる作品群の一つに位置づける見方もある。

一　かつてアレクサンドロスが、けっして暇ではなかった頃、大いに暇なディオゲネスと出会ったことがあるという。というのは、前者はマケドニア人など多くの民の王であった一方、後者はシノペ(1)から逃亡してきた身だったのである。

このことを語り、絵に描く人々はたくさんいる。そして、アレクサンドロスのことを、相手に劣らず讃嘆し、称賛する。彼が、それほどの民を支配し、その当時の最大の権力者であったにもかかわらず、貧乏な男との——しかし、知性があり、忍耐力を持つ男との——交流を軽侮しなかった、という点においてである。

二　というのも、人間は生まれつき誰でも、最大の力と権力を持つ者によって理性が尊ばれるのを見ると喜ぶものなのだ。その結果、人々は、そういう出来事について真実を語るのみならず、自分たちのほうで作り事をして誇張を加えることになる。さらには、ほかの諸点、たとえば財や、名誉や、身体の力やらを思慮ある人々から取り去って、理性だけで彼らが尊重されているように見せかけるのだ。

三　しかし、二人の出会いは本当はどのようなものであったらしいか、いまは述べたいと思う。われわれも、ほかの用事からちょうど暇な折りであるのだから。

四　伝えるところでは、アレクサンドロスは、名誉を愛し、とても名声に執着して、ギリシアや異国の全地に自分の名をできるだけ大きく残したいと願っていた。言ってみれば、自分が、各地の人間たちのみならず、できれば鳥どもや山の獣どもにも敬われることを欲していた。**五**　ほかのものすべてに対しては軽蔑を抱いて、この点に関し、自分が争うに価するものは、ペルシア人であろうと、スキュティア人であろうと、インド人であろうと、ギリシアの人間や都であろうと、何も存しないと考えていた。**六**　なぜなら、皆、贅沢や怠惰によってその魂をほとんど滅ぼされ、利得と快楽に屈服させられていることを彼は見て取っていたのである。

しかし、ディオゲネスについては、彼の語った言葉や、なした行ないや、亡命を耐え抜いた仕方を耳にすると、あるときは——若者であり、王宮の虚飾のなかで育った身なので——、この男の貧乏とみすぼらしさを軽侮したが、**七**　他方では、しばしば、この男の勇気や忍耐力を讃嘆し嫉妬した。とくにそういう気持ち

（1）黒海南岸の商業都市。

を抱いたのは、彼の名声に対してであり、そういう人間であるのに、全ギリシア人に知られ、讃嘆されるようになっていて、その誉れが誰にも追随できないほどになっているという点であった。八　さらに、自分には、どこかへ赴き、欲するものを得ようとするさいには、マケドニア人の重装歩兵隊や、テッサリア人の騎馬隊や、トラキア人や、パイオニア人や、ほかの多くの兵が必要であるのに、彼［ディオゲネス］だけは、一人で、まったく安全に、昼のみならず夜さえも、そう決めたところへ行く、という点であった。九　さらにはまた、自分は、何か欲することを達成するためには、金貨や銀貨をいっぱい必要とし、マケドニア人やほかのギリシア人を服従させておくために、その治世者や民衆を言葉や贈り物でしばしば懐柔せねばならないのに対し、一〇　彼［ディオゲネス］のほうは、誰にもへつらって取り入ることはせず、むしろ、皆に向かって真実を述べながら、一ドラクメも有さぬ身で、したいように行動し、懸案のことは何でも成し遂げ、最善の最も幸せな生き方と考える人生を彼だけが過ごしており、アレクサンドロスの王位や、ペルシア人あるいはスキュティア人の富でも、自分の貧乏と取替えはしないだろうという点だった。

一一　それで、誰かがそのように安楽に、のらくらと暮らしながら、自分よりも優っていて、おまけに自分に劣らず名を馳せているのか、という点に心をさいなまれ、さらには、その男と交際すれば、何か利益を得ることもあろうと考えて、以前から、彼と会い、交流もしたいと願っていたのだった。

一二　そしてコリントスへ来ると、ギリシア人の使節を迎え、同盟国に関する問題も処理してから、周りの者たちに、少し自由な時間を持ちたいと告げ、赴いたのである。ただしディオゲネスの館の戸口にではない。というのは、裕福な者におけるような戸口は、彼には、大きいのも小さいのもなく、また自分の家とか炉とかもなかったのである。一三　いや、彼は、町々をわが家として用いながら、そこの、神々のために建てられている公共建築物や神殿の中で過ごしていた。そして、人間たちの共通の炉であり養い手である大地全体を炉と見なしていた。

一四　彼はちょうどそのときは、［コリントスの］クラネイオン(1)で一人で過ごしていた。というのは、彼には弟子もなかったし、ソフィストとか、笛吹きとか、コロスの先生とかがいっぱい引き連れているような取り巻きも自分の周りにはいなかったのである。

そこで王は坐っている彼のほうへ近づき、挨拶した。すると彼は、ライオンのように恐ろしい目つきで睨み上げ、少し離れてくれと命じた。太陽に向かって日向ぼっこをしているところだったのだ。一五　それでアレクサンドロスは、自分が前に立ったのに動じなかったこの男の胆力と平静さにたちまち感銘を受けた。というのは、胆力のある人間は、胆力ある者を何かしら愛するものである一方、臆病な者はそういう人間を疑りの眼で見ながら、敵として憎み、卑しい者のほうを受け入れて好むのである。それで、前者には真実と率直さが何よりも快いが、後者にはへつらいと嘘がそうなのである。こちらは、ご機嫌を取るために話す者たちに喜んで耳を傾け、あちらは真実のために話す者に聴き入る。

一六　さてディオゲネスは、少し間をおいてから、彼［アレクサンドロス］に、何者であるか、何を求めて自分のところに来たのかと尋ねた。「あるいは」と訊いた、「何かわたしの物を取ろうというつもりか？」。

(1) コリントス近郊、ギュムナシオンを擁する糸杉の森。

「お前には」と応じた、「金があるのか？　人に分け与えるような物を持っているのか？」。「たくさん持っている。それも高価なものを、だ。お前がいつかそれに与れるようになるかは分からないが。しかし、ペルシアでダレイオスが持っていたと言われるような剣や鼎《かなえ》や混酒器やカウチや食卓は持っていない」。

一七　「では」と訊いた、「アレクサンドロス王のことは知らないか？」。「名前は」と答えた、「たくさんの人間が、あたりを飛び回る鴉たちのように、口にするので聞いているが、本人のことは知らない。彼の考え方には通じていないのでね」。「では、いまお前は」と言った、「彼の考え方のことも知ることになるだろう。わたしが来たのは、まさにそのためなのだ——お前がわたしのことを知れるようにするため、またわたしがお前の顔を見るためだったのだ」。

一八　「しかし、わたしを見るのは難しいかもしれんぞ。ちょうど、目の弱い者が光を見る場合のように。だが、一つ答えてくれ。お前は、取り換え子と言われているあのアレクサンドロスなのか？」。するとと彼は、それを聞いて真っ赤になって怒ったが、自分を抑えた。しかし、自分の見るところ無骨《ぶこつ》で山師的な男に会って話をしてもよいと考えたことを悔いた。

一九　ディオゲネスのほうは、彼が心を乱されていることを見て取って、サイコロ遊びをする者のように投げ方を変えようと思った。

「わたしを取り換え子と言おうという考えはどこから来たのか？」。

と彼が尋ねるので、答えた。

「どこからだって？　お前の母も、そういうことを話していると聞くが。オリュンピアスこそそう言っている人間ではないのか――お前はピリッポスから生まれた子ではない、いや蛇から、あるいはアンモンから、あるいは詳しくは知らぬが神々や半神たちや獣どもの誰かから生まれた子だ、と。(1)そういうことなら、お前は取り換え子だということになるだろう」。

二〇　ここにいたってアレクサンドロスは微笑し、これまでになく喜んだ。ディオゲネスは無骨でないどころか、誰よりも気の利いた男であり、ご機嫌の取り方を知っている唯一の者だと思えた。

「では」と尋ねた、「その話はお前には真実と思われるか、それとも嘘と思うか？」。

二一　「確かではない。つまり、お前に自制力があり、ゼウスのものである王者の技を知っているなら、お前がゼウスの子であることは何物にも妨げられない。二二　ホメロスもこのことを言っているとされる、すなわち、ゼウスは神々の父であるとともに、人間たちの父でもある、しかし、奴隷や、卑しい下等な人間の場合には、誰に対してもそうではない、と。もしお前が臆病であったり、放縦であったり、自由人的でなかったなら、神々や優れた人々とはお前は無縁であることになる。二三　かつて、テバイの『撒かれた人々』と呼ばれた者たち(2)には、槍だったと思うが、その生まれの徴しが体にあったと言う。この徴しを持っていな

（1）プルタルコス『アレクサンドロス伝』二―三参照。
（2）「スパルトイ」。カドモスが、テバイで退治した龍の歯を地に撒くとそこから生まれ出たという人々。テバイの貴族。

い者は、『撒かれた人々』には属さないと思われたのだ。しかし、ゼウスの子孫には、徴しは魂のなかにあるのであり、それによって、見分ける術を知る人には、その者がこの神から生まれを得ているのかどうか、はっきりするのだと思わないか?」。

アレクサンドロスはこの言葉にとても喜んだ。

二四　それから哲人に訊いた。

「どうしたら、王は最もよい治世を行なうことができるだろうか?」。

すると彼は、恐ろしい目つきで睨みながら答えた。

「王が悪い治世を行なうことは、優れた人間が悪者であるというのと同様に不可能だ。なぜなら、王は、人間のうちで最も優れた者であり、最も勇敢で、正しく、博愛的で、どんな労苦や欲望にも負けない人間なのだ。二五　それともお前は、馬を駆ることができない者が御者になれると思うか? あるいは操舵の術に通じていない者が舵取りになれるのか? 医療の術を知らない者が医師になれるか? それは不可能だ、たとえギリシア人、異国人のすべてが、〔王の術を知らない者でも王の政治を〕できると言い、多くの頭環や王杖やティアラを、捨て子に首飾りを掛けさせるごとく、その者に付け、その地位を知らしめようとしてもだ。だから、舵取りの技術のとおりに操舵するほかないように、王の術のとおりに王政を行なうしかないのだ」。

二六　アレクサンドロスは、自分が王の知識に通じていないことが明らかになるのではないかと恐れ、こう言った。

「では、誰がこの知識を授けてくれると思うか? あるいは、どこへ行ってそれを学ぶべきか?」。

二七　するとディオゲネスは答えた。
「いや、お前はそれを知っているはずだ、もしもオリュンピアスの言葉が本当であり、お前がゼウスから生まれた者であるのなら。あの神が、まず第一に、最も多く、その知識を有しているのであり、自分がそうしようと思う者にそれを分かち与えるのだ。そして分かち与えられた者は、皆ゼウスの子であり、そう語られることになる。二八　それともお前は、ソフィストとは、王の政治を教える者であると思うか？」。

「いや、彼らの大部分は、王の政治のみならず、生きる術すら知らない」。

二九「では知らないか、教育には二種類あり、一方は神的なもの、他方は人間的なものであるということを？　神的なものは、偉大で、力あり、容易であるのに対し、人間的なものは、小さく、力弱く、多くの危険と少なからぬ欺瞞を有している。しかし、正しく教育されるには、前者のほうにこそつかねばならない。三〇　大部分の人間が『教育（パイデイアー）』と呼ぶのは後者のほうだが、きっと『遊戯（パイディアー）』ということのつもりなのだろう。そして、とても多くの文字を――ペルシア語や、ギリシア語や、シリア語や、フェニキア語の文字を――知り、とても多くの書を読む者を、大いなる賢者、教養のある者と見なしている。しかしまた、そういう男たちのなかのならず者、臆病者、欲張り者に出会うと、そういう営みや当の人間を、価値の乏しいものと言う。他方、もう一つのほうを、ときに『教育』と呼び、ときに『勇気』とか『偉大な心』とかと呼ぶ。
三一　かくて古人は、よい教育を受けて勇敢な魂を持ち、かのヘラクレスのように教育されている者を『ゼウスの子たち』と呼んだ。だから、生まれのよい者がそういう教育を受けるなら、少しだけのことを少しの回数だけ——しかし最も重要で肝心のことを——聴いても、容易にそれに与《あずか》ることができるのであり、その秘儀に参入して魂のなかにそれを保つようになる。三二　そしてそれを一部なりと取り去ることは、どんな『時』もどんなソフィストにももはやできない。いや、人が火で焼き尽くそうとしてもできないのだ。さらには、ヘラクレスが自分を焼いたように、その人間を燃やしたとしても、その教義は彼の魂のなかに残り続ける。ちょうど、焼却された遺骸のほかの部分は火によって滅ぼされても、歯は残ると言われるのと同然である。

三三　というのも、学ぶのではなく、ただ思い出せばよいのである。それから、初めからその教義を自分の頭のなかに持っていたので、すぐに知り、認識する。さらに、道を知っているような人間に出会えば、彼が容易にそれを教示してくれるので、それを学んでさっさと立ち去ることになる。

ところが、無知ではったり屋のソフィストに出会ったら、ときには東へ、ときには西へ連れまわし、ときには南へ引きずって、疲労困憊させてしまう。そういう男は自分で何も知らず、そのふりをしているだけであり、そのずっと前には同様のはったり屋たちに放浪させられていたのだ。三四　ちょうど、無知で躾けの悪い雌犬たちが、狩りのさいに、獲物の痕跡を全然理解せず認識できていないのに、あたかも知っていて視野に入れているかのように、ほかの犬たちを吠え声と振る舞いとで騙してしまう、すると多くの犬たちが、だいたいはいちばん愚かな犬たちだが、でたらめに吠えているそういう犬たちにつき従う。三五　そのうち、声を出さずに黙って行く犬たちだけが騙されている。しかし、いちばん衝動的な愚かな犬たちは、先頭の犬たちを真似ながら騒いで、ほかの犬たちを騙すことに誇りを覚えている。世に言うソフィストたちの周りにも、愚かな人間たちのそういう群れがいっしょについてゆくのが見られる。ソフィストは、放縦な宦官とまったく異なるところはないことをお前は見て取るだろう」。

三六　すると彼［アレクサンドロス］は、それを聞いて、どういう点でソフィストを宦官と比べるのか不審に思い、尋ねた。彼は答えた。

「宦官のうち、いちばん淫蕩な者は、自分が男である、女を愛していると言い、ベッドを共にしながら彼女たちを困らせるが、夜も昼も交わっても、それ以上何事も起きない。

三七　そしてソフィストたちのもとには、無学な老人がたくさん見いだされるであろう――ホメロスが叙述するオデュッセウスの海上放浪よりもひどい彷徨を言説のなかで味わっている者たちであり、彼らが、論じたり聴いたりして、良き人間になるよりも、あの英雄のようにハデスに至る［あの世に行く］ほうが早いくらいだろう。

三八　お前は、そのような生まれなのだから、知のある人間に出会えば、一日だけで、［その教えの］内容と技術を摑むのに十分であり、狡猾なこじつけやそういう論法はもはや必要ではなくなるだろう。しかし、ゼウスの交際者とか、その他の類いの教師に出会って、何をなすべきかすぐに明解に教示してもらわなければ、お前には何事も達成できない――たとえ全人生を、質《たち》の悪いソフィストのもとで、眠らず、食事も摂らずに浪費したとしても。

三九　こういうことを、わたしがいま初めて言うのではない。ホメロスが先に述べている。それともホメロスの叙事詩にはなじんでいないか？」。

しかし、アレクサンドロスは、自分が一方の叙事詩、『イリアス』を全部知っており、『オデュッセイア』の多くの部分も知っていることを誇りにしていた。[1] それで、驚いて、こう訊いた。

「いったいどの箇所でホメロスがそういうことを語っているのか?」。

「ミノスがゼウスの話し相手だと述べているところだ。[2] 四〇 それとも、会話するとは、交際するということだと思わないか? だから、彼のことを交際者だと言ったわけだが、それは弟子と呼ぶのと同然なのだ。[3] 彼が、弟子となってゼウスと交際したのは、正義と王政にかかわる事柄以外のためであると思うか? ミノスは、誰よりも正しい人であったとも言われるのだから。四一 また、詩人が王を『ゼウスに養われる者』とか、『ゼウスに親しい者』とかと呼ぶとき、彼の言うその養われる糧とは、わたしが述べた神的な教育や学びのこと以外のことと思うか? それともお前は、王がゼウスに養われるというのは、あたかも乳母によって、ミルクやぶどう酒やパンでそうされることであり、知識や真実によって、ということではないと考えるのか? 四二 同様に、『親しさ』とは、同一のことを欲し考慮するということであり、一種の心の一致ということにほかならないのだ。そのように、人間に対しても、友人はいちばん心が一致し合うものであり、何事に関しても食い違うことはないと思われる。四三 だからゼウスの友であり、彼と心を一致させる者が、何か不正なことを欲したり、邪《よこしま》で醜いことを考えることはありえないだろう。人々が、王の誰かを『民の牧者』と讃美して言うときは、まさにこういう点を明らかにしているように思える。四四 というのは、牧者の仕事とは、家畜に心を配り、それを救い、守ることにほかならないのであり、けっしてそれを切り刻んだり、ほふったり、皮を剝いだりすることではない。とはいえ、ときには、たくさんの家畜を、料理人のごとく購入して駆り立てて行くこともある。だが、料理術と牧者の術とは大いに違うのだ。それは、王政と僭主政との相違と同然である。**四五** たとえばクセルクセスとダレイオスが、スサの方面からこちらのギリシアへ、ペルシアやメディアやサカイ[4]やアラビアやエジプトの大軍勢を——滅びることになっている彼らを——駆って来たとき、そういう略奪された、切り刻まれる運命にある民を駆る彼らの振る舞いは、王的なものだったのか、料理人のものだったのか?」。

四六 そこでアレクサンドロスが、

「どうやらお前には、[ペルシアの] 大王ですら王とは思えないようだな」

と述べると、ディオゲネスは微笑して言った。

「小指ほどにも、アレクサンドロスよ」。

「では、わたしが彼を滅ぼしても、大王にはならないのか?」。

「その点によっては、そうならない」とディオゲネスが答えた、

四七 「子供の遊びでも、彼ら自身の言う『王に勝った者』が、本当に王になるわけではない。勝って、王

(1) ホメロス『イリアス』の写本を軍旅中に持ち歩いたと言われる。プルタルコス『アレクサンドロス伝』八および二六参照。ホメロス『オデュッセイア』については、同二六および『アレクサンドロス大王の運あるいは徳について』三二七F参照。

(2) ホメロス『オデュッセイア』第十九歌一七八行以下。

(3)「交際者」と訳した原語 homilētēs は、「mathētēs 弟子」と同義。

(4) スキュティアの一部族。

と称される者が、靴作りや大工の息子であることを、そして父の職を習わなければならない身であることを、子供たちは知っているのだ。ところが、その子は逃げ出してほかの子たちと遊んでいる、そしてそれがいちばん真面目な仕事だと考えている。**四八**　ときにはその子は奴隷で、主人から逃げ出してきているということもあるのだ。

たぶんお前たちも、同じようなことをしているのだろう。それぞれが、喧嘩好きな子供たちを擁して、一方の王はペルシア人やほかのアジアの民を従え、お前はマケドニア人やほかのギリシア人を抱えている。そして子供たちが球で相手を狙いながら、当てられた者が敗者になるように、いまお前はダレイオスを狙い、彼はお前を狙っている。ことによればお前が当てて、彼を追い出すかもしれない。お前のほうが、当てるのがうまそうだからな。**四九**　そして、これまで彼といた者たちが、お前の側について服従するようになるだろう。そしてお前は、すべての王と呼ばれることになるだろう」。

アレクサンドロスは、また悲しんで憂鬱になった。自分がヨーロッパにもアジアにもリビアにも、あるいはオケアノスに浮かぶ島があればそれも含めて王になるのでなければ、生きることすら望まない彼だったのだ。**五〇**　ホメロスの叙述にある死者アキレウスの心境とは反対の気持ちを抱いていたのである。アキレウスは、生きていられるなら農奴の身でもよい、

土地を持たない、裕福でない男のもとに［そういう身で］仕えるほうが、
滅んでしまった死者たちすべてを治めるよりも[1]

と述べた。しかし、アレクサンドロスはおそらく、死んで冥界の三分の一を支配することのほうを選んだであろう——永遠に生きながら神にだけはなっても、ほかの神々すべての王となるのでなければ。五一　そして、人々が王と呼ぶゼウスだけは見下さなかった彼であろう。

それでディオゲネスは、彼をあらゆる仕方で懲らしめたのである。

アレクサンドロスが言った。

「ディオゲネスよ、お前は冗談を言っているようだ。わたしはダレイオスすら、さらにはインドの王も、負かすだろうし、これまでいた王たちのうちで最大の者にわたしがなることを妨げるものは何もない。なぜなら、わたしがバビュロンやスサやエクバタナやインドにある国々を征服したら、もう残るものはないはずだから」。

五二　するとディオゲネスは、彼が名誉欲に燃えていること、それに彼の心全体が注がれ向けられていること、それはちょうど鶴の群れが、行こうとする方面へ身を伸ばして飛んでゆくのと同然であることを見て取り、五三　こう言った。

「いや、お前は、その考え方では、人より多くのものを得ることはできないだろう、また真に王となることもないだろう。バビュロンの城壁を、外から掘り抜いたり掘り崩したりする代わりに、飛び越えていって、その都を落としたとしても、またスサやバクトラについて同様にしたとしても、あるいはキュロスを真似て

（1）ホメロス『オデュッセイア』第十一歌四九〇行以下。

してもオケアノスを泳ぎ渡って、アジアより大きな大陸を併合したとしても同じことだ」。

水蛇のように河から入ったとしても、(1) さらにオケアノスを泳ぎ渡って、アジアより大きな大陸を併合したとしても同じことだ」。


五五 「では、お前が言った諸国をわたしが攻略した後には、どういう国がまだ敵として残っているのか？」。

「いちばん敵しがたい相手だ。ダレイオスがそうしたと思うが、ペルシア語やメディア語を用いる者たちではない。いや、マケドニア語あるいはギリシア語を操る人々だ」。

すると彼は、マケドニアかギリシアで、彼に対する戦いを準備している者をディオゲネスが知っているのではないかと心を乱され、苦痛を覚えて、こう訊いた。


五六 「誰が、ギリシアかマケドニアでわたしに敵対しているというのか？」。

「お前は、自分が誰よりも物知りだと思っていながら、それを知らないのか？」。

「すると、言わずに隠すつもりなのか？」。

「さっきから言っていることだが、お前が悪い、無知な人間であるかぎり、自身が最大の憎悪者であり敵であるということをお前のほうで理解しないのだ。この男こそ、お前がほかの誰よりも知らない者なのだ。

五七 無思慮な、たちの悪い人間は、皆、自分自身を知らないのだから。さもなければ、アポロンがこの、自分自身を知れという命令を、各自にとって最も困難な課題として出すことはなかっただろう。**五八** それともお前は、無思慮が、それを有する者にとり、何にもまして最大の極限的な病であり、禍いであるとは思わないか？ 無思慮な人間は、自分により禍いをもたらすのだとは思わないか？ あるいはお前は、各自に最も害をなし、最も多い禍いを引き起こすものを、彼にとり最大の憎悪者であり敵であると見ることに同意しないか？

こういう意見に〔不服なら〕、怒り、じだんだを踏むがよい、五九　そしてわたしを憎らしいきわみの男と見なし、皆に向かってわたしの悪口を言え。そして、その気になれば、槍で突き刺すがよい。わたしだけからお前は真実を聞かされるだろうし、ほかの誰からもそれを学ぶことはできないだろうからな。皆、わたしよりも劣っていて、真実を言う自由な人間ではないのだ」。

六〇　こういうことを言いながら、ディオゲネスは、何か身に振りかかっても構わないと思っていたが、そうはけっしてならないだろうと分かっていた。アレクサンドロスが名誉の奴隷であり、その点で過ちを犯す人間ではないと知っていたのだ[2]。

六一　それで、彼は王の徴しも持っていないと続けると、アレクサンドロスは驚いて、

「ついさっきお前は、王には何も徴しは要らないと言ったではないか」

と質した。

「確かに、ティアラとか、緋衣のような外的な徴しについてはそうだ。こういうものは、何の役に立たないからな。しかし、彼には、性質による徴しは何よりも必要なのだ」。

(1) ヘロドトス『歴史』第一巻一九一によると、バビュロンを流れるエウプラテス（ユーフラテス）河の水路を工事によって変えさせ、渡河できるほど浅くしてからペルシア軍を市内に突入させた。

(2) ディオゲネスのような相手に王の身で怒りをぶちまけるのは不名誉という判断が働くだろう、ということか。

六二 「それは何だ」とアレクサンドロスは訊いた。

「蜜蜂の王にもあると言われている点だ。それとも、それが蜜蜂のあいだで王となるのは性質によるということを聞いたことはないか――お前たちは、ヘラクレスの血を引いているということによって王位を得るということだが、そういう生まれによるのではないのだ」。

「では、その徴しとはどういうものなのか?」。

六三 「農夫から聞いたことはないか、その雌の蜜蜂だけは針を持たない、なぜなら誰に対しても武器の必要がないから、ということを? その王権について、ほかの蜜蜂が疑義を呈することはないし、それを有している彼女と戦おうともしない。ところが、お前は武器を身に着けて、歩き回るのみならず、その姿で眠りもするようだな。六四 武器を所有するというのは、恐れている者のすることだということは知らないのか? 恐れる者は、奴隷と同様、けっして王になることはできないだろう」。

これを聞いてアレクサンドロスは、手から槍を投げ出さんばかりになった。

六五 ディオゲネスはそのように言って、武器ではなく、人への善行と自分の正しい振る舞いとに頼るよう促した。また、こう言った。

「お前の魂のなかには、研ぎ石で鋭くしたような気質もあるな――制御しがたい、駆り立てるような突き棒が。六六 お前の持つそういう気質を捨てて、片肌脱ぎの下衣(1)を身に着け、お前より優れた者に仕えるつもりはないか、それとも笑うべき頭環を巻いて歩き回るのか? きっとそのうち、鶏冠《とさか》とティアラを雄鶏のように生やすのだろうな。サカイ族の祭りについて考えてみたことはないか、お前がいま遠征しようとしているペルシア人が行なう祭りだが？」。

六七　アレクサンドロスはすぐに、「それはどういう祭りだ」と訊いた。ペルシア人に関係することはすべて知りたいと思っていたのだ。

「死刑宣告を受けている囚人の一人の手を取って王の座に坐らせ、王の衣服を与え、命令することも許し、飲んだり、馬鹿騒ぎをしたり、王の妾たちと遊ぶこともその日々だけは自由にやらせる、そして彼が欲することを何でも行なうことを、誰も阻むことはない。しかし、その後に衣裳を剝ぎ取り、鞭打ちを加えると、彼を縛り首にするのだ[2]。

六八　お前の考えでは、これは何を象徴しているのか、どうしてそういうことがペルシア人のあいだで行なわれるのか？　それは、愚かな悪い人間が、しばしば、［王という］この権力とその名とを得て、一定のあいだ暴慢な振る舞いをしてから、きわめて恥ずべき惨めな最期を遂げるということではないか？　**六九**　だから、緊縛の鎖から解かれるとき、当然のことながら、物事に無知で愚かな者は、この成り行きに喜んで自分を祝福するのだが、知識のある者は、嘆いて、自分からついてゆこうとはせず、むしろそれまでどおり足

(1)エクソーミス。奴隷や労働者が着た、右肩をむき出しにするキトーン（下衣）。

(2)ストラボン『地誌』C五一二では、キュロス王がサカイ族への勝利を記念してサカイア祭をもうけた、それは「昼夜通しのディオニュソス祭風になり、人々はスキュタイ族風に装い、酒を汲み、男同士でもまた同時におなじ宴席に侍る女人たちを相手にもしてふざける」（飯尾都人訳）とあり、ここと内容が異なる。

かせを付けたままでいたいと願うのだ。

七〇　だから、無分別な男よ、思慮が得られるまでは王になる試みはしないことだ。それまでは、何も命令を出さずに、ただ皮の衣[1]を着て過ごしているほうがよい」。

「お前は、ヘラクレスの血を引き、ギリシア人の指導者、マケドニア人の王であるわたしに、皮の衣を着よと命じるのか？」。

七一　「そのとおりだ、お前の祖先がそうしていたように」。

「どういう祖先か？」。

「アルケラオスだ。それともアルケラオスは山羊飼いではなかったか、山羊の群れを追いながらマケドニアに来たのではないのか？　だから、彼がそうしたとき着ていたのは、緋衣だったのか、皮の衣だったのか、どちらだと考えるか？」。

するとアレクサンドロスは相好を崩し、笑って、

「神託[2]のことをお前は言っているのか、ディオゲネスよ」と応じた。

七二　すると彼は苦い顔をして、

「どういう神託だ」と言った、「アルケラオスが山羊飼いだったということ以外はわたしは知らない。だが、お前がその思い上がりや現在の企てから離れることができれば、お前は、きっと名目の上ではなく、現実に王となることができるだろう。そして男たち全部だけではなく、女たち全員にも打ち勝つことになるだろう、ちょうど、自分の祖先だとお前が言うヘラクレスのようにな」。

七三「どういう女たちか？　要するに、アマゾン族[3]のことを言っているのか？」。「いや、あれたちに打ち勝つのはけっして難しいことではなかった。別の種族の、とても恐ろしく野蛮なもののことを言うのだ。それとも、リビアの神話[4]を耳にしたことはないか？」。聞いたことはないと答えた。

七四　そこでディオゲネスは、熱心に、喜んでそれを語ってやった。彼を慰めようとしたのであるが、それはちょうど、乳母が子供に打擲を与えた後に慰め、ご機嫌を取りながら、神話を語るのと同然であった。

七五「よく知れ、お前は、自分のダイモン[5]を宥めまつり、然るべき仕方で彼に仕えて、それが支配者的な、自由人的な、王者的なものであることを示すまでは、王となることはないだろう。いまのお前がそうであるように、奴隷的で、非自由人的で、悪い質のものであっては駄目なのだ」。

(1) 田舎の民の粗末な服。
(2) アルケラオス（アルゴス出身、ヘラクレスの子孫）は、アポロンの神託に基づいて一匹の山羊の後に従い、マケドニアの地に建国した、山羊（アイクス）にちなんでアイガイという名をその町に付けたという（ヒュギヌス『神話集』二一九）。
(3) 小アジアに住むアマゾン女族をヘラクレスが制圧したことがある（その女王ヒッポリュテの帯を戦利品とした）。
(4) 第五篇で記される神話のことか。
(5) アレクサンドロスがそう解する（次節）ように個々人の「守護神」とも取れるが、ディオゲネスはもっぱら「性格がダイモン」（ヘラクレイトス「断片」一一九（Diels-Kranz））的な意味で、人の内的性質を考えている（八〇節参照）。ただ、表現上、抽象物というより、個々人の「性格」を擬人化して述べる。

七六　ここにおいてアレクサンドロスは、相手の男らしさや恐れ知らずの気質に驚愕し、自分について、ほかの者たちよりも多くのことを彼が知っていると考えて、あらゆる仕方で懇願しながら、自分のダイモンとは誰か、どのように彼を宥めまつるべきか、言い渋らずに教えてほしいと頼んだ。ダイモンの名を聞いて、然るべき供犠や浄めを果たせると思ったのである。

七七　彼が興奮し、心を高ぶらせているのを見たディオゲネスは、思い上がりや夢想から離れて少しでも醒めることができないかと戯れかけ、引きずり回した。七八　彼が、同じ事柄に関して、あるときは喜び、あるときは悲しむ態度を見せること、その心が不安定なことは、同じ雲から雨が降ったり陽が照ったりする冬至や夏至のときの大気と似ていることを見て取ったのである。

また、ディオゲネスの［卑俗に傾く］対話の仕方を彼が軽侮していること――それは言説の達人に聴き入ったことがないからだった――、むしろソフィストたちの弁を、高邁で秀でていると見なして、嘆賞していることが分かった。

七九　それで、彼の好みに合うようにするために、また自分の弁は、よく訓練された躾けのよい馬のように、そうすべきと思うときには高揚させることもできるということを示すために、ダイモンたちのことに関してこう語った。すなわち、人間に禍いや幸運をもたらす悪いダイモンや良いダイモンは、人間の外にいるのではない、八〇　いや、各人固有の知性こそ、その所有者のダイモンなのである。思慮があり、善人のダイモンは良いダイモンであり、悪人のそれは悪いダイモンである。同様に、自由人のそれは自由人的ダイモンであり、奴隷的人間のそれは奴隷的ダイモンである。心の大きい王者的な人間のそれは王者的ダイモンであり、素性の悪い卑しい人間のそれは卑しいダイモンなのである。

八一「一つひとつ挙げていって話を長くしないために」と続けた、「いちばんありふれた、よく目立つダイモンのことを述べよう、それによっておおよそすべての僭主が、平民が、金持ちが、貧乏人が、民族や町の全体が駆り立てられているというダイモンだ」。

八二 ここにおいて彼は、すべての索を緩め[1]、とても崇高な、恐れを知らぬ調子で、次のように弁じた。「惨めな人間には、ピリッポスの子よ、あらゆる事柄をめぐって、多くの禍いや破滅が襲ってくるものであり、語り尽くすことはほとんどできないほどだ。あの詩人が言うとおり、

その重荷を人間の性が耐えることを免れる
恐ろしいことや、災難や、神からの不幸は
何もないと言ってもよい[2]。

八三 ところで、大部分の人間が、理知を用いず検証もせずに、非理性的な衝動に駆られ運任せに運ばれて陥ってしまう人生として、おおよそ三種類のものが優勢であるが、ダイモンも同数のものがあると言うべきである。多人数の無知な集団が、てんでにそれにつき従い、仕えている。狂った悪人の指導者に、悪い淫蕩なお供がついてゆくという態である。**八四** いま述べた三種の人生のうち、一つは、身体の快楽について享楽的で放縦であり、もう一つは金と富を愛する種類のものだが、三番目のものはそれら二つよりも目立ち、

(1) 帆船の比喩。
(2) エウリピデス『オレステス』一―三行。

より混乱している。誉れと名声を愛する類いのものであり、混乱と狂気をより明瞭に、より強烈に示していて、何かうるわしいものを愛しているかのように自分を欺いている。

八五　では、気の利いた芸術家たちが、言ってみればすべての物事に、おのれの着想や技術を適用し、神々のなりを人間の姿によって模写するのみならず、ほかの種類のものも、一つひとつ写し取るということにわれわれも倣うとしよう。すなわち彼らは、ときには、人間に似せた河川を、女の姿をした泉を、また島々や都市や、ほかのもののほとんどすべてを描き出す。ちょうどホメロスが、渦の中から声を発するスカマンドロスを描いたようにである。**八六**　そして彼らは、そういう似像に声を発せさせることこそできないが、それらに固有の姿や、自然から得た表徴を付与することはできる——たとえば河川が、身体の大部分は裸で横たわり、長い髭を垂らし、タマリスクやイグサの冠をかぶっているという様子を描くのである。

八七　だからわれわれも、言説においてわれわれが、彼らの技術よりも劣ってはいず、下手でもないことを示すとしよう——三種類の人生の、三種のダイモンの性格を造形し写し取って、人相占いと称される者たちの熟練した予言術とは反対の対照的な能力を明らかにすることによって。**八八**　というのは彼らは、人の姿かたちからその性格を認識し、言明するわけであるが、われわれは、性格と行ないとから、それに見合う形態と姿を引き出そうというのだ——もしもわれわれに、卑俗な大衆の性質を把握することができたらという前提で言うのであるが。

八九　われわれが、これらの生の奇妙さを示すため、詩人たちや工芸家やお祓いをする者たちにわれわれを比べながら、必要とあらばあらゆる方面から譬えや例を躊躇わずに持ち出してくるように見えたとしても、不穏当なことではないし眉をしかめられるべきことでもない、もしもそれによって禍いや欺瞞や悪い欲望から人を遠ざけ、徳への親しみと、よりよい生の愛へ促す力をわれわれが得られるならば。九〇　あるいは、秘儀や浄めにかかわる者たちがよくすることに従ってもよい。彼らは、ヘカテの怒りを宥め、人を健康にすると唱えつつ、確か、浄める前に、怒れる女神が送ってきているという多くの多様な幻を示し、説明するのだ。

財産好きのダイモン

九一　さて、財産好きのダイモンは、黄金や銀や土地や家畜や集合住宅を、あらゆる財を愛する。彼は、技術の低級でない芸術家によって、むっつりした陰気な容貌の、腰をかがめた卑しい姿勢の男として造形されるのではないか？　垢まみれで、襤褸を身に着け、子供も両親も祖国も愛さず、金銭以外は親族とは見なさず、神々には、莫大な宝物を自分に教えたり、その遺産を相続できるような家族や親戚の死を告げたりしてくれるということ以上の存在意義はないと考え、祭りは、つまらぬ損失で無意味な出費だと思っている。九二　笑わず、微笑もせず、人をすべて自分への加害者と見て誰に対しても猜疑を抱き、食いつきそうな目つきをしながら、いつも指折り数えて、自分の財産の、あるいは誰か人のものの値打ちを計算する。ほかの点では何も感じず、無知で、教育や書き物に対しては、計算や契約に関係する以外のことは、嘲笑を浴びせる。文学でもそう言われ絵にも描かれるように、正当にも盲目である『富』の愛人だが、それ以上に盲目である。九三　あらゆる財に関して狂ったようになっていて、何一つ放棄すべきとは考えない。そして、マグネシアの石[1]が鉄を引きつけると言われるが、それどころか青銅をも鉛をも、さらには誰かが砂や石ころを与えればそういうものすら、自分のものにする。言ってみれば、あらゆる機会に、あらゆるものに関して、所有することは所有しないことよりも得であり、良いことだと信じている。とくに、金銭の獲得については分別を無くしており、血眼になっているが、それは、お金が出費もなしにすばやく増えていくからである。昼も夜も増えるのであり、思うに、月の周回にさえ先んじるほどなのである[2]。**九四**　そして、嫌われ、憎悪され、非難されることはまったく平気であり、ほかの財には美的外見や人を楽しませる性質があるが、金銭には、ひとことで言って富の力があるのだと考える。**九五**　これを、あらゆる方面から追い求めながら、それを手に入れるのにたとえ恥や不正を伴うとしても止めることはない。ただ、臆病な性質がまさっているので、追剝に対するような懲罰が自分に加えられるのではないかと疑りながら、用心深くしている。すなわち、質の悪い犬の心を持っていて、人の目を盗めそうだと思うときには引っさらい、見張りが立っているときには、じっと見つめつつ、いやいやながらそれから離れている。**九六**　彼の姿は短小で、奴隷のようであり、不眠がちで、微笑むこともなく、いつも誰かを詰り、誰かと争い、恥知らずで欲張りな売春宿の亭主に――遊女の誰かが飾りにしている色染めの外衣をはおっているそういう男に――物腰や性格がとても似ている者としておこう。このダイモンは、醜く、品が悪く、**九七**　自分の友や仲間[3]を、むしろ奴隷や召使いのように、平民の姿をしていようと、王の姿をしていようと、あらゆる仕方で侮辱し辱める。**九八**　王と称された者たちの多くは、商人であったり、徴税請負人であったり、売春宿の亭主だったりするのを見ることができるではないか？　ドロモンやサランボス[4]は、アテナイで商売をしていたし、アテナイ人にそう呼ばれたのだから、その呼び名は正当であるとする一方、ダレイオス一世については、バビュロンとスサで商売をしていて、ペルシア人もいまにいたるまで商人と呼んでいるという点からその呼び方をすると、それは不当だということになるのだろうか？(5)

九九　しかし、このダイモンには、ほかのダイモンと異なる独特の性質がある。すなわち、ときにはその者の心を支配し牛耳るが、ときには従属するようにも見えるのである。これは、富が、あらゆる欲望と用務への真剣な召使いであり、助手であるからなのだ。

一〇〇　だが、いまわたしが語っているこのダイモンは、［真実は］不運な男の考えを導き、その先導をし

(1)「マグネーティス・リトス」、磁石のこと。名前の由来は、リュディアのマグネシアまたはマケドニアのマグネシアから。ただし、それを発見した者の名にちなむという説もあり（プリニウス『博物誌』三六‐一六‐一二七）、それだと「マグネス［が発見した］石」と称さねばならない。

(2)「増える」は直訳「進む」（proienai, probainein）。満ちる月よりも早いくらいの勢いで利子が増える、と感覚的に言っている。アリストパネス『雲』一八行での「利子が進む（khōrein＝増える）」という表現参照。同一七行では、利子を毎月二十日に払うという慣わしに触れられている。

(3)そのダイモン（運命、性格）を宿している人間。

(4)プラトン『ゴルギアス』五一八Bで居酒屋の亭主として挙げられる。

(5)ダレイオスがペルシア帝国の課税制度などを整備したことに関連して、ヘロドトス『歴史』第三巻八九「ペルシア人はダレイオスは商売人、カンビュセスは殿様、キュロスは父であったといっているが、ダレイオスは商売人のやり方を用い、カンビュセスは苛酷で……キュロスは心優しく人民のために……福祉を計ってくれたから……」（松平千秋訳）という記述参照。

ながら、獲得した財産を何かの喜びや栄誉につなげるのでもなく、それを利用し消費するために蓄財するのでもない。むしろ富を、表に出さずに、無用のもののように――文字どおり秘所の、光が射さない部屋に閉じ込めながら――守っているのである。

快楽を愛するダイモン

一〇一　さて、第二の男およびそのダイモンは、『快楽』の狂乱儀式を示現し、この女神を[1]――真に女性的な神を――讃嘆して崇めている。多彩で多様な外見を身に着け、匂いや味覚に飽くことなく拘《こだわ》り、さらに、おそらくは、快楽をもたらすあらゆる見ものや音楽の催し、また、毎日の温浴、いやむしろ日に二度の入浴とか、疲れをいやすという目的のものではないマッサージとかいった、快適でなめらかな触覚の喜びすべてに、一〇二　さらにはまた、柔らかい衣服を引きずったり、巧みを凝らしたカウチに寝そべったり、一つひとつの欲求や要求に応えてくれる給仕とかいったことに、おそろしいほど熱情を抱いている。しかし、とくに自制のきかないのは、女相手にせよ男相手にせよ、性愛の鋭く焼くような狂気に対してであり、さらにそれ以外の言うべからざる、あるいは名状もできない破廉恥行為の数々に対してもそうであり、そういうもろもろの行ないへ見境なく向かい、人をも導きつつ、何事も不可能とはせず、どんなことも試みずに済ませておくこともない。

一〇三　いまはわれわれは、そういう心の病や不節度をことごとく取り込んでしまった者を一体として扱うことにする。不倫に傾くダイモニオン[2]や、ごちそう好きのものや、酒好きのものや、その他のもろもろのものの大きな群れを寄せ集めることを避けるためであり、それよりも、快楽の奴隷にされた放縦なものとして、単純に一体のダイモンと見なそうというのである。一〇四　このものは、資金が――王の金であろうと、平民の莫大な財であろうと――どこかから途絶えずに流れ込んでくるかぎりは、贅沢な無尽蔵の放蕩のなかにまろびつつ、老年まで過ごす。さもなければ、持っている財をあっという間に使い尽くし、無力で自堕落な貧乏人となって、欲求する状態からかけ離れた生のなかで、欠乏と渇望とともに生きてゆく。一〇五　さらに、このダイモンは、自分に支配されている者の一部を、女性的な人生や外見に移らせる。神話で、そういう快楽に負けて、人間から鳥や獣になった者がいると語るのと同然である。

しかし、ここにおいても対照的な事例が見いだされる。一〇六　すなわち、この種のダイモンで非力な、度胸のないものは、害と非難がつきまとうあらゆる女性的病や恥へ、人を容易に導いてゆく。しかし他方で、諸快楽への懲罰が待っていて、過ちを犯す者を、死刑や投獄や多額の罰金で懲らしめるという行ないには、あまり駆り立てない。一〇七　しかし、より強直で大胆なダイモンは、人間的また神的な境界線をすべて、あっさりと、乗り越えてしまうよう強いる。

そして、非力で度胸のないほうのダイモンは、すぐにそういう恥辱にまみれると、自分が、男にふさわしい事柄は手掛けず、公共の政治的行ないから身を引いて、より良い生を送ってきた者のほうへそれを委ねることを認める。一〇八　ところが、猛烈で恐れ知らずのほうのダイモンは、多くの侮辱や恥に耐えてから、

（1）「快楽 hēdonē」（女性名詞）のこと。

（2）ダイモンの縮小辞。集合的「ダイモン」の各個体。

世に言う『かけらがひっくり返ると』[1]、よく通る鋭い声で叫ぶ将軍やデマゴーグとなる。ちょうど、劇の俳優が、途中で女の衣裳を脱ぎ棄ててから、誰か将軍や弁論家の衣裳を摑んで身に着け、皆を睨みつける恐るべき強請《ゆす》り屋になる、という類いである。

一〇九　こういうダイモンには、男性的で厳かな容貌よりも、柔らかい軟弱なもののほうがふさわしいだろう。だから、彼が、劇中の扮装でしばしばそれになる男らしい恐ろしいものではなく、適切な姿を彼に与えることにしよう。

一一〇　彼は、贅を尽くした様子をしてサフラン色の衣装にくるまり、香油やぶどう酒の匂いを発散しながら、だらしのない笑いをしきりにする。昼間に放埒な練り歩き[2]をする浮かれ騒ぎの男のように酔っぱらっており、頭や首には干からびた花輪をかぶっている。よろめきながら進み、踊りつつ、女性的な調子はずれの歌を口にする。また、恥知らずの放縦な女たちに導かれてゆくという情景にしよう。一一一『欲望』と称される女たちで、てんでに四方八方へ引っ張ろうとしているが、彼はその誰をも押しのけたり拒もうとしたりはせず、むしろ進んで喜んでついてゆく。一一二　彼女たちは、シンバルや笛を騒々しく鳴らし、狂った彼を引き連れてさっさと歩いてゆく、彼のほうは、女たちの真ん中から、自制のない鋭い声で叫ぶという情景にしよう。彼の外見は色白で軟弱で、屋外の労働を経験したことはなく、首をかしげて［ポーズを取り］、潤んだ目でみだらな盗み見をし、いつも自分の身体を眺め回し、おのれの魂と、魂に課せられた事柄とにはまったく意を払わない。

一一三　この者を彫像家や絵師が表現するよう強いられとしたら、ほかならぬあのシリア［アッシリア］の王[3]に似た男にするであろう。宦官や妾たちとともに屋内で過ごし、軍隊や戦争や集会のことは目にしたこともない男である。

一一四　また彼の先導役として、『欺瞞』を付けよう。とてもきれいで、とろかすような女で、遊女的な装飾で身を飾り、微笑とともに良いことをいっぱい約束しながら、幸運そのものへ彼を連れて行ってやると唱えるが、最後に、彼の気づかぬ間《ま》に穴の底へ突き落として[4]、多量のきたない汚物の中に沈ませ、そこで花輪やサフランの衣裳とともに転がるに任せておく。

一一五　そういう女主人に隷従し、そういう運命に遭いながら、こういう魂は人生の放浪を続ける――労役に対しては卑怯で無能で、快楽に隷属し、快楽を、身体を愛し、醜い非難すべき生を自分で選ぶのではなく、そちらへ運ばれていった結果、そう生きることになる魂である。

名誉を愛するダイモン

一一六　この後に、この言論は、競演において触れ役がコロスを呼び出すように、第三の者を登場させた

(1) 運勢が急に変わって。投げた陶片や貝殻が表わした面に応じて、一方は逃げ、他方が追いかけるという子供の遊びから。
(2)「コーモス」、酔っぱらいの集団の浮かれ騒いだ行列。次の「浮かれ騒ぎ」も原語は kômazôn.
(3) アッシリアの伝説的な王サルダナパロスを意味するか。
(4) 死刑囚をそうするように。「穴（バラトロン）」という名の遊女参照（テオピロス「断片」一一）。

いと願っている。名誉を愛するダイモンのことである。いまは彼はとくに熱心に競おうと思ってはいないが、それでも生まれつき何事についても争うことを愛し、いちばんになるべきと考えている。ただ、いまの審判は名声や名誉に関してではなく、むしろ彼の受ける正当な、大いなる不名誉に関して行なわれるのである。

一一七　では、名誉を愛するダイモンの姿や外見はどのように表現すべきであろうか？　それともそれは明らかなのだろうか――その性格と欲求においては、翼を生やして風に運ばれる者のようであり、風の息吹に乗って飛ぶそのさまは、ちょうど絵師たちが、父の息とともに軽く宙を駆けるボレアスの子供[1]について思い描き、表わしたものと同然であることは？　一一八　しかし、彼らは、そう欲したときには、自分たちの力を見せたが、それまではほかの英雄たちとアルゴでいっしょに船旅をしながら、ほかのことを他人に劣らず行なっていたのである。

ところが、名誉を愛する者の指導者［ダイモン］は、いつも宙を舞い、大地とか低いものにはけっして触れずに高く空を飛んで、一一九　青空や、穏やかな天気や、ほどよく吹く西風に恵まれれば、どんどん得意になり、アイテルそのものにまで飛び上がるが、他方で、しばしば、自分がご機嫌を取って持ち上げながら自分の幸福の決定者に任じている大多数の人間から、何か不名誉な非難が降《ふ》りかかると、暗い雲の中に隠れ込む。

一二〇　安全の観点では、鷲にも、鶴にも、ほかの生来有翼のものにも似ておらず、むしろ、ダイダロスが可能ならざる仕掛けを試みたときにイカロスが行なった、無理やりの、自然に反した飛行になぞらえられよう。一二一　若さと山師根性に駆られて、星よりも高く飛ぼうと欲し、しばしのあいだは無事だったが、紐がゆるみ蠟が溶けると、海面に堕ちて姿を消し、そこからその海に名を与えることとなった[2]。

一三二　そのダイモンも、本当に非力で軽い翼に頼りながら、つまり、大多数の人間から与えられる、そのときどきのついでで生じる名誉や称賛に寄りかかりながら、危なっかしく、不安定に運ばれてゆきつつ、自分に習おうとする召使いの男を運んでゆく。この男は、いまは高い位置にいて多くの人間に幸せ者と見られるかと思えば、またあるときは、ほかの者たちに、とりわけ真っ先に自分自身に、低い位置にいる惨めな男と見られるのである。

一三三　しかし、もし彼を有翼の者と考えてそう描くのは好ましくないということであれば、代わりに、イクシオンの辛い無理やりの、強制された飛行になぞらえるがよい。車輪の回る勢いによって回転しながら動き、運ばれてゆく[3]あの男のことである。彼や、その車輪との比較は、不似合いとは思えぬし、巧みで気の利いた譬えに劣ってもいまい。この車輪は、変化ある動きをしながら楽々と回転してゆくが、その回転のあいだに、魂に対してあらゆる外見を取るよう強いるのは、陶工の轆轤《ろくろ》が、その上に置かれた粘土をあれこれ形作ってゆく過程にまさっている。

一三四　こういう、民衆や群衆の追従者として、民会や、弁論の折りや、王や僭主たちとのいわゆる友情

(1)「北風」の子たち、ゼテスとカライス。アルゴ船に乗っていた。
(2)イカロス海は、サモス島西方の海域。
(3)イクシオンが縛り付けられている車輪が回って空を行くにつれ。ヘラと交わろうとしたことの形罰（一三〇節）。

やへつらいのなかで、いつも回転し経巡っている者の性質や人生を誰が憐れまないであろうか？　ただしここには、自分自身のよき指導者となりながら、大衆への説得と、好意や正義を伴う弁によって彼らを紀律に従わせ、よりよいほうへ導こうと努める者は含めない。

一二五　このダイモンについても話を終わらせることにしよう。ここからさらに、衣裳や、姿形や、そのほかに彼に属する事柄を彼に付与してゆくことで、あまりに長い無限の弁を持ち込むことのないようにしたい。

一二六　しかし彼の性格は、手短かにこうだと言っておこう、すなわち、争い好きで、無思慮で、虚栄的で、はったりや嫉妬やその他の類似の御しがたい野蛮な欠点にとりつかれている、と。なぜなら、そういう非社交的な野蛮な、付き合いにくい特徴が、こぞって、名誉を愛する者の性格についてまわるのは必然なのである。一二七　さらに、彼がしばしば変節し、一定でない考え方を持つのも当然である。というのは、一定でない対象に隷属し心を向ける彼だからであり、そういう変化は、狩人が喜んだり悲しんだりすると言われる以上に頻繁にひっきりなしに起きるのだ。それは、とくに狩人に——獲物が現われたり失われたりするごとに——顕著に、絶え間なく起きる現象だという。

一二八　というのは、名声と称賛が得られるときは、こういう男の心は増長して膨らみ、とんでもない大きさに達する——ちょうど、アテナイで、オリーブの聖なる枝が一日で成長し、完全な大きさになった[1]というのと同然である——、ところが、何か非難や不名誉が降りかかると、また縮まり、低くなって消えうせるのである。

一二九　このダイモンにはまた、あらゆるもののうち最も説得的な『欺瞞』がそばについている。財産好きの者や、快楽を愛する者の場合の『欺瞞』が、何か輝かしいことを言葉で約束することはできず、また彼らに騙されている者たちを厳かで輝かしいことへ連れてゆくこともできずに、ただ、良い境遇の名称だけを口にし、ほのめかしただけというのとは異なり、このダイモンの『欺瞞』のほうは、呪文を歌いかけ魔法にかけて、うるわしいことの愛好者であると彼を持てはやし、何か徳や誉れへ導くと思わせながら、空しい名声へと連れてゆくのである。

一三〇　ここでふたたび、同じイクシオンの神話に立ち戻ることにしよう。というのも、彼は、ヘラとの至福の結婚を欲して、暗い靄《もや》のような雲と交わった結果、役に立たない異形の子供をなしたという。すなわち、ケンタウロスの複合的な合成的な一族である。

一三一　彼は、誉れに対する愛に失敗した後、空しい名声への欲望となじんで、神的でおごそかな交わりの代わりに、真実は雲であるものと、いつのまにかいっしょになったのである。そういう交わりや結婚からは、役に立つ有益なものは何一つ生じないだろう。生じるのは、驚くべき不合理なもの、ケンタウロス一族に似たもの、すなわち、デマゴーグの政治行動とか、ソフィストの書き物なのである。一三二　なぜなら、ソフィストもデマゴーグも傭兵隊長たちなのだ。わたしは、将軍や教育者や政治家を、そういう者たちから区別して言っているのである。こういう者たちは、いずれも、あのダイモンに割り振るのが正当であるし、

（1）ヘロドトス『歴史』第八巻五五参照（ペルシア戦争のときの出来事）。

それに属する党派に数えるべきなのだ。

いまは、上で述べたダイモンのそれぞれに駆り立てられている人間のことを話した。しかし、しばしば、二体の、あるいはすべてのダイモンが、同じ人間を得て、互いに異なる命令を出し、もしも従わないと、ひどい罰に処すると脅すことがある。

一三四　快楽を愛するダイモンは快楽のあれこれに金を費やすことを命じ、黄金も銀もその他の財も惜しむなと言う。他方、財産好きでけちくさいダイモンは、それを許さず、彼を抑えて、もしもそちらに従えば、飢え、渇きや、あらゆる種類の貧乏・困窮で彼を滅ぼすと脅す。一三五　さらにまた、名声を愛するダイモンは、名誉のためには、所有物を投げ出すよう勧告し、促す。しかし、もう一方の〔財産好きの〕ダイモンはこれにも反対し、抵抗する。しかしまた、快楽を愛するほうと、名声を愛するダイモンとは、調子を合わせることも、同様のことを言うこともできない。というのは、前者は名声を軽蔑し、それをたわごとと見なしながら、しばしばサルダナパロスの詩句(1)を持ち出すのである。

　わたしが食べ、好き放題に行ない、欲情をもって
　愉しんだことは所有している。ほかの幸せなことは皆去った(2)。

一三六　そしてとくに死をその目の前に示し、快楽の何事ももう味わえなくなるだろうと言う。しかし、名声を愛するダイモンが、人からの批判や非難を開陳して、快楽のあれこれから彼を引き離し、連れ去る。

一三七　それで、その人間は、何をなすべきか、どちらへ向かって隠れるべきか分からないので、しばし

ば暗闇に逃げ込み、姿を気づかれないようにして、一方の機嫌を取りながらそれに仕えることを試みる。ところが、他方のダイモンが彼を見つけ出し、人前に引きずりだす。

一三八　このように魂を引き裂かれ、ばらばらにされて、いつも自分に対する戦いと絶えざる内紛との中に置かれているので、あらゆる不運にいたるのは必然である。ちょうど病が、ほかの病と絡み合うと、その多くは反対同士のもののように思えるのに、治療を難しくし、困難にするというのと同様の仕方で、どうやら魂の病も、混じり合い、絡み合うと、同じような状態に陥るのが必然なのだ。

一三九　だがわれわれは、以前の調音の代わりに、より優れた清い調音を得て、思慮ある良きダイモンと神とを讃美することにしよう——健全な教養と言説を得たわれわれにやって来ることを、良き運命女神たちが宿命づけたあのダイモンを」。

---

(1) 原語は「エレゲイオン」(ふつうはヘクサメトロンおよびペンタメトロン)とあるが、二行ともヘクサメトロンになっている。

(2) *Inscriptiones Graecae Metricae*, ed. Preger, 232.

リビアの蛇女（第五篇）

内容概観

上半身は美しい女、下半身は恐ろしい蛇体の魔物に関する神話を、寓意（アレゴリー）的な趣意の下に語る。それはリビアに棲み、男たちを美形でおびき寄せては喰らったという。第四篇七二―七四で、ディオゲネスが、アレクサンドロスを相手に、王として、男たちのみならず女たちをも真に支配するためには、という主題の下に、アマゾン族よりも支配するのが難しい恐ろしい女族がいるという前触れで「リビアの神話」を語ったとあるが、その内容自体はそこでは書かれていない。本篇がそれであると解されている。原題は『リビアの神話（ΛΙΒΥΚΟΣ ΜΥΘΟΣ）』。

序、神話と理知

一　リビアの神話（ミュートス）を苦心して仕上げ、言論のための苦労をそのために費やしても、成功できるか覚束ない。そういう話は、立派な人々に感心される類いのものではないからだ。しかし、そういう話題に関するおしゃべりが軽んじられているからといって、そうするのを控えるべきだということにはならない。場合によってはそれは、然るべき目的に何らかの仕方で合わせられ、現実の真実の事柄と照らし合わされることによって、少なからぬ利益をもたらすことにもなりうるのだ(1)。

二　そのような試みに力を用いるのは、作物に関して熟練した経験を積んでいる農夫のすることに似ている。彼らは、ときに、実のならない野性の作物に、栽培種の結実性のものを接《つ》ぎ木し、一体化させて、役に立たない無益なものから、利益をもたらす有用なものにその植物を変えるのである。

三　そのように、無益な神話物語(ミューテウマ)のあれこれにも、為《ため》になる有益な理知的趣意(ロゴス)が加えられれば、意味もなく語られただけということにはしておかないものなのだ。たぶん、最初にそれら[神話物語]を創作した人たちも、そのような目的で作ったのであり、正しく受容できる人々に対し暗示(2)とメタファーを提示しているのである。

四　以上が、誰かの言葉を使うと(3)、この楽曲の序章であり、残るのは、その楽曲そのもの、その神話を物

(1)「立派な」人々からは、馬鹿げた作り話と思われるような神話でも、アレゴリー的な趣旨を持たせた形で語れば、聴くに価するものになりうる、ということ。神話のアレゴリー化は、ストア派でよく採られた方法。

(2) ainittomenoi「暗示を行ない」。ainigma「謎」と同系語であり、謎かけ、と訳してもよい。アレゴリーや寓話的語り(ainos)などを含みうる。

(3) プラトン『法律』第四巻七二二D参照。

語り、この譬えを通じて、人間の欲望をできるだけよく表現できるように歌うことだろう。

リビアの蛇女

五　言い伝えによると、かつて、残虐な野蛮な種類のけだものがいた。多くはリビアの無人の地に棲《す》んでいたという。この国は、いまでも、爬虫類その他のあらゆる類いの動物を生み出すという評判である。[1] 六　そのなかに、いま話そうとしている種類のものもいて、体の形はほとんど対照的と言えるほど相異なる部分同士を合成した、とても奇妙なものだった。[2] そして、餌になるものを探して、この海［地中海］の際《きわ》のシュルティス[3]まで徘徊してきたという。七　というのはそれは、他の野獣つまりライオンやヒョウを、ちょうどこの動物たちが鹿や野生ロバや家畜を襲うように、襲って捕えることもしたが、いちばん喜んだ獲物は人間だったのであり、まさにそのために、人家が近くにあるシュルティスにまでやって来たのだという。

八　シュルティスとは海の湾で、この国の内奥にまで入り込んでいる。そして船乗りは、三日間、何にも妨げられずに航行してはゆくが、そこにいったん進入してから抜け出すことはできないそうである。九　水深が浅く、潮流は両方からぶつかり合い、長い砂洲がはるかまで続いていて、この海域を渡りがたい難所にしているからであるが、それというのも、そこの海底はきれいではなく、多孔質で砂が多いので海水をしみ込ませる結果、固まっていないからである。一〇　それで、思うに、巨大な砂洲と堆積がそこにできるわけであり、ちょうどその陸側ではそういう山［砂山］が風によって生じるが、海ではむしろ海流がそのような現象の元になっている。そして、ほぼ全域にわたってそういう荒涼たる堆積が広がっているのである。一一

(1)「リビアはつねに奇妙なものを生み出す」とアリストテレスは述べ、その原因を、(砂漠地帯の限られた)水飲み場で異なる種同士が交わるからだと言う(『動物誌』六〇六b二〇から二四)。またヘロドトス『歴史』第四巻一六八以下がリビア誌に当てられているが、同一九一から一九二でリビア西部の野獣に関する記述がある。巨大な蛇や、ライオンなどの他、「犬頭人」、「胸に眼のある無頭人」(以上二つは「人」か獣か、原文では明らかにされていない、獣としたらサルか?)、「野生の男女(ゴリラ?)」(犬頭人から野生の男女は原始的部族のことという解釈もある)、陸棲の鰐、「二足鼠(跳びネズミ?)」(以上、松平千秋訳)などがいると述べられている。ヘロドトスのリビア誌(ヘカタイオスの書に一部を負うているらしい)の人類学的動物学的な記述は、今日の研究結果と照らし合わせてもだいたい信頼できると評価されているが、「無頭人(獣)」などには想像的空想的要素が含まれていると思われる。またルカヌス『内乱』第九歌六一九行以下で、リビアのシュルティス付近の砂漠地帯(メドゥサの住まい)に棲むという恐ろしい蛇の数々(メドゥサの子孫)にカトの一隊が襲われる様が描かれる。ナイルやイストロス河の水を全部飲ませてもおさまらない渇きを引き起こすというリビア砂漠の毒蛇について、ルキアノス『ディプサデス』も参照。

(2)上半身は人間の女、下半身は蛇体(一二節以下で詳説される)。蛇女の神話伝説として、エキドナ(ケルベロス、ヒュドラ、キマイラ、スフィンクスなどの母)、スキュティアの蛇女(ゲリュオネウスの牛を追いながらスキュティア地方[黒海北方]に来たヘラクレスは、蛇女と交わった、彼女が産んだ三人のうち末子がスキュティア人の祖となった[ヘロドトス『歴史』第四巻九])参照。なお蛇女ではないが、船乗りたちを美しい声でおびき寄せてから喰らうセイレンたちは、ホメロス(『オデュッセイア』第十二歌三九行以下など)ではとくにそのような描写はないものの、後代では一般に上半身が人間の女、下半身は鳥の姿で想像された。ルキアノス『本当の話』第一巻七以下に出るぶどう樹女や、同第二巻四六でのロバ脚女も、男を誘惑し、滅ぼす。スフィンクス(一四一頁註(1))も参照。さらに、オデュッセウスの部下たちを食べたスキュラについて、アポロドロス『ギリシア神話(摘要)』七-二〇参照(女の顔と胸、しかしわき腹からは犬の六頭と十二本の脚)。また蛇の髪の毛を持つメドゥサについて前註参照。

(3)今日のリビア北方の二つの湾、シドラ(ベンガジ)湾(大シュルティス)とガベス湾(小シュルティス)の総称。複雑な潮流と、位置を変えやすい砂洲とのゆえに、船乗りに恐れられた。八節以下参照。

ところが、難破して海からそこに上がってくる者たちや、リビア人でやむをえずそこに出てきて彷徨っている人間を、例のけだものが現われて襲ったのだった。

一二　その身体の性状や姿は次のとおりである。顔は女の、美しい女のそれであり、乳房と胸、また首も、この上ない美しさを示していて、人間の処女でも若盛りの花嫁でもそれには及ばない。彫刻家や画家の誰一人として、それを描写することはできないだろう。肌は輝き、その両目から、視線を合わせる者の胸中に、恋情と憧れを注ぎ込んだ。一三　だが、身体のその他の部分は鱗《うろこ》で堅固に守られている。下半身はすべて蛇体なのである。そして蛇体の端にある頭はとても邪悪だった。このけだものは、言い伝えによると、スフィンクス[1]のように有翼だったわけではない。また、これのように話しかけたり言葉を発したりはせず、ただ蛇のごとくシュッ、シュッという音を鋭く鳴らすだけだった。一四　しかし、地上を行くもののうちで最も速いので、何ものもそれから逃れることができなかった。

他の獲物は力ずくで捕えたが、人間には誑《たぶら》かしを用いた。胸と乳房をあらわにしながら、同時に視線を送って人を魅惑し、交接したいという激しい欲望を引き起こすのだ。男たちは、女を相手にしているがごとく近づいてゆく。けだもののほうは、身じろぎもせずに待ちながら、何度も地面に視線を落としている――つまり行儀のよい娘を真似ている――、一五　そして彼が側に来ると捕える。野獣の手を持っているが、その瞬間までは隠しているのだという。そしてあっという間に蛇が噛み付き、男を毒で殺す。死体は、蛇と他の部分のけだもの両方の餌食になる。

一六　この神話は、厚かましく度を越した側面がより少なくなるよう作られた、子供向きの話ではない。

もっとひどい、もっと完璧な無思慮に捉われている者たちのために語られたものである。[2] しかし、われわれのこの弁論に移されることによって、それは、欲望の群れがどのような性質を持っているか、十分示すようになっているであろう。[3] すなわちそれは、非理知的な野獣的なものであり、さらに、ある種の快楽を示して見せながら、思慮なき者を誑かし惑わせて引き寄せつつ、惨めな哀れな仕方で滅ぼすのである。一七　そういう点を念頭に置きながら、われわれは、こういうことを恐れないといけない――ちょうど有名な化け物たち[4]が、時を弁えずに食べ物や遊びなどを欲しがる子供に襲いかかるように、われわれも、贅沢やお金や女色や名声などの快楽に愛着すると、そのような悪い逸楽に近づいて捕えられたあげく、とても恥ずべき破滅を味わうことになるのではないか、と。

（1）エジプトのではなく、ギリシア神話のスフィンクス（スピンクス）。上半身は女、下半身は鳥。オイディプス神話で有名な、「朝は四足、昼は二本足、夜は三本足のものは何か」という謎を出し、解けない者（正解は、幼少時、壮年期、老年期で歩き方が変化する人間）を取って食った。蛇女エキドナ（一三九頁註（2））との関連から、また女怪という観点から挙げている。

（2）子供用の無邪気な物語ではなく、「度を越した」奔放な要素を含む語りになっていて、無思慮な愚かな成人のための作り話である。

（3）何か既存の神話を取り上げているらしいが――しかしディオンの大胆な改変または創作という可能性もある――、そういう奔放な種類の物語をこの弁論のなかに組み入れて、道徳的寓意を含ませることができる、の意。

（4）ラミアやモルモのような、乳母が幼児を脅かして口にする化け物（第五十五篇一一参照）。

一八　じっさいこの神話の続きをそういう趣旨に転じること[1]は、必要以上に暇を持つおしゃべりな男[2]には難しいことではない。

ヘラクレスによる退治

続きとはこうである——リビアのある王が、民の滅亡に怒って、このけだものの種族を平らげようと企てた。ちょうどその個体の多くが、この国に棲みつき、シュルティスに臨む密生した原生林をねじろとしていたのである。一九　王は、大勢の軍兵を集め、彼らの巣窟を発見した。蛇体のつけた痕跡と、そこから漂ってくる悪臭とのゆえに、よく分かったのだという。かくして王がその場所を取り囲み、火を投げ入れると、不意を襲われたものたちは仔とともに滅ぼされた。リビア軍の一行は急いでその場から逃れ、夜も昼も休むことなく進んで、やっと十分離れたと思える場所まで来ると、ある河岸で休息に入った。二〇　ところが、狩りのさいに現場にいなかったけだものたちが、自分たちの巣窟の破滅を知るやいなや、軍隊を追撃して来た。そしてその河まで来ると、眠りこけている者たちを、また、疲れて力をなくしている者たちを、あっという間に滅ぼしてしまったという。

二一　それでそのときの王には、この種族を平らげる企ては不首尾に終わったが、その後ヘラクレスが、けだものや暴君から全大地を清めながらこの国にもやって来たとき、例の場所にも火をつけ、火から逃れるけだものたちを退治した——向かってくるものは棍棒で打ち殺し、遁走するものは矢で射殺した、という。

二二　たぶんこの神話は、大部分の人間のことを語りながら、このような意味を暗に示している、すなわ

西洋古典叢書

月報 116

2015＊第3回配本

ミダス王の墓

【ゴルディオンで発掘されたプリュギア王墓の一つ（前8世紀末）】

目 次

2015年9月
京都大学学術出版会

ディオゲネスの読み手としてのアラン

神谷幹夫

アランはディオゲネスを「ソクラテスのもうひとりの弟子である」と言う。そこでアランのソクラテス読みをたどりながら、彼のディオゲネス読みを考えたい。「ソクラテスは……彼のことばを聴いたあらゆる者にかぎりない力を及ぼしたにちがいない。というのも、ソクラテスはあらゆる学説の動揺に対して判断をくだしながら、そのことで狼狽することはなかったから」。

アレクサンドロス大王が自らディオゲネスのもとを訪れた時の逸話がある。《「余はアレクサンドロス大王である」と名乗る大王に対して、「余は犬のディオゲネスである」と応じ、「何なりと望みを申すがよい」と促されると、日光浴の最中だった彼は、「陽光を遮らないでもらいたい」と答えただけだった》。ディオゲネスはアレクサンドロスの傲慢を見抜いているようだ。傲慢の中にある人は自分が傲慢であるのがわからない。傲慢であるのを欲しているから。よいものだと思っているから。最も低い場所にあるディオゲネスはその場所に安んじることができた。

ソクラテスが究めた思想は、「真の幸福によって大切なのは、人間の中のあらゆる情念、あらゆる欲望、あらゆる恐怖を支配することである。しかもそれをあかしするのは自分だけで、自分以外のだれもそれを信じることはない」。「だからデルポイの神託をうかがいに来たソクラテスは、神殿の正面に書き記されたあの深遠な神託「汝自らを知れ」の、いわば超自然的な光りに照らされたのである」。どういう真の自己が超自然的な光りによって照らされる。どういうことか。魂のすべてが変わるということではないか。

アランはソクラテスを読む、「肉体への服従は精神の自由の代償である。判り切ったことだ。なぜなら、精神は秩序から生まれたものだから。ソクラテスはその命を犠牲にして、おそらく最後の教えとしてこの教えを残そうとしたのだろう」。ここでは精神の自由が問われている。魂は肉体の拒否である、とアランは言っているが、精神はめざめる時、自然を犠牲にするのだ。

さて、アランのディオゲネス読みに行こう。「ディオゲネスはソクラテスのもうひとりの弟子である。彼はなにものにも敬意を表しなかった。だから「犬」と渾名され、その一派はキュニコス（犬のごとき）派と呼ばれた。しかしここにはストア的な魂が集約されているというのは本当である。ディオゲネスは自己を所有するためには、ほとんど何も所有しないほうがよいことを、よく理解していた」。

アランは読む、「富は我々を金持ちの共犯者、奴隷にする。もし臆見を軽視しないならば、人はとんでもないものになる。ただ他人に譲歩する者となる。したがってディオゲネスは富の軽蔑を、臆見の軽蔑を実際にやった。何ひとつ加減することなく。ここでは学よりも魂の堅牢さが重要であることを、彼は隠さなかった」。「だから彼はプラトンを馬鹿にした。ある日、プラトンとディオゲネスは祭りの行列が通り過ぎるのを眺めていた。行列には立派な馬具をつけた馬がいた。プラトンが笑いながらディオゲネスに、「こんにちは、『犬』くん」と言うと、ディオゲネスは「やあ、『馬』くん」と応じたという話が伝えられている。ディオゲネスはとりわけ、行動によってものを教えている。ディオゲネスとアレクサンドロスとの出会いはとりわけ、有名である。また白昼ランプをともして「私は人間を探している」と言いつつ街中をさまよったことも」。ここでは存在が世界であるのがよくわかる。また、アランが「逆説的な言い方を好むディオゲネス」とか、「謎めいたことばを言うディオゲネス」と言うのもわかる。しかし逆説や謎は力のある言説である。真理を秘めている場合には。

アランは読む、「ディオゲネスの生はより隠れた真理を秘めている。すなわち尊敬の念はそれに身をまかすやいなやすべてを求めるというのだ。なぜなら、すべての立派な見かけは緊密に結ばれているから。尊敬の念にはそうした幸福があり、すぐに報われるものだから、人はもしそこに指一本でも触れるならば、尊敬の念にいっさいを渡す羽目になる。したがってディオゲネスは、「労苦こそ良きものだ」と言うことができた。しかし、考え違いをしてはならない。判断の自由を欠いた労苦は骨折り損である」。

ここには判断の問題、判断の自由の問題がある。アランは「ディオゲネスは自由な判断が高くつくことをよく知っていた」と言う。なぜなら、「徳だけをおもんじ、徳以外のあらゆるものを軽蔑した」ディオゲネスは、「敬虔であるとは言えない」から。「このスキャンダラスな天才を見ながら、ぼくはそう言ってよければ傲慢であるとは何かを、覚知した」。「敬虔は判断してはならない」。敬虔は「情念から浄化された感情」である。つまり「思考の中身が問われる問題ではないのだ」。敬虔とは「いっさいの理屈ぬきに敬うこと」である。「《のぼる日を前にした時、ひとは敬虔であれ》。ジャン・クリストフに、伯父さんが言った言葉だ。なんびとも、のぼる日が何をもたらすか、知らない。雨になるのか雪になるのか。事は突然やってくる。容赦なしだ。しかしまずは敬虔であれ。そしてさらにそれを忘れるな」。

ディオゲネスは理由をもった敬意（すなわち尊敬の念）に対してはこれを見事に論破している。打ち負かされることのないソクラテスのようだ。しかし敬虔（すなわち、いっさいの理屈ぬきに敬うこと）には為すすべもなく打ち負かされている。スキャンダラスな天才は傲慢さをさらけだすだけである（あの袋（魂の堅牢さ）の中に傲慢さはあったのだ）。ということは、彼にとって「世界はロゴスであり意志である。しかも無限にそうなのだ」ということなのだろうか。おそらく。

アランは言う、「やらねばならないことが次から次へと出てきて、一つの収穫が次の収穫を約束すること、これが農夫の幸福である。……ディオゲネスの言うように、労苦こそよいものだ。……しかし、精神はこの矛盾を担うことをよしとはしない。精神はこの矛盾を乗り越えなければならない。……精神は思惟によってこの労苦を楽しみとしなければならない」。

アランは言う、「ディオゲネスの言わんとしているのはもちろん、自分で選んだ、自分で欲した労苦のことである。耐えることだけなら好きな人間などいない」。つまり「人間は……何よりも行動するのが好きなのだ。……行動のない楽しみを選びとるよりも、自分で行動できる労苦を選ぶのだ」。「自分で欲した労苦」には隠れた意味がある。

アランによれば、《人は、ディオゲネスの謎めいたことば「労苦こそ良きものだ」を、信じようとしない。信じようとしないのだ。ここには人間的な問題のすべてが集約されている。何をやろうと決心したにしても、誓わねばならない。屈してはならない。試練は我々を正しく照らしている。そこには何の曖昧さもない。試練に身をおかねばならない。そして勇気の覚悟をせねばならない。困難があると、我々の前にある希望は滅びる。困難を乗り越えるのは、いわば我々の後にある希望、すなわち誓われた信仰によってのみである。経験によって勇気ある者は、困難が勝利を、幸福そのものを告げていることを知っている》。したがって「ある仕事をやる幸福（よろこび）は、これをうまくやる人にしかわからない」。このことばは鳴り響く。説明など要らない。

「困難が勝利を、幸福そのものを告げている」。この同じ真理を、アランはエピクテトスの中にも読んでいる。「《君がそれを欲するならば、カラスが君に告げているのはしあわせなのだ》とエピクテトスは言っている。そこから彼が言わんとするのは、何でもよろこびなさいというのではなく、とりわけ、ほんとうの希望はいっさいをリアルなよろこびとするということだ。ほんとうのよろこびは出来事を変えるからである」。

同じ真理を、アランは彼の師ジュール・ラニョーから教えられている。「君が困難だと思っていることはすべて、ただ、君に勇気が欠けているということだ」（ラニョー）。自分には勇気があるだろうかと疑う人は、彼には勇気がないことをあかししている。勇気は蓄えておくことができないのだ。「昨夜の勇気は今朝の勇気を保証しない」。だから、勇気の覚悟をしなければならない。今、勇気をもっていなければならないのだ。勇気の覚悟は幸福の覚悟を教えている。

アランは「賢者が言ったように、まず幸福になりたまえ」と言う。「なぜなら、幸福は平和がもたらす結果ではない。幸福とは平和そのものであるから」。アランは「今、幸福をもっていなければならない」と言う。「君が将来幸福であるように思うとしたら、それはどういうことかをよく考えて見たまえ。それは今、君はすでに幸福をもっているからだ」。

つまり幸福の覚悟とは何か。いっさいの理屈ぬきに欲することではないだろうか。「事が成就する時、神などは微々たるものである」。

＊アランからの引用は主として、*Abrégés pour les aveugles*, Paris, Hartmann, 1943. による。

（哲学・北星学園大学文学部教授）

連載

西洋古典名言集（32）

「運・運命」に関する名言

好運とか不運とか言われるように、運は良いほうにも悪いほうにも傾く可能性があるが、運命とか宿命とか言うと、これはもう変えることができない定まったものという意味あいで使われる。英語でも前者をfortuneとかluckとか言うのに対して、後者にはfateとかdestinyとかいった語が当てられて、区別されているように思われる。古典語では、運にあたる語として、ラテン語ではフォルトゥーナ（fortuna）が、ギリシア語ではテュケー（tychē）がある。一方の運命については神格化され、ギリシア神話ではモイライ（Moirai）と呼ばれる三女神がいる。三女神のそれぞれの名は、クロト（［運命の糸を］紡ぐ者）、ラケシス（割り当てる者）、アトロポス（不変の者）であるが、プラトンの『国家』第十巻において語られる兵士エルの物語では、ラケシスが過去のことを、クロトが現在のことを、そしてアトロポスが未来のことを司るように語られている（六一七C）。あの世にいる魂たちは、ラケシスからさまざまな運命の籤をみせられ、それを選んだうえで、クロトのもとに赴いて、次世における運命を定まったものとし、最後にアトロポスのところで運命の糸をもはや変更のきかぬものとする（六二〇E）。

ギリシア語の運命は「定められたこと」という意味でヘイマルメネー（heimarmenē）とも言うが、詩文では韻律に乗せやすいアイサ（aisa）が好まれる。ホメロス『オデュッセイア』の「これから先は、母親が生んだその日に、運命（アイサ）と冷酷なるクロテス（ここではクロトの複数形が用いられる）が糸で紡いだ定めに堪えてゆかねばならぬ」（第七歌一九六―一九八行）とか、アイスキュロス『縛られたプロメテウス』の「必然の力には抗うことはできぬと心得て、身にふりかかった運命（アイサ）にはできるだけ平気な面持ちで堪えねばならぬ」（一〇三―一〇五行）などがその用例となる。モイラの用例を探してみると、前二世紀の田園詩人スミュルナのビオンの「みんな忘れているぞ。俺たちゃみんな死すべきもので、モイラから短い命しかもらっていないことをね」（ストバイオス『精華集』第四巻一六・一五）とか、「八〇になって死のモイラ（定め）がやって来ますように」（ソロン「断片」二〇）といった言葉がある。ローマ帝政時代の歴史家アッピアノスが著わした『ローマ誌』

のうち「シュリア誌」には、「人間だけではなく、町にもモイラ（定め）がある」（五八）という面白い表現が残されている。

このように運命、宿命が変えることのできないのに対して、運のほうはさまざまに転変する。運に関連する表現として、ポティオスの『語彙集』や古辞書『スーダ』は tychē Euripos を掲げている。エウリポスとはギリシアのボイオティアとエウボイア島に挟まれた海峡のことであり、潮流が変わりやすいことで知られた。「運は潮まかせ」というような訳になるだろうか。メナンドロスの失われた喜劇『農夫』の断片には「運（テュケー）の潮の流れはたちまちにして変化する」がある。運の転変を述べた例としては、「運（フォルトゥーナ）はたちまちにして移り変わるもの」（プラウトゥス『トルクレントゥス』二一九行）や「女神フォルトゥーナは天が下で隷属と栄華を何度とりかえたことか」（マニリウス『天文誌』第一巻五〇九‐五一〇）がある。キケロは「運（フォルトゥーナ）ほど理に反して一貫せぬものはない」（『卜占について』第二巻七‐一八）と述べている。「運（テュケー）はまずい審判者で、つまらぬ者に賞をあたえる」（『ピュタゴラス派箴言集』一三〇）、「よき運（フォルトゥーナ）とよき精神が同じ人に授かることはめったにない」（リウィウス『ローマ建国以来の歴史』第三十巻四二）といった言葉も同じ趣旨のものと考えられる。

ギリシア七賢人のひとりクレオブロスに、「運（テュケー）の転変に気高く堪えることを知れ」（ディオゲネス・ラエルティオス『哲学者列伝』第一巻九三）という言葉がある。これは運命に堪えることのようなひたすらの忍従を言うのではなく、むしろ、運はさまざまな苦難をひとにあたえるから、それに立ち向かうことが肝要であるという意味であろう。エラスムスは格言集『アダギア』において、運にまつわる名言のなかに to paron eu poiein というギリシア語の格言をあげている。直訳すれば「手元にあるものを上手く使え」というような意味になるのであるが、運があたえるものを活用せよというような意味に解釈している。ディオゲネス・ラエルティオス『哲学者列伝』（第一巻七七）によれば、同じくギリシア七賢人のひとりピッタコスの言葉だとされているが、現状に勇気をもって対処してゆくなかで運も開けてくるという意味であろう。「運（フォルトゥーナ）は勇気ある者に味方する」（リウィウス『ローマ建国以来の歴史』第三十四巻四）というよく知られた言葉は古い諺であるが、ウェルギリウス『アエネーイス』第十歌二八四などでも引用されている。

（文／國方栄二）

西洋古典叢書

［2015］全７冊

★印既刊　☆印次回配本

●ギリシア古典篇

ディオン・クリュソストモス　王政論 ── 全集　1★　内田次信 訳

テオグニス他　エレゲイア詩集☆　西村賀子 訳

プルタルコス　英雄伝　4★　城江良和 訳

プロコピオス　秘　史　和田　廣 訳

ギリシア詞華集　1★　沓掛良彦 訳

ギリシア詞華集　2　沓掛良彦 訳

●ラテン古典篇

アウルス・ゲッリウス　アッティカの夜　1　大西英文 訳

●月報表紙写真 ── プリュギア（フリギア）の建国神話によれば、荷車に乗ってその地にやってきたゴルディアスとミダスの農夫親子が神託に従って王とされた。その荷車は神殿に奉納され、柱に樹皮縄で堅固に縛りつけられて、それを解く者はアジアを支配するであろうという予言が込められた。長らく誰も解くことができなかった「ゴルディアスの結び目」を、東征途上のアレクサンドロスが解いた（剣で断ち切った）ことは、よく知られていよう。またミダスには、彼の触るものすべてが金と化して食事も取れずに苦しんだということなど、多くの神話伝説がある。歴史上では何人かの同名の王の存在が想定されるが、一九五七年に、遺骸とともにほぼ完全な状態で発掘された王墓（高さ約五〇メートル）は、前八世紀末の「ミダス王」のものに比定されている。（一九八九年七月撮影　高野義郎氏提供）

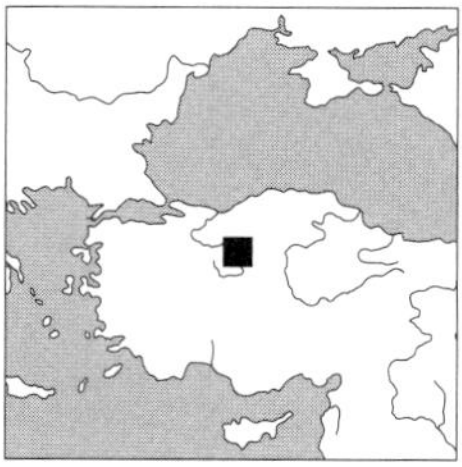

ちもし誰かが、あたかも、野蛮なけだものに充ちた人跡まれな場所に対してそうするように、自分の心を清めようと企てたうえで、欲望の群れを滅ぼし駆除したのでもう自分は解放された、逃れえたと期待しても、それを強力には実行しなかったので、少し後になると、残留していた欲望によって破滅したのだ、と。二三　だが、ゼウスとアルクメネとの子ヘラクレスがその後に現われ、自分の心を清らかな温和なものにすることができた［そして人類に模範を示した］、これが彼による大地の温順化ということの意味なのだ、と。

後日談

二四　さて、皆さんは、若い人々が気に入る神話物語も少しするよう望まれるだろうか？　例の話は人々にずいぶんと信じられ、本当のことと見なされたので、このような後日談があるほどである——あるとき、大勢の騎馬隊と弓兵に護衛されながら、アンモン(3)まで歩いてゆくギリシア人派遣団の前に、あの種族のものが現われたという。二五　ある砂山の上に、女が横たわっていると彼らには思われた。リビアの婦人のごとく皮衣を上半身にまとっているが、胸と乳房はあらわにし、首をのけぞらせている。どこかの村の売春婦が、

(1) もともとはそういう趣旨ではないであろう神話物語に、道徳的な含みを持たせる。
(2) 作者がよく行なうアイロニカルな自己提示法。
(3) アンモンは、ゼウスと同一視され、雄羊の曲がった角を持つゼウスの頭がシンボルにされた。その神域は、リビア砂漠シワのオアシスにあり、神託所として、その名声は、ギリシア本土のデルポイやドドナと競い合った。アレクサンドロス王がアンモン詣でをしたことで有名。

一人、こちらにやって来て、兵隊に接近しようとしているのだと彼らは考えた。二六　二人の若者が、そのものの美形に驚き、先を争って近づいたとき、そのけだものは、一方を捕えると砂山の穴の中に引き込み、食べ尽くした。二七　もう一方の若者は、山を走り越しながらそれを目撃し、大声で叫んだので、他の兵隊が救援に駆けつけた。しかしけだものは、蛇身を伸ばして若者に襲いかかり、彼を殺すと、シュッ、シュッと言いながら立ち去った。腐ってジュクジュクしている死体を兵隊は見いだした。リビアの道案内たちは、死骸に触れることを禁止した——全員が滅びることになるから、と。

ディオゲネスの僭主論（第六篇）

内容概観

ディオゲネスの犬儒的自足や禁欲の生き方を、他の人間、とくに僭主の生と比べながら述べる。

一　シノペの人ディオゲネスは、シノペから亡命してギリシアに来ると、あるときはコリントスに、あるときはアテナイで日々を過ごしていた。ペルシア王の暮らし方を真似ているのだと言っていた。というのは、王は、冬にはバビュロンやスサ、ときにはバクトラで、つまりアジアのなかで最も温暖な土地において日を過ごす一方、夏には、いつも空気が冷涼でバビュロンの冬にその夏が似ているメディアのエクバタナで暮らしていたのだ。

二　そのように自分も、一年の季節に応じて、住まいを変えるのだと言っていた。なぜなら、彼によると、アッティカ地方は、ペロポネソスやテッサリアのような大きな山脈も、貫通する河も持たない、土地はやせ、空気が軽く、降雨も多くないし、降った雨水も滞留しない。ほぼその全土が海に取り巻かれ、そこから、海岸（アクテー）のごときものなので、その［アッティケー（地方）という］名を得ているの(1)である、都は低い土地に位置し、南に向いている、三　その証拠はと言うと、スニオンからペイライエウスへ入港するには、南風を利用する以外に仕様がないということだ、それで当然冬は温和なのである、と。

他方、コリントスでは、二つの湾(2)が入り込んでいるので、風がいつも吹き集まり、夏によい風が吹く。またアクロコリントスが陰《かげ》を作り、都自体もレカイオンのある北方へ傾斜しているのである。

四　これらの都のほうが、彼によると、エクバタナやバビュロンよりずっと美しい、またそちらの王宮よりも、［コリントスの］クラネイオンや、アテナイのアクロポリスや、そこのプロピュライアのほうがよりよく造られている、ただ規模の点で劣るだけである、と。とは言っても、アテナイの周囲線は二〇〇スタディオン(3)ある、ペイライエウスおよび途中の城壁が市域に加えられているのであり――これらの地も近年は住まわれている――、それでアテナイは、バビュロンに関して語られることが本当だとすれば、そこの半分の地を有するのだ、と。

五　しかし、港の数々の美しさや、さらに彫像や、絵画や、金、銀、青銅の製品や、硬貨や、家具や、家々の造りは、かしこの地のものに優っている。ただ、自分にはそういうことはどうでもよい、と。

六　また旅程の距離は、ペルシア王にとってはずいぶんあり、何度も移動することになる。じっさい、冬と夏のほとんど大半を道中で過ごす彼である。しかし自分は、メガラの近くで夜を過ごしてから、翌日にはアテナイまで容易に来ることができる、あるいはその気になれば、エレウシスを経由してもよい。さもなく

（1）今日でも、aktē（海岸）の語を、Attikē（アテナイを含むアッティカ地方）の名の語源とする見方が行なわれる。

（2）次出レカイオンの港が面するコリントス湾、およびケンクレアイ港が面するサロニコス湾（「二つの」は訳上の補い）。

（3）一スタディオンは二〇〇メートル弱。

ば、より近道で――荒れ地の中の宿駅を介さずに――サラミスを通ってゆく。(1) だから、王よりも良い目に会い、放縦にやっている。宿(2)のことでは彼よりも快適に整えられているのだ、と。

七　このように冗談で言うのがつねであった。しかし、ペルシア王の富と、世人の言う幸福という点を嘆賞する人々には、彼の境遇の何事もそのように見なされるべきではないことを示してやった。ある事柄は無用であるし、ほかのある事柄はとても貧乏な人間にもできるものであるから、と。

八　また彼は、一部の愚かな者たちが考えたように、身体のことに無頓着だったわけではない。そういう者たちは、彼がよく寒さに震え、戸外で暮らし、のどが渇いているのを目にして、健康と生のことに無頓着なのだと解したのである。しかし彼は、そういう状態になりながら、いつも満腹するまで食べる人間よりも、また屋内に留まりながら寒暑を味わおうとしない人間よりも、健康だったのであり、**九**　さらには、日光を浴びながらより快適さを感じ、より快く食事を摂っていたのだ。とくに季節の変化に喜びを覚え、夏が近づいてきて「重い」空気をいまや散らしてくれるとき、またそれが過ぎてゆき暑熱から解放されるときを楽しんだ。そして季節の数々に従いながら、少しずつそれを味わっていって、それぞれの時季の極みの段階に、苦痛なく至ることができたのである。**一〇**　火とか、陰《かげ》とか、退避所を、それぞれの時候の裏をかくために利用するということはめったにしなかったので、他の人間たちとは異なっている。彼らは、いつでも火を起こせるし、衣服も十分にあり、家もあるので、少しでも寒さを感じれば、すぐに外気を避けて、身体を役立ずにするし、冬に耐えることができなくなる。**一一**　また夏には、陰をたっぷり利用できるし、飲みたいだけぶどう酒を飲めるので、陽光を浴びずに過ごし、またのどが渇くという自然の欲求も知らないままになって、女性に劣らず家で養われる身となり、身体は労苦をしない怠惰なものになる。そして魂のほうは、酩酊と忘却に充たされる。それで、自分のために悪い食事と、その〔消化の〕ための入浴[3]という方法まで考案し、また同じ日にしばしば風を求め、〔逆に〕衣服を求める。同時に雪と火を求める。いちばん奇妙なのは、飢えと渇きとを欲求するということだ[4]。それで、一二 放縦な彼らは、性愛の〔自然な〕欲情が起きるのを待たないので、それを楽しむことができない。それで、快適ではない、喜びのない快楽を求めることになる。

他方、彼〔ディオゲネス〕は、毎度の食事の前に、飢えと渇きを味わうようにし、これこそが最も効果的で刺激的な調味料であると考えていた。それで、大麦パンを、他の人間がとても高価な食事を摂るよりもおいしく食していた。流れる水を、他の人間がタソス産のぶどう酒を飲むよりもおいしく飲んでいた。一三 そして、渇いているときに泉の水は通り過ぎて、キオス産やレスボス産のぶどう酒を、とにかくどこかから買い求める者たちを笑って、牛よりも愚かであると言った。なぜなら牛どもは、渇いていれば、泉や清い流水を通り過ぎることはけっしてせず、腹がへっていれば、いちばん柔らかい葉や、養分の十分な草を拒まないのであるから、と。

(1) メガラから船でサラミス島(サロニコス湾)に上陸し、そこを突き抜けてふたたび船でアッティカのペイライエウス港まで行くルート。
(2)「宿」は公共建築である神殿や体育場のこと(一四節)。
(3) 消化を助けるためと称する入浴。ユウェナリス『諷刺詩』第一篇一四三行参照。
(4) 満腹になるとわざと吐いて、ふたたび食べるようにする習慣を指す。

一四　また、彼には、あらゆる都市において、最も美しく健康な家々が開かれていると言った――神殿と体育場のことである。また外衣は、夏も冬も一つで足りる、なぜなら外気に慣れているので、それに容易に耐えられるから、と。

一五　両足を覆《おお》うことはけっしてなかった。彼の言うには、それは、両目か顔ほど柔弱ではない。これらは、本来最も力の弱い部分だが、いつも裸にされているので、寒気に最も耐えることができる。両目を両足のように縛って［目隠しして］しまったら歩くことはできないわけだから、と。

また金持ちは、生まれたばかりの赤子に似ていると言った。いつも［身体に巻き付ける］産着《うぶぎ》を必要としているのだから、と。

一六　また人間たちがそのことにいちばんかかずらい、いちばん金を使うこと、またそのゆえに多くの都市が無人にされ、多くの民が惨めに滅んだことすべてが、彼には、苦労もせず費用も払わずに手に入れられた。一七　なぜなら彼には、情欲を充たすためにどこかへ行く必要はまったくなかった。むしろいたるところでアプロディテは無償で彼のもとにやって来ると(1)、戯れながら言っていた。そして詩人たちは、自分らに克己心がないので、この女神を「黄金まみれ」と呼んで嘘をついているととがめた。しかし、多くの人間がそれを信じなかったので、公然と、皆が見ている前で、それを行なった。そして言うには、もし人々がこのようであれば、トロイアも落とされることはなかったろうし、プリュギア人の王プリアモスが、ゼウスの血を引いていたのに、ゼウスの祭壇の上で殺される(2)ということもなかっただろう、と。

一八　またギリシア人はあまりにも愚かだったので、死人までが女を要求していると考え、アキレウスの墓のところでポリュクセネをほふることまでした(3)と述べた。

魚のほうが、彼の言うところでは、人間よりも思慮があると思えるくらいである、というのは、精液を放出しようとするときは、外に出て何か粗いものに自分をこすりつけるのだから、と。

一九 だが、人間のほうは、不思議にも、足や手や他の身体部分を、金を出してこすらせようとしないし、金持ちでもそういうことには一銭も用いないであろうに、例の一部位だけは何タラントンも費やしてそうするのであり、人によっては生命さえそれに賭けるほどである、と。

二〇 そして冗談っぽく言うには、彼のこういう性交はパンの考案である、すなわち「こだま」を恋したが、彼女を得られず、夜も昼も山中をさまよっていたとき、ヘルメスが、自分の息子である彼の窮状を憐んで教えた、彼はそれを学ぶと、大いな惨めさから解放された、羊飼いたちは彼からそれを学んで用いているのだ、と。

二一 そういうことをときどき語りながら、思い上がった愚かな者たちを笑っていたが、いちばん軽侮したのは、もったいをつけたがり、他の人間よりも知識があるとうぬぼれているソフィストたちに対してであった。

(1)マスターベーションのことを言っている。
(2)トロイア陥落の折り、ゼウスの祭壇に逃れた彼を、ネオプトレモスが殺した。
(3)陥落後、アキレウスの亡霊がギリシア軍に現われ、トロイア王女ポリュクセネを自分のために犠牲に捧げるよう命じた。

また、人間は軟弱さのゆえに動物たちより惨めな生を送っていると語った。二二　動物たちは、水を飲み物として用い、植物を食べ物にし、大部分は年中裸であり、家に入ることもなく、火を使うこともない。自然が課した期間だけ——殺されることがなければ——生きる彼らであり、皆が同様に強く健康で過ごしている、そして医師や薬はまったく必要としない。

二三　しかし人間は、それほどに生を愛し、死を遅らせるためそれほどの工夫をするのに、大部分の者は老年に達することさえできず、病名を挙げるのも容易でないような病の数々に充たされながら生きる。薬を与えてくれる大地では不十分で、鉄と火(1)すら求める彼らなのだ。二四　そしてケイロンやアスクレピオス一族(2)が治療をしてくれても、彼ら自身の放縦と悪い性《さが》とのゆえに、何の役にも立たない。占い師がお告げを与えても、神官が清めをしても同然である。

二五　また、外から来る者に害されないよう都市の中に集合するが、むしろ逆に自分たち相互に不正を加え、恐ろしいことを何でもする彼らなので、まるでこのために集まったかのようである。それで、ゼウスがプロメテウスを、火を発見し［人間に］分け与えた罪で懲らしめたという神話は、それが人間にとって軟弱さと享楽の原因あるいはきっかけになったということを語っていると思われる、なぜなら、ゼウスが人間を憎むことはないし、彼らにとってよいことを惜しみもしないのだから、と。

二六　ある人々が、人間は他の動物と同じように生きることはできない、肉は柔らかく、裸で、動物の多くのように毛や羽根に覆われておらず、固い皮も身につけてはいないのだから、と述べると、二七　それに応えて、それほどに柔らかいのは生き方のせいだと言った。なぜなら、彼らはたいてい陽を避けているし、寒気もそうしている。しかし身体が裸であるということは全然障害にはならない、と。そして、蛙や他の少なからぬ動物が、人間よりずっと柔らかい、裸の身体をしているが、あるものは大気に耐えるのみならず、冬のいちばん冷たい水の中でも生きることができるということを指摘した。二八　また、人間自身も、両目と顔は覆いを必要としないということも挙げた。

総じて、ある場所で生きてゆけないような動物は、そこには発生しないのだと言った。さもなくば、最初に生まれた人類は、火も、家も、衣服も、自然に生じる以外の食べ物もないのに、どうして滅びなかったのか。だが、後代の人類には、悪いことを何でも試したり、いろいろなものを考案して工夫することが、人生にとってけっして為《ため》にはなっていないのだ、と。二九　というのは、人類は、勇気や正義のために知恵を用いるのではなく、快楽のためにそうしているのである、それで、あらゆる仕方で快楽を追求しながら、つねにより不快な労多き生を送ることになっている、そして自分のことに頭を使っている（プロメーテイスタイ）ように見えながら、たいへんな気苦労と心づかい（プロメーティア）のゆえに、とても惨めな仕方で滅ぶことになる、かくてプロメテウスは、正当にも、岩に縛り付けられ、鷲に肝をついばまれていると言われるのだ、と。

三〇　費用がかかり、多忙と気苦労を要求する事柄はこれを排除し、それに関係する者にとって有害であ

（1）焼き鏝による外科治療のこと。
（2）ケイロンは医術をアスクレピオスらに教えた。アスクレピオス一族は医師一般のこと。

るとしたが、他方で、容易に安楽に身体を助けて、冬に対しても、飢えに対しても、身体の欲求を抑えるのにも役立つものは、これを逃《のが》さなかった。いや、場所も、不健康な所よりも、健康によくて、それぞれの季節に合った所を選んだし、三一　食糧も十分なものを得られるよう、またほどほどの衣服を身に着けられるよう気を付けていたが、厄介事や、訴訟や、けんかや、戦や、内紛からはわが身を外に置いていた。そしてとくに神々の生活を真似ていた。というのは、ホメロスが、容易《たやす》く生きているのは神々だけと述べ、人間は苦労して辛い目に遭いながら暮らしているとしたからである。とはいえ、そういう生き方は動物たちにも分かっているとディオゲネスは言った。三二　なぜならコウノトリは、夏の暑さを避けて、過ごしやすい空気の所へ移り、そこで快適な期間を暮らして、その後、冬の到来を前に撤退し、一斉にそこを去るのであるし、鶴は、冬によく耐えるので、種が撒かれる頃、食糧を得るためにやって来る。三三　また鹿や野ウサギは、寒気の折りには山から平地のくぼんだ所へ降りて来て、そこの、風をさえぎる快適な場所に引き込み、暑熱の折りには森の中へしりぞいて、いちばん北方の場所に行く、と。

三四　そして、ほかの人間が全人生を混乱のなかで生き、お互いにあらゆる謀《たくら》みを仕掛け、つねに無数の災いのなかで過ごしながら、けっして平安を得ることができないこと、祭りの月でも、休戦が宣じられて(1)いるときでもそうであり、しかもそういうもろもろのことをなしたり、されたりするのは、ほかでもなく生きるためであるという点、とくに必需品と呼ばれるものが不足するのではないかと恐れており、また自分の子供たちに多くの財産を遺そうと心を砕きながらあくせくする彼らであることを見ると、自分はそういうことは何もしないという点に、いやただ彼だけが自由であり、ほかの誰も自分の幸福を理解しないという点に、不思議を覚えた。

三五　それで、もう自分をペルシア王に比べるにも及ばないと考えるようになった。その隔たりは大きい、と。なぜなら王は、あらゆる人間のうち最も惨めである、それほどの黄金に囲まれながら貧乏を恐れ、病を恐れながら病気を起こすものから離れることはできず、死を恐れ、子供や兄弟にいたるまですべての人間が彼に陰謀を企《たくら》んでいると考えている。三六　それで、最もおいしい物が目の前にあるのに食事を楽しむことができず、酒を飲みつつも煩いごとを忘れることはない彼であり、彼が恐ろしいことを味わわずにいるのを見かけるような安楽な日は一日たりとない。そして、しらふでいるときは酔いを求め、そうすれば災いから逃れるだろうと思い、酔えば、自分自身を助けることもできないわが身を絶望的と考える。三七　目が覚めれば、恐怖を忘れるために眠りたいと願い、横たわれば、夢そのものが彼を滅ぼそうとするので、すぐに起き上がる。黄金のプラタナス(2)や、セミラミスの建築物や、バビュロンの城壁は何の役にも立たない。三八　いちばん奇妙なのは、武器を持たない者たちを恐れる一方、武装した者たちにわが身を委《ゆだ》ねて、伺候する者たちが剣を持っていないか検査させながら、剣を携行する者たちのあいだで生きていることだ、と。武器を持たない者たちから、武装した者たちの方へ逃げ、また武装した者たちから武器を持たない者たちの方へ逃

(1) エケケイリアー、オリュンピア祭のときの休戦。
(2) ペルシア王クセルクセスがギリシアへの行軍中、カラテボス(小アジア)で見つけたプラタノスがあまりに美しかったので、黄金で飾らせ守役を付けたという(ヘロドトス『歴史』第七巻三一)。

げる彼である。また大衆に対しては、槍持ちたちによって守られているが、槍持ちたちに対しては、宦官たちに守られる。信用できる人間もおらず、そちらへ逃がれて恐怖なしに一日を過ごせるような場所もない。**三九**　食事にも飲み物にも疑いを抱いて、それを先に試食する者たちを置いているのは、敵が充ちている道筋へ先に偵察隊を送るのと同然である。いや、近親にも、つまり子供や妻にも安心はしない。

そのように、独裁者の国政は難しく、不幸であり、それから逃れることを欲しもしないし、できもしない。**四〇**「とはいえ、(1)人間がこうむる禍いは、すべて、［いずれは］おそらく終わるだろうという慰めを有している。縛《いまし》めを受けている者は、いつかは解いてもらえるだろうと期待しているし、祖国から亡命している者には、帰還は不可能事ではない。病人には、最期にいたるまでは、健康になるという望みがある。

ところが、彼［独裁君主］には、まつりごとから逃れるすべはない。ほかのことはともかく、そう願うことすらできない。友人の誰かに死なれ、悲しんでいる者は、時とともに悲嘆するのも終わるだろうと分かっている。ところが彼ら［独裁者たち］には、逆に、辛い状況がよりまさってゆく。**四一**　僭主が［無事に］老人になるのは［もともと］困難であるが、僭主の［得る］老年は辛いものであり、諺で言う『馬の老年』(2)とは異なっている。ひどい目に遭わされた者たちや、彼を軽蔑する者たちが、それだけ増えるからである。そして彼は、自分で自分の身を助けることができない。

すべての禍いは、それをこうむった者を苦しませるというよりも、それを予期する者を恐れさせるのである。貧乏とか、亡命とか、緊縛とか、市民権剝奪といったことである。**四二**　死には、それに対する恐怖を取り去れば、苦しめることは何も残らない。それをこうむる［死ぬ］者は、それによって煩わされないのみならず、もう何も苦しまないのである。ところが恐怖はとても辛いものなので、これまでに多くの人間がその［恐れることの］実現を先取りしてしまった。というのは、船に乗っていて嵐に遭った者は、船が沈むのを待つよりも早く、自分を殺してしまったものであるし、敵軍に包囲されても人々はそうするのだ。死よりも恐ろしいことはこうむらないだろうと知っているはずなのであるが。

四三 この辛い状態が、独裁者にはつねに、昼も夜も現前する。死罪判決を受けた者には、死ぬべき日が決められ、示されているが、独裁者にはこの点も不明確で、少し先なのか、いますぐなのか分からず、その恐れから一瞬たりとも免れることはない。いや、食べているときも、神々に供犠をするときも、恐れていねばならない。**四四** また何か遊びをしようという気になっても、また恋いをしていて情交に及ぶことがあっても、死を忘れることはない――ひょっとすれば自分の愛の相手から殺されるかもしれない、と。この恐怖を相棒に飲み、眠る彼なのだ。**四五** だから、わたしの思うに、僭主が喜ぶのは、打ち倒されるときだけであろう――最大の禍いから免れられる、ということで。

いちばん奇妙なのは、ほかの人々は、癒《いや》しがたい禍いのなかにいるとき、死ぬことができるのであれば、長いあいだ不幸でいることはないと分かっている。ところが僭主は、最大の禍いを有していながら、最大の善のなかにいると考えているのだ。これは、おそらく、ことの本質を知らないほかの人間たちの意見によっ

（1）以下はディオゲネスの弁の直接話法的記述（最後、六二節まで）。

（2）「老いた馬にはより短い走路を課せ」という諺（Zenobius）。

て騙《だま》されているからである。

四六　この無知を神が彼らに結び付けたのは、彼らが懲らしめを受け続けるようにするためである。

ところで、幸せに暮らしている人間たちには、生のほうがよいと思われ、このために死は辛いと感じられる。四七　しかし不幸せな者たちは生を耐えがたく、死を受け入れるのは喜ばしいと考える。しかし僭主にとっては、その両方が、ほかの者以上に辛いのだ。というのは、死を願っている者たちよりもずっと不快な生を送る一方、死ぬことは、最大に快適な人生を過ごしているかのように恐れているのである。四八　快いものは、それがたまにあるときはいっそう喜ばせるものである一方、それをいつも味わっている人間には不快なものへ転じる(1)し、禍いは、それが離れるときがないといっそう辛いものとなるので、快と苦とほとんど両方が僭主にはいつも、苦しむときはほとんどそれを止められない一方、楽しみもけっして感じることがないという形であることになる。

四九　また、裕福な者の力をいつも恐れる一方、貧乏な者の富への欲望に対しても恐れを抱いている。独裁者にだけは、よくしてもらった者の誰も感謝しない――十分なものはもらっていないと考えるから――、しかし他方、欲するものを得られない人間は、誰よりも彼を憎むのだ。

五〇　また、莫大な富を不正に得ている者は誰よりもねたみ深いので、僭主ほどにねたみ深い者はいないということになる。それに、彼は、自分の周囲の者たちに贈り物をする必要がある――そうしないと、すぐに破滅する。しかし多くの者にしばしば贈り物をするのは、ほかの人間から奪わないと容易にはできない。そこで、奪った相手を敵に持つ一方、それを得させた者を猜疑深くし、一刻も早く彼から去りたいと求めさせることになる。また、遠くのものは、離れているがゆえに恐れ、近くのものは、彼のそばにいるということで恐れる。遠方からは戦が仕掛けられることを、近くの者からは謀《はかりごと》を疑う。

五一　平和は、人々が暇を持つので不都合と考え、戦争は、臣従者から軍資金を取り立て軍旅を強いて彼らを煩わせることになるので、やはりそう見なす。それで、戦のときには平和を愛し、平和になるとすぐに戦を画策する。

五二　必需品が十分あるときは大衆の思い上がりを、他方、もしも欠乏が降《ふ》りかかれば、彼らの怒りを恐れる。旅行することも、留まることも、外出することも、家の中で過ごすことも安全でないと考える。いや、安全に足を踏み入れられそうな場所に踏み入ることも安全ではないと見なし、あらゆる所が待ち伏せや陰謀に充ちていると考える。

五三　また各自で、過去にあったかぎりの僭主の死に方や陰謀を数え上げながら、それらすべてが自分に降りかかってくると考え、それらの死に方すべてを自分が体験することになるかのように極度な恐怖を抱く。そしていつも周囲を見回し振り返ってみたいと思っている――四方から打ちかかってこられるのではないかと危惧しているのだ――、しかしじっさいにそうすることは、恥と恐怖のためにできない。**五四**　僭主が恐怖心をよりあらわにする分だけ、人々は彼の臆病さを軽蔑して陰謀を仕掛けてくるからである。

だから、この人生は、あたかも誰かを小さな監房に閉じ込め、上方からは剣をいくつもぶら下げておき、

（1）快いものも過度になるとうんざりさせる。

周囲にはそれらを突き立てて彼の肌に触れるようにしておく、というのと似ている。**五五**　そのように僭主には、その身体のみならず心にも、剣がいくつも突き刺さっている。ハデスにおけるタンタロスが

　　頭上にある岩を恐れている[1]

といっても、彼よりはずっと楽に過ごしているのだ。なぜならタンタロスは、死ぬのではないかと恐れることはもはやない。しかし僭主には、死者であるタンタロスに起きたと言われることが、生きているあいだに生じるのである。

五六　さて、一つの都市または小さな地域の僭主となった者には、その支配地から逃げ出し、どこかに亡命して生きることは不可能ではない。しかし、僭主を愛する者は誰もいない、いやむしろ彼を憎み、猜疑して、彼に不正を受けた者たちへ容易に引き渡すものである。他方、多くの都市や民族が無限の領地を支配するペルシア王のような者は、たとえ自分の禍いを理解したり、誰か神がその無知を取り去ることがあっても、逃げ出すことはできない。**五七**　彼には、どこであろうと安全に暮らす地はないと思える。たとえ彼が青銅や鉄でできていようと、砕かれたり溶かされたりして滅ぶことになるだろう。

誰かが勇気をもって彼に話せば、彼は怒り、その率直さを恐れる。他方、へつらいながら屈従の姿勢を見せれば、そのへつらいに猜疑の目を向ける。**五八**　自由人的態度で近づく者には侮辱されていると感じ、卑屈な者には騙《だま》されていると考える。非難されると、ほかの者の数倍苦しむ。僭主なのに悪口を言われるという点にである。他方、称賛されても喜ばない。思慮ある者はそのようなことは言わないと考えるからである。

五九　最も美しい、また役に立つ財産は何も所有していない。すなわち、人の好意や友情を誰かから期待することはできないのであり、野蛮なライオンをその飼育者が愛することのほうが、僭主に近づいてへつらう者が彼を愛するよりも容易であろう。

六〇　しかしわたしは」とディオゲネスは続けた、「夜間、行きたい所に行くし、昼間に一人で行く。必要であれば、あえて、軍営の中を伝令杖なしに進むし、賊たちの間をも通って行く。歩むわたしにとって誰も敵はいないし、憎む者もいないのだ。すべての黄金、すべての銀、すべての青銅がなくなっても、自分は害を受けない。**六一**　またすべての家が、かつてスパルタであったというように、地震で崩れようと、またすべての羊が死んで、誰も衣服をまかなえなくなり、かつてあったと言われるように(2)、アッティカのみならず、ボイオティアや、ペロポネソスや、テッサリアも欠乏するようになっても、わたしの生は、より悪くも、より貧窮にもならない。**六二**　いまと比べてわたしの裸のなりがどれほどひどくなり、どれほど家《や》なしの身になるというのか？　そして食糧を得るには、リンゴや、キビや、大麦や、カラスエンドウや、いちばん安い豆や、灰の中で焼くドングリや、ミズキの実で十分だ。ミズキは、ホメロスの言うには、オデュッセウスの仲間をキルケがもてなすのに用いた(3)という。こういったもので、いちばん大きな野獣たちもわが身を養いながら足りているのだ」。

（1）エウリピデス『オレステス』六行を一部改変。

（2）不明。

（3）ホメロス『オデュッセイア』第十歌二四一行以下。

解説

ここでは、まず本巻に収めた作品について、それから総論的にディオン・クリュソストモスの生涯や彼の言説一般について解説する。

なお、以下では原則として「ディオン」と称する。また、個々の典拠箇所を挙げるにあたって、煩瑣な表記を避けるため略記し、たとえば、第一篇二三節は一-二三と記す。

一、本巻収録の作品について

第一篇『若きヘラクレスの選択――王政論その一』、第二篇『少年アレクサンドロスの熱弁――王政論その二』、第三篇『皇帝の幸福と友情――王政論その三』、第四篇『ディオゲネスとアレクサンドロスの対話とダイモン論――王政論その四』

この四篇は、より後世の編集者によってディオンの全作品の劈頭に置かれ、つまり代表作扱いにされており、王政論として「背教者」ユリアノス帝らにも影響を与えた(1)。九世紀のビザンツ学僧(コンスタンティノポリス総主教)ポティオスが読んだ写本でも、そういう位置づけを与えられていた(ロウブ版五-三九〇頁)。しかし、ディオン自身の配置によるものではなかろう。パフォーマンスの経緯など不明であり、皇帝に対してじっさいに弁じられたとも、皇帝相手という架空形式の虚構的作品とも解され（後記）、最も解釈の難しい作品のなかに数えられる。[2] なお総論でも適宜触れる。

パフォーマンス等の問題

四篇は、聴き手としてトラヤヌス帝を想定している、あるいはじっさいに彼を前にして弁じられたものと多くは解されてきた。ただし語り方、形式の違いがあるので、第一と第三篇のみ彼に向かって演説され、対話形式の第二と第四篇は送られたものとも見なされる。[3] それはともかく、しばしば「あなた」の語を含み、それはトラヤヌスへの直接的・間接的語りかけと見ることはできる。「あなたが、皇帝よ」（三-三）といった呼び掛けや、「わたしは、善き王にかかわることを率直に述べた。これらの特徴のいずれかがあなたにあるようであれば、思いやりある善い性質のゆえにあなた自身も至福であるし、それに与るわれわれも至福である」（一-三六）といった文言である。より後の作品である第五十七篇『ネストル』で、「皇帝に対し［自分によって］語られた弁論のいくつか」と述べており（五七-一一）、『王政論』のどれか、あるいは全部を意味している、しかもそれが皇帝を面前にして、あるいは少なくとも彼を意識して弁じられたということを言って

（1）Jones 115.
（2）Swain 42.
（3）Cf. Swain 46.

いる、と解することはできる。内容的には、「善き王」のあり方が大きな主題にされているこれらの作品では、皇帝への助言者的なディィオンの姿が表出されている、イソクラテス『ニコクレスに与う』に始まる「君主の鏡 Fürstenspiegel」的な君主教育論的な弁論である、あるいはその形式を借りた皇帝讃美である、という見方は可能である。

しかし近年では、皇帝との交流という点について、懐疑的な声が唱えられるようになっている。[1] パフォーマンスについては、皇帝の面前で弁じたという点は確認はできない。イソクラテスの弁論のように、王への（形式的）訓戒というジャンルに属する作品として、純粋に文学様式的な趣向であると見ることもできる。イソクラテスの弁論でも面前の王は必然的ではないように、この作品も虚構的言説だとする解釈もされる。また、軍人上がりのトラヤヌス帝が、ディオンのけっして平易ではないギリシア語を十分に解したか、あるいは対話形式の二篇が面前で読み上げられた、または彼に送付されたとして、フィクション的対話形式の作品がどこまで理解・受容されえたか、疑わしいところはある。ただしアウグストゥスが、ラテン語と思われるが、「詩歌や歴史のみならず弁論や対話まで」辛抱強く聴いたという例はある（スエトニウス『ローマ皇帝伝』「アウグストゥス」八九-三参照）。[2] ヒルツェルは、ディオンの対話形式の提示は、トラヤヌス自身がそれを好んだからと推測する。[3]

ただ、これらの作品は、弁論技術を誇示する（display）ために、帝国東部のギリシア都市で（皇帝とは無関係に）弁じられたものだとするフイットマーシュの論は行きすぎと思える。[4] フイットマーシュは、前記第五十七篇での言葉も、おそらく、はったり的・虚偽的と見なしているのであろうが、[5] ディオンを「仮面の人」

などと呼ぶ彼[6]は、総じて彼の人格を信用していないように見える。少なくとも、バルト等のポストモダン的論法で、彼の「捉えがたい（slippery）」、反語的言説傾向を示そうとする。つまり、ソフィストの典型と見ているらしい。

しかしディオンが、故国からのローマ派遣団の代表的身分でトラヤヌス帝と接したことは間違いなく、彼からプルサ市民宛に得た書簡も事実のはずである（四〇-五）。市民を前にそう述べており、それを読み上げもしたようなのである（四七-一三）。ネルウァ帝と友人だったと述べるが、トラヤヌス帝とも、「心友」とまで言う（後記）のはともかく、一定の知己関係を持ったことは事実であろう。その状況で、善王のあるべき姿・行動について、皇帝への「助言」とも見うるし、そういう望ましい点を皇帝はすでに体現しているという含みで間接的な称賛とも解しうる弁論を、直接聴かせる形で、あるいは少なくとも彼の耳にいずれ達することになる形で、述べたと見るのは妥当と思われる。

「親ローマ的」「反ローマ的」

弁論家アリステイデス（ディオンより七〇年ほど後の人、ミュシア出身のスミュルナ市民）は、ローマを持ち上

（1）Cf. e.g. Whitmarsh 325 sqq.; Kim 608 n. 25.
（2）Cf. Jones 193 n. 5.
（3）Hirzel 2, 84.
（4）Whitmarsh 187, 211.
（5）Cf. Whitmarsh 156, 215 sq.
（6）Whitmarsh, e.g. 238.

げながら、ローマの支配以前には統治の知識(to arkhein eidenai)は存しなかった、それはギリシア人には知られておらず、ローマ人に発見された、と言っている(第二十六篇『ローマについて』五一[ed. Keil])。それと比べると、ディオンのローマ皇帝宛の弁論は、称賛の辞とも、距離を置いた批評的声の余地を残している弁とも聞こえる。たとえばトラヤヌス帝にとっての「英雄」であったアレクサンドロスは、若くして武人的な父を感嘆させもするが(第二篇)、哲人ディオゲネスからはヒヨコのようにあしらわれる(第四篇)。フイットマーシュは、ディオンの「捉えがたい」言説という視点で、その「親ローマ的」とも「反ローマ的」とも見える態度に触れるが、むしろディオンのバランス感覚の一端がここに見いだされるということかもしれない。(1)

ディオゲネスとアレクサンドロス王、ディオンと皇帝

四篇の特色の一つとして、犬儒派的要素が挙げられる。(2)たとえば第四篇で王のありかたについて説くディオゲネスは、自分のできること、教えられることに「人々の支配」を挙げている(ディオゲネス・ラエルティオス『ギリシア哲学者列伝』六-七四)。犬儒派的側面を持つストア派ムソニウスには、『王たちも哲学をすべし』という論がある(第八篇)。ディオンも、「真の哲学者の仕事は、人々の支配にほかならない」と言う(四九-一三)。ストア派的主張でもあるが(『ギリシア哲学者列伝』七-一二三参照)、それはもちろん、プラトンの哲人王の理想論につながる。そういう意味での統治の助言者ディオゲネスに、アレクサンドロスを絡ませ、知恵・哲学と理想的王政というテーマを盛り込む。しかし第四篇以外も王政論のテーマで共通する。

第一篇において、放浪するディオンがアルカディアのとある森で遭遇し、教えを授けられる老婆は、プラ

トン『饗宴』のディオティマ（やはりアルカディア人）のようなカリスマ的女予言師的人物だが、田舎者で羊飼いといった貧者的賢人の、犬儒派的特徴も持つ。彼女の口から聞かれるドリス語も、粗野な犬儒派に相応していると見られる。(3) 第四篇でアレクサンドロスに教えを垂れるディオゲネスは、コリントス・クラネイオンの森で犬儒派聖人の生活の手本を見せている。これらの森は古風・素朴な理想を示す一種のユートピアとも言え――後記第七篇『エウボイアの狩人』論参照――、しかも当時のローマが典型的に発展させた都会文明と対比される、ギリシア的に古い知恵や文化を暗に表わす面があると解しうる。アレクサンドロスは、トラヤヌス帝にモデル視され、帝の「名誉への欲望」におけるライバルとも見なされた（ディオ・カッシウス『ローマ史』六八-一七-一）。皇帝たちがギリシア文化（ヘレニズム）を尊重したように、第二篇でのアレクサンドロスは、ヘレニズムを最も体現すると見られたホメロスの詩を何よりも敬愛する。他方、第四篇ではアレクサンドロスはディオゲネスから真の王のあるべき性質について教授される。批判的に語られる悪しきダイモン（ここではもっぱら内的性質あるいはそういう性質を有する人間の意）は、ドミティアヌス帝の不正・不幸な生や性格を暗示するであろう。(4)

ディオンには『アレクサンドロスの徳について』全八巻という書もあった（散逸）といい（『スーダ』「ディ

（1）Whitmarsh 214 sq. ヒルツェルは、「矛盾」を示す第二篇と第四篇とで異なる原資料が用いられたと見る（Hirzel 2, 77 n. 2）。
（2）Cf. Dudley 154 sqq.
（3）Saïd 174.
（4）Cf. e.g. Whitmarsh 205.

オン」の項)、おそらく皇帝たちとの交流とは無関係にもともとこの英雄に対して——その徳と悪徳に[1]——関心があったのだろうが、トラヤヌスらと関係を持つにいたって、言論におけるアレクサンドロス関連のモチーフの有用性にいっそう意を払うことになったのではないか。プラトンの哲人王論を受けて、ムソニウスが、王も哲学をすべしという論を、ストア派的・犬儒派的立場から述べた(第八篇)。ディオンは、少なからぬ影響をムソニウスから得ていると思われるが、そこにアレクサンドロスを絡めて対話形式に仕上げた点が独自であるかもしれない。

ただし、二人のコリントスでの出会いと、哲人がそのときどう言ったかといったこと自体は弁論術などのトポス(言説集 khreiai)になっており、それに肉付けしたという態である(ディオゲネス・ラエルティオス『ギリシア哲学者列伝』六-三八、六〇、六八等参照[2])。この二人はもともと言説や伝承において早くから結び付けられるようになっていた[3]。なおディオゲネスは悲劇も書いたと言われ——自分も登場人物にしていたかもしれず[4]——、対話形式だったなら、それもディオンの模範になったのかもしれない。

さらに、第一篇では、個人的体験らしきものが織り込まれる。ディオンは、市民相手の弁明その他の演説で自分に触れる以外にも、叙述的な箇所でも、自分個人の経験をよく表現する[5]。もちろんそれがどこまで事実のとおりの記述かどうかは確認できず、作り事だと疑われる部分もあるが、それはともかく、自伝的要素を虚構と組み合わせ、一人称的叙述や個人的色付けを入れるのがディオン的言説の一つの特徴となっている。そのさい、オデュッセウスやディオゲネスという、放浪の英雄や哲人に直接・間接によく自分をなぞらえる[6]。オデュッセウスは放浪者の代表であるが、ディオゲネスも、黒海南岸シノペから亡命してきてコリントスに落ち着いた後も、ふらふら彷徨する習いの人間であった。ディオンも、ドミティアヌス帝に煮え湯を飲ませられ、放浪を強いられた。どうやらその一部として、アルカディアでのさ迷い歩きが第一篇で語られるが、老婆から、やがてその苦難も終わること、善王（すなわち後のネルウァ帝やトラヤヌス帝）が世に現われ混乱を収めることが予言される。悪王あるいは僭主的なドミティアヌスとの対比のなかで触れられるトラヤヌスは、こういう間接的な形で称賛される。

他方、第四篇でアレクサンドロスに教授する放浪哲学者ディオゲネスは、ある程度ディオンに通じる[7]。第一篇で放浪者として描かれるディオンは、第十三篇での自伝的記述によれば、祖国への立ち入りを禁じる追放処分を受けたあと、「卑しい衣服を身に着け……各地をさまよった」、出会う人々から「放浪者」とか、「乞食」とか、「哲学者」とかと呼ばれたという（一三-一一）。乞食哲人ディオゲネスの当世版といった感を与える。ディオゲネスは、自分の身を、

（1）Cf. Hirzel 2, 76. セネカは、アレクサンドロスを痛罵している（『怒りについて』三-一七-一等）。
（2）Cf. Hirzel 2, 115 n. 1; Branham, apud Branham, Goulet-Cazé 100.
（3）ヒルツェルは、文学ジャンル的にアレクサンドロス・ロマンスとディオゲネス伝説とが並行して発展していったと見る（Hirzel 2, 75 n. 3）。両者が同じ日に、それぞれバビュロンおよびコリントスで死んだという説も、犬儒派デメトリオスによって唱えられた（ディオゲネス・ラエルティオス『ギリシア哲学者列伝』六-七九）。
（4）Cf. Branham, Goulet-Cazé 7.
（5）Cf. Anderson 143.
（6）役者的に、とヒルツェルは言う（Hirzel 2, 89）。
（7）Cf. Whitmarsh 213.

祖国を奪われ、国もなく、家もない者。
日々の糧をもの乞いして、さすらい歩く人間。

という悲劇の詩句で歌ったという（ディオゲネス・ラエルティオス『ギリシア哲学者列伝』六–三八、加来彰俊訳）。もちろんディオンは乞食そのものにはならなかったと思われるが、清貧の讃美は第七篇などでも聞かれる。ディオゲネスとアレクサンドロスの対話篇を通じて、ディオンは、皇帝と対等に対面するようにも見える。ただ、代表的なソフィストで、皇帝たちからたいへん厚遇されたポレモンが、未来の皇帝と目された人物（のちのアントニヌス・ピウス帝）を自分の家から追い出した（ピロストラトス『ソフィスト列伝』五三四）といった振る舞いは、紳士的なディオンにはとうてい考えられない。へつらうでもなく、傲岸でもないというバランスある態度をここに見ることができるようである。

文学的形式面

総論で述べるように、第四篇は、形式的に、ムソニウスやエピクテトスらのディアトリベー、対話・談論風の教示と通じる。第一篇もディアトリベー形式の大胆な発展と見ることは可能である。

思想的には、前記のように、犬儒派的要素とともにプラトン的な哲人王の理想論につらなる。他方、宇宙の摂理や、「宇宙とわれわれとお互いに共通する性質に基づき、同一の掟と法の下に秩序付けられ、同じ国制に与っているわれわれ、うんぬん」（一–四二）といった説は、ストア派的な、宇宙（＝ゼウス、神）と人間界との共通のコミュニティという「宇宙ポリス論」を視野に入れている。ただし後者の点はここでは詳しくは論じられず（一-四八参照）、第三十六篇を待つことになる（「総論」参照）。

ゼウスについての論が含まれるが、王たる者は彼を「心して模倣し……おのれの人柄をできるだけ彼に合わせて同化しないといけない」（一-三七）という説において、ストア派の政治論では王政自体はとくに称揚されないので、[1]その点ではやはりプラトン的である。「［理想国家は］範型として、天上に捧げられて存在するだろう——それを見ようと望む者、そしてそれを見ながら自分自身の内に国家を建設しようと望む者のために」（『国家』九-五九二B、藤澤令夫訳）という天上国家範型論も想起させる。しかし、他方でストア派は、神を「ゼウス」とも世界全体とも称するのであり（ディオゲネス・ラエルティオス『ギリシア哲学者列伝』七-一四七—一四八等）、その点からのゼウス讃美がストア派のクレアンテスによる有名な『ゼウス讃歌』に結晶する。[2]

しかし、文学的には、そしてテキスト上その点が善王論のはじめのほうで明らかにされるように（一-一一）、ゼウスと王との関係についてのホメロスの言がよりどころにされる。ゼウスがそれにふさわしい者に王杖を授けた、というホメロスの句を引き、「牧者」の王と「家畜」としての民とか、「神々と人間の父」たるゼウスとかいったホメロス多用のイメージ（『イリアス』二-二四三、四-二三五等）を発展させて、家畜を見守る牧者のごとき、また父のごとき皇帝の、臣民に対する配慮という点が謳い上げられる。ストア派ゼノンが、草

（1）「最善の国制とは、民主制と王制と貴族制との混合したものであると彼ら［ストア派］は述べている」、ディオゲネス・ラエルティオス『ギリシア哲学者列伝』七-一三一（加来訳）参照。

（2）本訳集第二分冊二五一頁註（2）参照。

をはむ群れと、共通の法（宇宙の理法）によるその支配というメージを用いたと言われるが（プルタルコス『アレクサンドロス大王の運あるいは徳について』三二九A―B）、ここではより人間的な情景の中に置いている。ストア派らの影響はあるに違いないが、哲学者の名は誰も挙げられず、「独学の哲学者」（一-九）ディオンがホメロスから学んだという態である。真実は、彼流に諸起源のものを融和しているのである。

しかしまたここには――第十二篇でのゼウス讃美と同様――、新しい詩すなわち散文讃歌という新たな文学現象の走りが見られるであろう（一-三九以下、一二-七五以下参照）。やや後に、アリステイデスが散文による讃歌を発展させることになる。[1] 散文形式の讃美でもある。ディオンもすでに実践によってそれに参与していると言える。

第五篇『リビアの蛇女』

リビアの合成怪物に関する神話を語るという内容である。リビアは野獣に充ちているとヘロドトスに言われ（『歴史』二-三二、四-一七四等）、またその動物多様性という観点から、リビアはつねに何か新しいもの（奇妙な生きもの）をもたらすという諺的表現もあったらしい（アリストテレス『動物誌』六〇六b二〇）。リビアの野生獣は恐怖をもって想像された。カトーの一隊がリビアの砂漠で恐ろしい蛇の大群に苦しめられたという話をルカヌスは物語る（『内乱』九-六一九以下）。ルキアノスもリビアの大蛇の群れに触れ、とくに「ディプサス」という蛇が棲んでいて、それに咬まれると、まるで狂犬病にかかったような渇き（ディプサ）に苦しめられて、大河を飲みつくしても足りないというほどになると書いている（『ディプサデス』三―四）。これらは、ディオンと何か共通の資料を利用しているかもしれない。

動物寓話とリビアのつながりは古来あったようだが（アイスキュロス「断片」一三九「リビアの話」参照）、ここでは、エギゾチックな地という空想的リビア観に、男をおびき寄せて喰らうセイレン（ホメロス『オデュッセイア』一二-三九―四六等）の型の雌怪物の説話を寓意的に組み合わせる。ルキアノス『本当の話』（一-八および二-四六）で――リビアではなく空想的な場所だが――現われる「ぶどう樹女」や「ロバ脚女」も系列的には同じである。[2]

リビアの悪王ブシリスを成敗したヘラクレスも登場させるので、男を喰らう種類ではないが、やはり蛇性の怪物ヒュドラの神話も参考になったかもしれない。[3]

『本当の話』で空想譚の語りそのものを愉しむルキアノスとは異なり、ディオンは、ストア派的道徳論の観点から、それをアレゴリー的に語ると自己解説する。ここの怪物は、人間の心の欲望部分である（プラトン『国家』九-五八八B―D参照）。

ディオンにとって、神話――「ミュートス」はときに「荒唐無稽な話」を意味する――は、それ自体はま

(1) Bowersock 117. アリステイデスは、従来の詩人は気ままな「僭主」のごときである、散文で讃歌を書くほうが自然である、韻律は散文より後の発明だ、と述べる（『サラピスについて』四五-一、八［ed. Keil］）。
(2) Cf. Anderson 155 sq.
(3) Saïd 172 sq.

ともに取り組むべきものではないが、そこに哲学的意義を交えれば有益なものとなる。プルタルコスも『どのようにして若者は詩を学ぶべきか』一四以下で似た考えを述べている。[1] ただ、神話に対するモラリスト的な態度のみならず、心理学的な神話解釈もときに試みており（後記）、そういう方法一辺倒ではない。

また、ここにおけるように、ディオンは新たな神話創作を厭わない。プラトン同様、古い神話を救うよりも、真理を表わす新しい神話の制作に関心があると思われる。[2] 後記で触れる、「創作家」としての顔である。

第六篇『ディオゲネスの僭主論』

ディオンによる「ディオゲネスもの」、すなわちこの犬儒派哲学者を中心人物にする作品群に属する。ここでは、（部分的な）伝記あるいはその言説集（クレイアイ）の客観的記述という形式を取り、第四篇のような対話あるいはディアトリベーにはしていない。

ディオゲネス・ラエルティオス『ギリシア哲学者列伝』ではアンティステネスを犬儒派の祖とするが（六-一五等）、ダドレーが明らかにしたごとく、ディオゲネスこその人物とするのが正当である。[3] 本作品では、まず、この犬儒派の基礎的教えに属する、自然（ピュシス）に従って生きること（『ギリシア哲学者列伝』六-七一）、[4] 恥知らず精神（アナイデイア）――反慣習あるいは「偶像破壊」の精神――、自足（アウタルケイア）、鍛錬（アスケーシス）の項目が具体行動で示される。[5] たとえば季節に応じて、より温暖なアテナイと、より冷涼なコリントスとの間で住まいを変えるというのは――冗談的にペルシア王を真似て、というが、これは作品後半の伏線ともなる――、自然に即した生の一例で、これは渡り鳥など動物もしていることだと言い、しかも「容易《たやす》く生きる」神々の生にも通じるとする（三一―三二）。アナイディアについては、「無償」でやって来るアプロディテのことが、自足の目的も含めて記され（一七）、鍛錬については、自然即応精神や自足原理とともに、そのほうが健康にもよいのだという医師的・トレーナー的理論（『ギリシア哲学者列伝』六-二〇、七〇参照）も付け足し、動物たちはぶどう酒の代わりに水を飲み、年中裸でいるなど、自然のもので済まし自然のままに暮らす、それでかえって健康に過ごしていると言わせる（二一）。

文明的な仕来りや虚栄から自由であり、それゆえに自分は幸福なのだという主張から、通念的には最も幸福と見うる僭主、とくにペルシア王の人生に論を進め、むしろ彼は最も惨めな人間であると述べる（三五）。ここで中心に置かれるのは、恐怖心のテーマである。[6]「［死・暗殺の］恐れから一瞬たりとも免れることはできない。いや、食べているときも、神々に供犠をするときも、恐れていねばならない」、遊びをするときも、情交に及ぶときも、死を忘れることはできない、「この恐怖を相棒に飲み、眠る彼なのだ」（四三―四四）な

（1）Saïd 163.
（2）Saïd 164.
（3）Dudley 1-16.
（4）ストア派に受け継がれた考え方で、たとえばセネカも secundum naturam vivere「自然即応の生」と言う（『道徳書簡集』五-四）。
（5）Cf. Dudley 151.
（6）ストア派でも恐怖心の克服は大きなテーマとなる。セネカ『道徳書簡集』第五篇では、ディオン本篇同様、「自然即応の生」とともに「恐怖の拷問 timoris tormentum」（九）のことが論じられる（その癒しとして、希望することを止めよという論点はここと少し異なる）。

どと言う。後半部でのこういう僭主論は、『王政論』諸篇での王の立場への関心ともある程度通じるが、ここではもっぱら、恐怖心からの自由を説く、(魂の)医師的な役割で語っている(ディオゲネス・ラエルティオス『ギリシア哲学者列伝』六-七〇等参照)。

二、総論

A 伝記的なこと

名前について

「ディオン」の名はありふれているが、いまの場合は、ゼウスに対する土地の崇拝に由来するかと言われる。小アジアの近辺で有名な人物として、歴史家のカッシウス・ディオがおり、親戚関係にあるかとも推測される。[1]

「クリュソストモス」すなわち「黄金の口の持ち主」というあだ名が彼に与えられたのは、もっぱらその弁論の才を讃えたかららしい。この称号は、生前からディオンに奉られたとも言われるが(ポティオス『ビブリオテーケー』、ロウブ版五-三八八頁)、むしろ後代の呼称と考えられている(初出は三世紀後半の修辞学者メナンドロス『演示弁論について』、ロウブ版五-三六四頁)。彼の子孫とも考えられる歴史家ディオと区別するための添え名だという説もあるが、[2]帝政期に最も名声を馳せた弁論家の一人ヘロデス・アッティクスも、「ギリシアの舌」、すなわちギリシアを代表する雄弁の持ち主と呼ばれ（ピロストラトス『ソフィスト列伝』五九八）、ディオン自身についても、四世紀のシュネシオスは、「黄金の舌を持つ」と形容している（ロウブ版五－三六六頁）。くだんの区別の目的も同時にあるとも見うるが、[3] 少なくとも第一には、弁論家ディオンの口舌を讃美する名称であろう。この称号とは別に、同時代のエピクテトスによって、一演説家が「ディオンより美しく［みごとに］」弁じられるかどうか、という言い方がされているので、その弁論の才がすでに生前から有名であったことが伺われる（エピクテトス『談論』三－二三－一七）。

なお、ディオンは「コッケイアヌス」という添え名を持ったが、これは彼の一族のだれかに由来するとも、ネルウァ帝（M. Cocceianus Nerva）との家族的・個人的つながりを反映するとも解される。[4]

故郷プルサ

ディオンは、後一世紀中葉、小アジア北西部ビテュニア地域の主要都市の一つ、プルサ（現トルコ・ブルサ）に生まれた。ビテュニアの他の有力な都市として、ニカイアやニコメディアなどがある。ここは、黒海

（1）Cf. Jones 7. なおギリシア人が「（ルキウス・）カッシウス・ディオ」のようにローマ風に名乗るときはギリシア名が三番目に付けられるが、ディオンの他の正式な名は知られない（Jones 同所）。

（2）Schmid 878.

（3）Cf. Jones 9.

（4）Cf. Jones 162 n. 64; Moles 86.

からエーゲ海に出る途中の海域、マルマラ海（プロポンティス）の南岸に拡がる地域である。小アジアで最も豊かな地方の一つであり、農産物に富み、牧畜にも適し、木材や大理石を多く産し、交通的にも、黒海方面・アナトリア内奥部・レヴァント方面に通じやすい位置にある。プルサ近郊の「王の温泉」は、マルマラ海沿いの「ピュティア温泉」とともに有名で、ビザンツ時代にも皇帝が伴を連れて訪れたといった記録がある[1]。

ここには、アレクサンドロスの王国の崩壊・分裂を受けて、前三世紀に統一された王朝が築かれ、その支配者ニコメデス一世やプルシアス一世らのもとに独立を保持した。しかし、前七五から七四年にニコメデス四世がローマに領土を遺贈し、ディオンの時代にはローマ帝国の属州となっていた。行政的には、ポンペイウス以来、東に位置するポントス地域と合わせられている。

プルサは、小アジア・ミュシア地方のオリュンポスと称する山脈の北麓に位置し、*Προῦσα ἐπὶ τῷ Ὀλύμπῳ*, **Prusa ad Olympum** などと表記されることがある（ちなみに同名の山は、神々の住居と見なされたマケドニアのそれを含め、エーゲ海周辺にいくつか存する）。似た名の都市、**Prusias ad mare**（キオス Cios）その他と区別するためである。建国者は、「クロイソスと戦ったプルシアス」（ストラボン『地誌』C五六四）、またはハンニバル（大プリニウス『博物誌』五-一四八）と伝える。ハンニバルは、第二次ポエニ戦争で敗者となってからシリア王アンティオコス三世のもとへ、次いでプルシアス一世（前二三〇頃から一八二年）のもとへ避難してきた（後にこの地で自害）。王に、都市の建設のことで助言したということはありえなくはない。それ以前から人々は周囲に散在して住んでいたのが、このときに「最初の都市的な組織」が作られ、中心的な居住地ができたということとかもしれない[2]。この、ハンニバルおよびプルシアス一世の建設という説に対し、「クロイソスと戦ったプルシアス」を建国者とする説によると、前六世紀にまで遡ることになるが、これは権威化のための誇張的伝説によるかと見られる[3]。プルシアス一世は、他にも、前記キオスやキエロス（Prusias ad Hypium）を再建して自分の名を冠している。近隣国のビュザンティオンやペルガモンと戦い、ローマの敵ハンニバルを迎え入れてペルガモン王に対峙する艦隊の長に登用するなど、プルシアス一世は、ビテュニアの歴代の王のなかで最も盛んな一人だった。しかし、そのハンニバルもけっきょくローマの圧力で見殺しにせざるをえなくなる。彼の子孫はいわばローマの攻勢に後ずさりを重ねることとなり、最後にニコメデス四世の領土遺贈で終わる。

プルサ市そのものは王の治世の末近くの建設であり（前一八八年頃）、それほど大々的な発展は享受しなかったであろう。古代の地中海地域全体で見れば、小さめの目立たない都市に留まったことは確かである。ディオン自ら、「最大の都市には属さず、住まわれるようになってからとくに長いわけではない」と述べている（四四-九）[4]。それに対し、より歴史の古いニカイア市（前三〇一年頃の建設）は、地方総督の居住地として、

(1) Dörner 1083.
(2) Dörner 1078.
(3) Bekker-Nielsen 22.
(4) 第四十七篇『祖国での民衆演説』で、ニコメディアやニカイアは「われわれの市よりずっと小さい」とディオンが言うのは（一三）、祖国の市民を前にして、以前に都市美化計画を進めた自己を弁明するなかで、ニコメディアその他の「より小さな」都市がそういう美化をすでに実行していたのに、自分たちはそのままでよかったのか、という刺激的な句を入れたと考えられる。客観的には疑わしい。その都度の状況に応じる弁論の機会性の一例である。

またビテュニアの「首都 Mētropolis」（ただし公的な称号ではなかったか）および皇帝崇拝拠点としての「神殿世話役 Neōkoros」の地位を享受した。またニコメデイア市（前二六四年頃の建設）も「首都」の栄誉を——こちらは公式に——与えられ、「ビテュニア同盟 koinon」の拠点とされ、「神殿世話役」の称号も得ていた。なお、ニカイアとニコメデイアは、ローマから授けられる「［ビテュニア］第一の都市」の名誉 prōteion を争い合った。このことは、両市の市民を諫め互いに宥和させようとするディオンの弁論で扱われ、批判されている（第三十八篇等）。より後代、ニコメデイアは、帝国を分けて統治したディオクレティアヌス帝によって東の帝国の首都にされる。キリスト教初期時代には、有名な「ニカイア公会議」がコンスタンティヌス帝によって催される（三二五年、アリウス派を異端と宣言）。ビザンツ帝国時代には両市はそれぞれの軍官区（テマ thema）の首府となる。そういう二市と比べると、プルサは政治的・宗教的に影が薄い。ただしプルサは、交通的・通商的な観点からは、海沿いのニコメデイアなどからの中継地という位置的な強みは持っていた(1)。

王は別として、有名人の観点から言うと、「黄金の口」のプルサ人ディオンは確かにローマ時代の代表的な文化人の一人であり、ネルウァら、皇帝との個人的なつながりもあったが、他の二市からもそういう点を十分誇りうる者が出た。『アレクサンドロス東征伝』などで知られるアリアノスはニコメデイアの、浩瀚な『ローマ史』を著わした歴史家ディオはニカイアの出身であり、しかもいずれもローマ中枢部に自ら属して執政官や地方総督まで務めた。なお弁論学者リバニオスはシリア・アンティオキア出身だが、ニコメディアで教えたことがあり、その弟子のなかには「背教者」ユリアヌス帝も含まれる。そういう著名な文化人の背後には、当然ながら、より小ぶりのビテュニア出身ソフィストや哲学者などがたくさんいた(2)。その多くは貴族階級に属している。ディオンの祖父もそのなかに数えられる。

前記「王の温泉」では湯治療法も行なわれていたらしく、それに関連して発展した医術で有名になったアスクレピアデスという医師がいた。当時の医師・医学者は、ガレノス（ディオンより七〇年ほど後の人、ルキアノスの同時代人）がその典型であるように、ソフィストあるいは哲学者であることも稀ではなく――iātrosophistēs「医師的ソフィスト」や iātrophilosophos「医師的哲学者」という語も用いられた[3]――、しばしば豊かな教養と雄弁・文筆の才を誇った。このアスクレピアデスも著述家としてある程度影響力を持ったらしい。また別の同名の医師がトラヤヌス帝に「arkhiātros 典医長」として仕えたという。ディオンと同時代の同郷人である。

しかし、アスクレピアデスらの業績は今日ではまったく知られないに等しいし、プルシアス一世もけっきょくローカルな王の域を出ない。「最大の都市には属さず、住まわれるようになってからとくに長いわけではない」とディオンは述べつつ、それでもプルサ出身の有名人は数多くいる、と付け加えるが（四四-九）、これはレトリカルな表現と言わざるをえない。古代の小都市プルサは、誉れの点では、プルシアス一世を除けば、ほとんどディオン一人に依存していると言うべきであろう。ニカイアとニコメデイアは前記のごとく政治的にいがみ合う歴史を持ったが、その仲裁者的な役割がプルサの市民に期待される局面もあったようで

（1）Cf. Jones 2.
（2）Cf. Jones 5.
（3）Bowersock 67.

ある。それを第三十八篇『ニコメデイア人への弁論——ニカイアとの協和について』などでディオンが果たした。第三者的な立場の者ならだれでもよかったというはずはなく、やはり彼のように雄弁でしかも大局を見通せる人物でなければその役は務まらなかったであろう。皇帝とのつながりという威光はとくに重かったはずである。

それはともかく、そのように総じて目立たない都市であったが、一種歴史の皮肉で、さらに後世、ここは——いまやブルサ Bursa（より古い表記で Brussa 等）と称して——、オスマン帝国発祥の地となる栄誉を得、コンスタンティノポリス陥落以前にこの帝国の最初の首都となった。現代においては、二〇一四年に、他の土地とともに（同地方のジュマルクズク、より南方のベルガマ地方とともに）、世界文化遺産に登録された。観光の一つの目玉として、イェシルトゥルベ霊廟（ターコイズ・ブルーで有名）を持つというように、今日ではオスマン・トルコ時代の文化遺産でより知られていると言うべきかもしれない。しかしまた近代の経済的発展は目覚ましく、人口も、ニコメデイアが三〇万人ほど、ニカイアは三万人あまりにすぎないのに対して、一〇〇万人以上を抱えており、この観点からはプルサ／ブルサが三都市のうち第一の地位を誇るようになっている。ちなみに、大谷光瑞が日土絹織物株式会社をここに設立している（一九二八年）。

ディオンの人生の四時期、歴代の皇帝たち

次に、ディオンの生涯と当時の時代状況を、適宜エピソードを交えながら概観する。彼の生涯は大まかに四時期に分けうる。プルサにおける少・青年期、ローマでの遊学とドミティアヌス帝による追放期、諸土地の放浪期、故国復帰後の活動期の四期である。

年代的にはディオンの人生は、後述するように、四〇ないし五〇年頃から、一一〇年頃までにわたる。その間に直接・間接にかかわることになるローマ皇帝は、クラウディウス、ネロ、「四皇帝」すなわちガルバ・オト・ウィテリウス・ウェスパシアヌス、それからウェスパシアヌスを含むフラウィウス朝すなわち彼とその息子たちティトゥスとドミティアヌス、そしてネルウァおよびトラヤヌスの治世に相当する。皇帝たちの名を列挙したのは、この時期のギリシア世界において、各都市の上流・支配階級と、代々の皇帝や彼に任命・派遣される属州（地方）総督との個人的結びつき・交流が、政治・経済においてきわめて重要な意味を持っていたからである。

また文化史的には、後でまた述べるが、「第二ソフィスト」たちの時代に属する。帝国の東西において、言論界のみならず、社会的地位においても第一線的なエリートたちが、教養と弁論の才を競い合いながら華々しい活躍をした時代である。

個人として有名な人物ではプルタルコスとほぼ同年輩であり、エリート的境遇や知識人的プロフィールの点で通じ合う。プルタルコス著作関連の『ランプリアス・カタログ』で、ディオンとの論争を内容とする作品が挙げられているので（二〇四、二二七）、両者は知り合いではあったようだが、互いにどの程度交流や影響があったかは不明である。

新ピュタゴラス主義の宗教的カリスマとして当時ある程度の影響力を揮ったテュアナ人アポロニオスは、ピロストラトスの伝記でディオンの「先生」と称されているが（『テュアナのアポロニオス伝』五-三八）、この伝記は創作的要素をほかにも多く含むので、この点も信用できるか分からない。確かに同時代人ではあるが、ディオンには新ピュタゴラス主義の要素は乏しい。一部ピュタゴラス主義と重なるオルペウス主義的教義（生すなわち監獄説）が第三十篇に含まれるが、これはむしろプラトンの影響と見られる。後述する第三十六篇での宇宙神話が真にペルシア（マゴイ）由来とすれば（三六-三九参照）、彼らと接したことのあるという『テュアナのアポロニオス伝』一-一六）アポロニオスを通じてそれを知ったという可能性も考えられなくはないが、不明である。[1] とにかく知友であったとピロストラトス『ソフィスト列伝』でも言われている（四八八）。しかし総じてディオンは、プラトン等古典的教養はほかの人々と共有するものの、知識人としては独自の位置を占めている。

少・青年期

それはともかく、生涯を概観すると、ディオンが生まれたのは、おおまかに四〇年から五〇年頃とされる。[2] 確実な根拠はないが、第十二篇で自分のことを「年齢はすでに盛りを過ぎ」（一五）と述べていて、「盛り」が、慣例的に四〇歳くらいを言うとすれば、このとき五〇歳ほど、あるいはそれ以上かと見られる。オリュンピアで第十二篇が弁じられたさいの競技大会は、確定はできないが、九七年、一〇一年、あるいは一〇五年のものと見られるので、[3] 四〇年代から五〇年代の生誕となる。

家柄について、ディオンの幼少期はクラウディウス帝の時代（四一年から五四年の治世）に当たるが、母方の祖父は、先祖から受け継いだ財産を公共奉仕のために使い切った後、別の財産を、自分の教養と皇帝たちとのおかげで得たという（四六-三）。また、この祖父と彼の母とは、親しい関係にあったそのときの皇帝から、ローマ市民権とアパメイア（小アジア、ローマの植民市）の市民権とを与えられたとも記しており（四一-六）、これはクラウディウス帝のことだろうと言われる（ディオン本人のローマ市民権はそれを受け継いだものとも、彼自身の功績で得たものとも解される）。皇帝との近しい関係が、少なくとも先々代からすでにあったのである。母方の祖父とその娘つまりディオンの母は、プルサの富裕で由緒正しい家柄に属していた。母は市民によって死後に（女英雄神として）祠に祀られたというし、その他の肉親・親戚も、像を建てられたり、公の葬儀などを受ける栄誉にあずかったという（四四-三―四）。父はやや影が薄いが、やはり名士として市民から顕彰された。しかし父は代々の土地持ちの貴族だったというより、交易のほか、家の賃貸しや金貸しも手掛けたビジネスマン的な人物であったと思われる（四六-五）[4]。実はディオン自身も金貸しをしていると疑られていたらしく、それを彼は否定するが、本当のところは分からない（四六-八）[5]。しかしとにかく彼は、青年期、プルサ市民に向けた演説で、市の郊外の「温泉の近くに柱廊（ストア）と仕事場のいくつか」を自分が建築したこと、それが一部の市民（政敵）から「市に対する不正」であると非難されるようになっていたこと、

（1）Cf. Anderson 158.
（2）Cf. e.g. Jones 133.
（3）本訳集第二分冊二八四頁以下参照。
（4）Cf. Bekker-Nielsen 120.
（5）Cf. Jones 7.

しかしそれは彼自身の所有地に建てたものでありまったく問題がないことを述べている（四六-九）。その仕事場を経営または賃貸ししていたことは間違いない。これは、後記の「独裁者的なやり方だ」などと非難を受けた、より後年の祖国美化計画による建築物とは違う。父の死後に家を継いだ、ドミティアヌス帝による追放以前の、まだ青年期に属するディオンが企図した、よりプライベートな建物である。当時の富裕者層一般に、程度の差はあれ、稀ではなかったと思われる事業者的な側面が、ソフィスト的で教養ある知識人のイメージのあるディオンにも、少なくともその頃はあったのである。彼が後に、自分との比較の意味合いでよく持ち出すことになる英雄、機を見るに敏なオデュッセウスと、ほかの点を含め通じるところがある。もちろん、イタカの領主オデュッセウス同様、彼も、権利と義務を持つエリート階級に属しているという自意識を忘れることはなかった[1]。私的な事業のほかに、市民一般のための公共奉仕的な行為もすでにそのころから行なっていたらしい。プルサで自分は最も大がかりな公共奉仕をしてきた、自分ほどそれを多く行なった者はいない、と誇らしげに述べている（四六-六）。しかし、とにかくディオンという人物を形成する多様な人格要素に注意をしておきたい。

ディオン家への襲撃事件を彼は記している。当時の一般的状勢として、後にはローマに富が集中してゆくが、この頃はまだローマと属州との両方においてその享受が可能だった[2]。ビテュニアもその例に漏れない。しかし、形式的には民会を有する民主主義制度だが、本質的には富裕層による寡頭制あるいは「金権政治 timocracy」の面があり、上流階級に権力が集まっていた。しかも、地方政治を牛耳る富裕層による評議会は、ローマ政府によって、「ポンペイウス法」を通じて、そのメンバーが統制されていた。[3] いわば二重の支配構造であり、「民主主義の死」の時代とも評される。ただ、より近年の研究傾向では、属州都市における社会階層間の懸隔を言い立てるよりも、むしろ富の再配分の仕組みや、「エリートと公衆との相互作用」や、「政治的行為者としての民衆」の位置に注意すべきであると考えられるようになっている。[4]

しかし、とにかく、各都市の内部において経済的なアンバランスや貧富の差が少なからず存在したことは確かである。そして、「柱廊と仕事場」を建てられるような者への一般庶民からの妬みが表面化することもありえただろう。ディオンの館に対する襲撃事件があったことが、すでに言及した作品、青年時代にプルサで演説された第四十六篇『哲学者になる前に祖国で行なわれた弁論』で語られている。[5] 彼とその隣家に暴徒的な民衆が押しかけ、石を投げ込んだり火をつけたりせんばかりになった、しかし館の前の道が狭いことにパニック状態になり引き返した、という。道の狭さという点は、そういう事態も考慮に入れ、少しでも防御に役立てるために、あえてそう造っていたのかもしれない。[6]

この事件では、土地の穀物の値段が高騰するという状況が起爆剤となった。一般に、金持ちがその価格の

(1) Cf. Bekker-Nielsen 120; Jones 24 sq.
(2) Bowersock 29.
(3) Jones 4.
(4) Ma 110, 121 sq.
(5) このタイトルは、ディオンの経歴を追放前と追放後とに分け、しかも後者から哲学活動が始まったとするシュネシオスの見方に従う編集者が付けた題。
(6) Jones 21.

操作を行なうことがあると信じられたし、事実そういうこともあったようである。また価格安定を図るべき市場監視の役人や、食糧窮乏の折りには私財を投じて人々を助ける義務があるとされた金持ちに対して、思わしくない状況になれば、社会的不満がぶつけられることもあった。類似の穀物関連の騒動はじっさい頻発した。しばしば暴徒たちに本当に殺されそうになったり、家を焼かれたりする事態になったのである。[1] その第四六篇で、どうやら穀物価格の高騰の責任者の一人と目されたディオンが弁明的に話していると、「あなたたち［聴衆］は、わたしが……［この程度の値段はふつうだ］……と弁じているとでも言うかのように、騒ぎ立てている」とも記され（四六-一〇）、緊張した雰囲気が伝わってくる。[2]

支配階級の者同士のつばぜり合いのみならず、上層と庶民とのあいだの軋轢から生じる騒乱傾向が、繁栄と同時に不安定な社会要素も抱える帝国諸地方のリアルな状況であったことを垣間見させるエピソードである。こういう点、ディオンの作品には大きな歴史資料的価値も認められている。

クラウディウス帝の次のネロ帝（五四年から六八年の治世）について、ディオンは彼とじかに接した経験はなさそうだが、批判的な言葉をあちこちで述べる。とくにネロが、芝居狂いどころか、自ら舞台に上がって神話的英雄たちに扮しつつ、歌や悲嘆の台詞を口にした振る舞いを、「舌によって、［ペロプス家よりも］富裕な館を滅ぼした」愚かな王の例として挙げる（三-一三四、六六-六等）。なお、それらはネロの死後の批評である。

「四皇帝」の最後のウェスパシアヌス（在位六九から七九年）とは、彼が王位に就く直前に会ったことがある。

ると、ピロストラトスのアポロニオス伝では記されている（『テュアナのアポロニオス伝』五-二七以下）。

それによると、帝国の東部でいくつかの軍団を掌握しているウェスパシアヌスが、ローマのウィテリウス帝に取って代わろうとする決意を固めつつあるとき（六九年）、エジプトを訪れることがあった、そこでアポロニオス、ストア派哲学者のエウプラテス、そしてディオンの三者と言葉を交わしたという。とくに論じられた問題は、ウィテリウス帝を廃したのちのローマの国制であり、血気盛んな人物という感じのエウプラテスは民主制（共和制）に戻すべきであると明瞭・率直に論じたのに対し、ディオンは少し遠回しな言い方で、ローマ民衆が自ら民主制を望むならそれを与えるべきである、しかし彼らが――長いあいだの圧制でそういう気力を失っているかもしれないので――むしろ独裁制を求めたら、実権を握っているあなた、ウェスパシアヌスにそれは自動的に行くことになるだろう、と明言を避けつつ述べる。最後に「神的人間」アポロニオスは、徳ある王制が神の摂理にもかなない最善であるという趣旨で、またウェスパシアヌスはじっさいそういう資格や器量を持っているという含みで、王位に就くことを勧める（五-三三―三六）。ウェスパシアヌスはアポロニオスの忠言を最も喜んだ。

ここは歴史小説的記述と見られるが、比較されるほかの二人とともに、ディオンの人となりが後代の人間にどう取られえたかという点を語って興味深い。権力者に対し、重大な決定に関する点で、真正面から自分

（1）Jones 21 sq.
（2）もとの演説をしている最中の経緯を織り込むような形で、後から編集的に加筆した部分らしい。

の考えを表わすことは避けつつ、エウプラテスのごとく理想主義的な論に走るよりも、またアポロニオスのように託宣的な助言を自信たっぷりに与えることもせずに、現実的な可能性の観点から考量しつつ、慎重深く言葉を選んで、いわば運命の成り行きに下駄を預ける。「日和見」的とも思えるが、[1] 現実重視の態度で実力者と衝突することもしない一方、民衆の立場への気配りも忘れていないと言える。ここで言う民衆は共和政下のむしろエリートたちだが、ディオンには、都会の貧民、「弱者」のよりよい生活のために論ずる作品もある（第七篇『エウボイアの狩人』）。ピロストラトスの記述の続きで、アポロニオスの目には、ディオンの哲学者としての態度は、あまりに弁論家的で聴衆迎合的に映った（五-四〇）。これはディオン自身の作品などでもよく現われる「哲学者」対「ソフィスト」の対立観念に基づいているが、要するに、ディオンはここで「先生」から、哲学者というよりも、雄弁だがやや軽薄な言辞家と見られている。[2] アポロニオスのウェスパシアヌス相手の弁は、トラヤヌス帝を（仮定上の？）聴き手にして、理想の統治論を述べたディオンの『王政論』の焼き直し、一種のパロディーのようにも思える。[3] 少なくともピロストラトスは、そのように、ディオンに関してやや浮薄な印象を与えることを憚らなかった。しかし他方では、弁論家的ソフィスト的ディオン像に対する、モラリスト的に真摯な哲学者・忠言者としての相貌を認めようとする見方も今日まで行なわれる。[4] これは後述のディオン「回心」論とも関係する。ディオン自身の作品間で、内容的趣意的に矛盾し合うように思える箇所は少なくない。ディオンの人物はひとまとめに評するのが困難な複雑な面を有する。

ローマ滞在および追放までの時期

さて、その後ディオンはどうやらローマに比較的長く滞在し、哲学の勉強などをしたらしい。ピロストラトスのアポロニオス伝では、青年ディオンはすでに哲学者たちの仲間にされているが、その方面にも関心を持っていたにしても、プルサにいた頃はまだその研鑽を積んではいなかったのかもしれない。故国の代表的貴族として各地に派遣されるのが通例だったと思われるディオンなので、どれほど継続的にローマに滞在したかは分からないが、とにかく重要な経験をここでしたことだろう。そのローマで、ストア派のムソニウスの講演を聴くようになったかもしれない。ただし、師事関係を持ったとして、それはより早く、ムソニウスが追放の身でギリシアや小アジアに来たときに始まったという可能性も考えられている[5]。

ムソニウスはしばしば追放の経験を味わった。すなわち、ネロ帝に追放されたルベリウス・プラウトゥス（ティベリウス帝の曾孫）について小アジアへ行き、彼の死後いったんローマに帰ったが、ピソ陰謀事件のさいにエーゲ海のギュアロス島へ追放された。その後また帰ったが、今度はウェスパシアヌス帝に追放され、その子のティトゥス帝のときにまた帰国した。反権力者の典型といった人物である。そしてのちにディオンも、ティトゥスを継いだドミティアヌス帝によって、ある「友人」との関係から嫌疑を受け、故郷ビテュニ

（1）Swain 23.
（2）Whitmarsh 237, 244.
（3）Whitmarsh 236 sq.
（4）Cf. Swain 8.
（5）Jones 13 sq.; Moles 86 n. 63.

アから追放されるという処分をこうむることになる。
その「友人」はトップ階級に属していたことは確かだが（一三-一）、特定は難しい。[1] とにかく、ディオンが、それ以前のウェスパシアヌスとの接触も想像されたように、若くしてローマの政治中枢部と関係を持ったことがこの点にも現われている。
フロント（後一から二世紀の弁論家）の書簡で、エウプラテスやディオンたちがムソニウスの弟子に挙げられている（『アントニヌス・アウグストゥス宛書簡集』一三五（Hout））。ルキアノスの一節では、「ムソニウスおよびディオンおよびエピクテトス」がトリオにされており（『ペレグリノスの最期』一八）、ディオンはムソニウスの高弟的人物と見られていたかもしれない。確かに、ムソニウスの思想的影響は間接的ながら見いだされるように思える。たとえば第七篇（『エウボイアの狩人』）には、農耕・牧畜をこととする田舎生活への称賛や、弱者・貧者への思いやりの態度が認められるが、これはムソニウスの考え方に通じるとも見うる。[2]
ところが、われわれを少し困惑させ、ディオンの人物論にも関係してくる不可解な点になるが、彼には、『ムソニウスへの反論 *ho pros Musōnion*』なる著作があったという。これは、哲学者全般に対する書『哲学者たちへの批判 *ho kata tōn philosophōn*』に連なる作だったという（ロウブ版五-三七二頁）。ソクラテスやゼノンの徒は「あらゆる地と海から追い出されるべし、都市と国制への死神 Kēr であるから」とも主張したという（同三七四頁）。かりにディオンがムソニウスの弟子となった、それはウェスパシアヌスのときだったとすれば、この皇帝が哲学者全体を嫌って追放処分にし、ムソニウスもその被害にあうという状況下で、ディオンは、「日和見」的に、わが身を守るため、かつての師や哲学者仲間を「売った」のか？[3] 伝存しないので明確なことは言えないが、そのような（悪意的な）解釈の余地も与える問題の書である。

それに対し、より単純な捉え方で、若いディオンはもっぱら「ソフィスト」的人物であって、反哲学的考えを持っていた、哲学者たちやムソニウスへの批判はその早い時期に属するが、その後、ディオンはムソニウスによって哲学への「回心」を得たとされる。[4] しかしディオン自身の言葉によれば、「哲学者になった」のは、（おそらくムソニウスはすでに存命しない）追放中のことという（一三-一一—一二）。もしそのような劇的な転回と師への大きな恩義があったなら、作中で何か触れてもよさそうであるが、そういう言葉は見いだされない。遠回しにムソニウスを指していると解されもする箇所はあるが、もしそうとしたら、「師弟関係」にあったとは必ずしも思えない、むしろ第三者的な口調に聞こえる表現になっている（三一-一二二）[5]。

別の見方で、シュネシオス（四世紀のネオプラトニスト的キリスト教徒）は、その『ディオン論』において、ディオンの生涯全体を「追放前」と「追放後」に分け、その精神も、追放以前のソフィスト的な性向から、追放以後の哲学者的なそれに大きく変化したと唱える。「ディオンは、頑固なソフィストから、けっきょく哲学者になった」という（ロウブ版五-三六八頁）。前記の、追放され放浪するあいだに哲学者となったという

（1）フラウィウス・サビヌス（Flavius Sabinus）？ サルウィウス・オト・コッケイアヌス（Salvius Otho Cocceianus）？（cf. Swain 40）。

（2）Montiglio 197; Brenk 263 sq.

（3）Moles 85 sq.

（4）Cf. e.g. Cohoon (Loeb) I, ix; III, 127 n. 3.

（5）真偽不明の「ルフス」宛の手紙は除外する（ロウブ版五-三五四—三五六頁）。

ディオン自身の言葉に沿っている。

この捉え方では、ムソニウスとの子弟関係はとくに措定されない。シュネシオスに賛同するアルニムも、ムソニウスとローマで知り合いにはなった、そしてこの哲学者を尊敬するにいたったと想像するが、弟子になったとまでは述べない。また『ムソニウスへの反論』は個人的な非難の書ではないとする。(1) こういう説では、その師事関係自体を無視しようとする。(2) 確実な史料に乏しく、ディオン自身も、彼の先生が誰であったか述べていないので、幅のある推測が許容されるわけである。しかし、あるいはこれは事実に沿っているのかもしれない。ディオンにとっては、ホメロスや、プラトンや、デモステネスや、クセノポンや、ディオゲネスら、過去の古典的著述家や思想家たちが師であった、しかし同時代の者とは、とくに直接的影響を受けたと言えるほど強い精神的絆は結ばなかったのかもしれない。

「回心」説や精神傾向の変化の説では、ソフィストと哲学者との区別が明確であったと前提的に見なすわけであるが、近年ではその点が疑問視されている。この問題は別個に扱う。

追放・放浪の時期

ディオンは、ドミティアヌスが皇帝位を継いでまもなく、追放されることとなる。トラヤヌス帝を（仮定の？）聴き手とする第三篇では、彼自身の言葉によると、「誰にとっても、恐怖のゆえに、嘘をつくことが必然的であった以前の時代」、すなわちドミティアヌス帝治世下で、彼は「ただ一人真実を述べる勇気を、しかも命の危険を犯しながら、発揮した」という（三-一三）。故郷プルサの市民を前にして自分の経歴を弁じる第四十五篇では、やはり、ドミティアヌス帝を暗に指しながら、この「悪しきダイモン」にへつらわず、その憎しみを避けようともせずに、むしろ「真っ向からいらだたせる」自分であった、言うのみならず書き物にもしたと述べている（四五-一）。これは、皇帝への「哲学的対峙」という一世紀の現象に属する行動であろう。[3] ムソニウスもそうだが、ストア派・犬儒派の人々が、率直な批判や挑戦的な物言いを辞さず、追放処分や処刑を受けた。もしディオンの言葉が信じられるとすれば、彼はこのときすでに十分に哲学者的であり、しかも勇敢な発言を控えなかったということになる。

しかしこれは、「放浪中に哲学者になった」という彼のほかの箇所での言葉と折り合いにくい。トラヤヌス帝相手のディオンの自己宣伝的な言葉も、割り引いて受け止める者も当然いるだろう。それどころかピロストラトスは、ディオンは追放されたのではないとまで言う。ディオンは、あらゆる哲学を排除しつつあった独裁君主たちへの「恐怖心」から、自分でわが身を隠したのだという『テュアナのアポロニオス伝』（『ソフィスト列伝』四八八）。[4] この悪意的と映る記述は、ディオンをやや浮薄に見せる『テュアナのアポロニオス伝』での描写法と通じ合う。ディオンの放浪自体は事実と見てよい。そのあいだに故郷の家屋敷が蚕食されたなどと述べている。すなわ

（1）Arnim 152. ヒルツェルは、「若さゆえの血気」をそこに見て、非難的性格を認める（Hirzel 2, 87 n. 2）。

（2）アルニムは前記フロントの発言に触れない。

（3）Cf. Dudley 128 sqq.; Branham, Goulet-Cazé 13 sq.

（4）この説に沿う解釈を G. Ventrella は採り、ディオンは、陰謀加担のせいでドミティアヌスから死罪処分を受けることを恐れ、ローマから逃げた、したがってディオンの懲罰は「永久追放 relegatio in perpetuum」ではなく、「お尋ね者 adnotatus requirendus」扱いを受けたことだった、とする（apud Bost-Pouderon 108 n. 1）。

ち、家僕たちは逃亡し、財産は奪われ、ほかの者が地所を占拠した、といったありさまを述べ、オデュッセウスとわが身とを比較する（四五-一〇以下）。これは、実情を知るプルサ市民相手に言っていることなので、基本的に虚偽ではありえない。したがってそれは、自分の意志からの諸国放浪ではなかったはずである。しかしとにかくディオン自身の言葉で食い違うような部分もあり、ドミティアヌス帝との関係や、追放の経緯には不確かな点が多い。

ディオンの追放処分の範囲には、イタリアの国土は含まれていなかったかもしれない。追放中にローマで演説を行なったらしいことが、第十三篇（二九、三二）からうかがわれるのである。[1] 故郷あるいはビテュニアに立ち入るなという禁令を受けたということらしい。[2] ディオンは、十数年にわたって帝国内を放浪し、帝国のはて、黒海北岸地域やドナウ下流域（ダキア）にまで足を延ばした（ダキア旅行は後のことかもしれない）。ただしこれは、一部は、異国の地理などに対する、知的・哲学者的な好奇心に動かされた旅だったろう。[3] とにかくこの体験から、犬儒派の祖ディオゲネスへの関心を、それ以前にも興味と知識はあったろうが、深めたかと思われる。やはり放浪者であったディオゲネスを登場人物とする作品執筆の動機になったことは間違いない。

復帰とその後の活躍の時期

ドミティアヌスは、けっきょく非業の死を遂げる。ピロストラトスによると、放浪中のディオンは、ドナウ河下流域のゲタイ族の地方（ダキア、現ルーマニア）にいたときに、ドミティアヌス帝の死（九六年）を聞いたという（『ソフィスト列伝』四八八）。そして着ていた襤褸を、「智謀に富むオデュッセウス」のように脱ぎ捨て、自分が乞食ではなく智者ディオンであることを現わして、騒ぎ立てる兵たちに自制を促したと記す。このドラマチックな場面描写はやはり創作くさいが、ドミティアヌス帝殺害の知らせをどこで耳にしたかという点自体も不明で、むしろ黒海方面、クリミア半島などに足を延ばしていたときにそれを聞いた、ゲタイ地方への旅行は、その後のトラヤヌス帝のダキア戦時代のことかとも解される[4]。

ディオンを含めて追放に処せられていた人々すべてが罪を赦される一方、ドミティアヌスは「記憶の断罪 damnatio memoriae」という死後処罰を受け、彼にかかわる公的記録を消去する処置がとられた（スエトニウス『ローマ皇帝伝』「ドミティアヌス」二三-一等）。帝国東部でも、ドミティアヌスの碑文が抹消された。

その跡をネルウァが継いだ（在位九六—九八年）。詳しいことは分からないが、彼はディオンを「愛していた、古くから友人であった」という（四五-二）。そしてローマの彼のもとへ、皇帝就位の祝いを述べると同時に、何か祖国のため請願する目的で旅立とうとしたディオンであったが、病いでそれを阻まれ、そのあいだにネルウァが死去して、よい機会を逸した、けっきょくその請願は現在の皇帝すなわちトラヤヌスにかな

（1）Whitmarsh 157 n. 89.

（2）そのあいだディオンの家族は、ディオンがその市民権を持つアパメイアで世話になったか（Crosby (Loeb) IV, 106）。

（3）Montiglio 203.

（4）Jones 51 sq. 本訳集第二分冊二八四頁以下参照。

えられたが、それだけ時間を無駄にしたという趣旨のことを述べている(同二-三)。

トラヤヌス(在位九八―一一七年)とも交流があったことは、いま引いた作品その他で示される。帝と接した経験をしばしば語り、また彼のことを念頭に置いた発言をする(名は直接挙げられないので(三-六〇等)、それが本当にトラヤヌスを言っているのか解釈が分かれる場合もある)。たとえばトラヤヌス帝から祖国に何か恩恵が与えられたとき、謝辞のための派遣団をディオンが率いたらしい(四〇-一三)。それがどの程度密接な個人関係であったかは分からない。

ピロストラトスによると、トラヤヌス帝は(ダキア戦のさいの)凱旋行進のとき、黄金の戦車にディオンをいっしょに乗せ、「あなたが何を言っているのか[そのギリシア語は]自分には分からないが、自分自身と同様にあなたを愛している」と話しかけたという(『ソフィスト列伝』四八八)。しかし、トラヤヌスは一通りはギリシア語を解したと思われる。皇帝の戦車への同乗という破格の、誇りうる待遇[1]には、ディオン自身で何か言及していてもよさそうだが、それは見いだされない。彼はけっこう自分の「手柄」を、たいていはそれとなく、口にする人物である。やはりピロストラトスの、あるいはディオンの弟子等、彼の讃美者によるフィクションかと疑われる。その記述は措くとして、ディオン自身の作中で、トラヤヌス帝との交流に関連して、「あれほどの名誉と親密さと友情を得た」自分であった(しかし祖国のために尽くすことを優先した)とも述べる(四五-三)。ネルウァ帝について、自分を愛する古くからの友人であったと言っているのと、表現的にはあまり差はない。しかし皇帝と「友人」であったという自称が、レトリカルで作為的な誇張の要素を含む疑いはぬぐえない。「［ソクラテスはペルシア王と交流しなかったが］わたしのほうは、高貴な皇帝よ、あなたと接してきており、ことによれば誰よりもあなたの性質に通じている」と述べるが（三-二）、故国からの派遣団の一員として「お近づき」になれたことは確かであるものの、トラヤヌスと「真心の cordial」交友関係を持ったとまで心理的に立ち入って主観的に推測するのは控えたほうがよさそうである（後記、「訴訟騒ぎ」に関して、トラヤヌス帝のディオンに対する態度はむしろよそよそしいと感じる人もいる）。しかし、ダキア戦に向かうトラヤヌス帝の取り巻きのなかに交った程度の行動はありえたかもしれない（一二-一六―二〇参照）。

晩年の訴訟騒ぎが伝えられている。ディオンの生前中に彼のことに言及する最後の資料として、（小）プリニウスの『書簡』第十巻八一および八二篇がある。いろいろな点で興味深いその二書簡は、プリニウスが、プルサにおいてディオン相手に起こされた訴訟のことをトラヤヌス帝に報告しつつその処置について相談するという内容のもの（第八十一篇）、およびそれに対する皇帝の返信（第八十二篇）である。地方総督として一〇九年頃からビテュニア・ポントス州に赴任していたプリニウスは、プルサ巡回のおり、ディオン――ここではコッケイアヌス・ディオと呼ばれている――に対する訴えが、あるプルサ市民から出ていると役人に告

(1) フイットマーシュはむしろ凱旋将軍に同乗する奴隷を――（Whitmarsh 242）。ただし、「人間たることを忘れるな hominem te esse memento」という戒めを与える務めを果たす者を――ここに見る

(2) Cohoon (Loeb) I, 103.

(3) Jones 53.

げられる。ディオンがかつて引き受け、工事を進めてきた公共建築物にまつわる案件で、彼が「しかるべき仕方に違って」造った建築物を市に引き渡そうとしているという訴えと、その建物の中に皇帝の像とディオンの妻子の遺骸とが収められているという告発であった。

前の点は、各都市の上流階級・富裕者が、現代の税金制度に呼応もする公共奉仕の慣習に従って建築を引き受けた「請け合い hyposkhesis」[1] にかかわることで、当人が一部は私費で負担し――ディオンの母方の祖父が先祖の財産を「[市への]贈与のために使い切り、何も残らなくなってしまった」（四六-三）というのもこれに関連する――、他の富裕者にも加わってもらうこともあったが、そこに市の基金も投じられたし、荒廃した諸都市の回復を図る皇帝からの下賜金もときに得られた。巨額の金が動くなかで不正の働く余地があり、ローマ政府の役人（会計検査役 logistai 等）の監視下に置かれた。祖父と同様にディオンも、そういう公共奉仕にかかわって、何かの建築を進めていたのである。プルサ市は「とても醜く」、その公共浴場は老朽化しているとプリニウスも記している（『博物誌』一〇-二三-一）。廃れた故国の「美化」や快適化を願う思いから（ディオン四七-一五等）、ディオンは進んでそれに取り組んだらしいが、建築途中から、市の政敵により、独裁者的なやり方で既存の建物や神殿を取り壊す男だ、などと難癖をつけられていた（四七-一八等）。同じ建築物のことと思われるが、完成間際になって最後の邪魔立てを企ててきたわけである。

訴状のもう一点は、皇帝の像に一家の私的な墓を並べているとしてディオンを不敬罪に問おうとする、さらに由々しき告発である。

プリニウスは後日、ニカイアの裁判所で両方の弁を聴いてから、皇帝の裁を仰ぐために訴状・陳述書をしたためるよう彼らに言い渡した。ディオンはすぐに提出し、それをプリニウスは書簡に添付するが（この陳述書は残っていない）、原告側からはいまだ出してこないと述べる。

他方、もう一点にかかわることでプリニウスは自ら現場に足を運び、トラヤヌス帝の像はそこの図書館に置かれていること、しかしディオンの息子と妻が埋葬されているという場所は柱廊に囲まれた庭の中にあることを確認したと付言する。不敬には当たるまいという趣旨の報告である。

トラヤヌス帝の返信では、不敬うんぬんという点はあっさり不問に付される。人々に恐怖を抱かせたり、不敬の罪に問うことで敬意を払わせようとする自分でないことは、プリニウスにも分かっているはずだ、と。一方、建築に関することは、ディオンに釈明させるべきである、プルサ市の利益の観点からも必要であり、かつディオン自身もそうする意向でいるのだから、と述べている。プラグマティカルにも響く言葉で、帝とディオンとのあいだに「真心の」交友があったという捉え方には留保がいる。人によっては、「[その手紙には]友人関係あるいは知り合い関係の印すらない」とも見られる。(2)

その釈明を含めて、どういう結果になったのか事後談は伝わらないが、ディオンの伝記一般でもそういう点には触れられないし、とくに問題なしと判定されたのであろう。不敬罪の言いがかりについては、ディオンが「悪霊 daimōn ponēros」と呼ぶ（四五-一）ドミティアヌス帝が相手であったなら、剣呑な立場に追い込まれたかもしれないが、総じてトラヤヌスには、以前のネロやフラウィウス朝皇帝たちによる「恐怖政治」

（1）Cf. Jones 111 sqq.　（2）Swain 43.

を忌避する穏健な感覚があったようである。

プリニウスの赴任の二年目、一一〇年に属するこの書簡以降まもなく、ディオンは死去したかと推測されている。

B 「ソフィスト」対「哲学者」の問題

さて、前でも触れたが、ディオン論で大きな問題となっているのが、「追放中に哲学者となった」というディオンの自伝的な説明その他に関係する「回心」論争である。

すなわち第十三篇『追放に関するアテナイでの弁論』で以下のように述べられる（九―一二）。追放処分を受けた後のことらしいが、彼はデルポイでアポロンの託宣を求めた、すると神は、追放・放浪は（むしろ）為になるよい活動になるので、「地の果てに行くまで」それを行なうようにと命じた、ディオンは、オデュッセウスがテイレシアスから受けた指示を想起しつつ（ホメロス『オデュッセイア』一一-一二一以下）、それに従うこととし、恐れたり恥じたりせぬよう自分を励ましながら、卑しい衣服を身に着け、（外見上の）ほかの点でも自分を「懲らしめ」ながら、各地をさまよった、出会う人々は、彼を「放浪者」と見たり、「乞食」だと呼んだりしたが、ある人々は「哲学者」だと言った、「そこから、少しずつ、自分でそう企てたわけでもなく、またそれを自分で誇る気もなしに、この〔哲学者という〕名称を得ることとなった」、ほかの人々がそう呼ぶのに対して、しょっちゅう抗うこともできなかったと、他人任せの成り行きの結果そうなったかのように言う。さらに付け加えて、この名称からは自分も得るところがあった、多くの人々が近寄ってきては、善とは、あるいは悪とは何であると思うかと尋ねるので、それに答えられるよう、こういう問題について考えることを強いられるようになった、また、人間にふさわしいことや為になることについて、公衆の面前で弁じるよう迫られもした、という。そういう「哲学的」問題に人生で初めて取り組むようになったかのような、またそれを公に初めて論じるようになったかのような説明である。この第十三篇の後半部では、「すべての人間が無思慮であるようにわたしには思われた」（一三）という導入句的な言葉で、アテナイ人やローマ人の無教育が道徳哲学的に批判され、いわば前記の成り行きの結実が示される形になっている。

オデュッセウスへのテイレシアスからの託宣を引き合いに出し、さらにカイレポンに与えられた、ソクラテスをめぐる神託や、ディオゲネスの神詣でをも想起させるここのデルポイ関連の記述には、神話的・哲学的英雄に自分をなぞらえようとするフィクション的格好付けがあるのではないかとも疑られ、ディオンの自己劇化の一例ではないかと評する向きがある。(1) ただ、デルポイの神託をうかがうこと自体はありえた行動であり、その内容も含めて疑るべきかどうか手がかりはない。

（1）Whitmarsh 187, 239. ディオゲネスのデルポイ参詣についてはディオゲネス・ラエルティオス『ギリシア哲学者列伝』六-二〇参照。また「哲学者への変身」について、ディオゲネスの、「そのこと［追放］があったればこそ、……ぼくは哲学をすることになった」という言を参照（同六-四九、加来訳）。

より問題なのは、あたかも哲学をやっとこのとき始めたかのような記述である。もしそうとすれば、ディオンはそれ以前は哲学者ではなかったということになり、その対比項は、ディオンがよく槍玉に挙げるソフィストということになるかもしれない。たとえば、若きアレクサンドロスへの訓導という内容の第四篇で、ソフィストは「生きる術すら知らない」と言われ、彼らからはよい教育の果実を得ることは期待できない、「無知ではったり屋のソフィスト」に出会ったら、あちこち引きずり回されて疲労困憊するだけになってしまう、「そういう男は自分で何も知らず、そのふりをしているだけ」で、「オデュッセウスの海上放浪よりもひどい彷徨を言説のなかで味わっている者たち」だ、ソフィストたちの「狡猾なこじつけやそういう論法」は無用である、などと論じられる（四-二九—三八）。またソフィストは一見「言説の達人」と見られ、その弁は高邁なものとして嘆賞されるのが通例とされている（同七八）。真の知と対比され、哲学者と比較される。

こういう哲学者とソフィストあるいは弁論家との対比は、プラトンの諸対話篇などに見える、古典時代からの伝統を受けている。プルタルコスもソフィストたちを非難する。他方、弁論家アリステイデス（後二世紀）は、逆に哲学者たちを批判しつつ、祭典を（式辞弁論で）飾り、神々をたたえ、市民に助言をなし、悲しむ者を慰め、都市の内訌を収め、若者を励まし、言論の気品に意を用いる、という弁論家的役割を哲学者はしないと述べる（第三篇『四人の弁護とプラトンへの反論』六七二［ed. Lenz / Behr］）。用語的には哲学者のほうが「ソフィスト」と呼ばれている（「口先だけの狡猾な者」の意味合い）。ただしアリステイデスはより以前の作品では、「最高の人間「人格者」が最高の弁論家である」（第二篇『弁論術の擁護とプラトンへの反論』四二九）として、倫理的に弁論家・弁論術を称揚する一方、プラトンが非難したのはへつらいであり、弁論術ではない、プラトンは弁論術の父・師である（四五四、四六五）などと宥和的・妥協的な発言もしている。

大衆迎合性や、外面的な華美や、知識・技術のひけらかしや、金儲け志向といった特徴が、ソフィストにつきまとう否定的イメージとして古来存するが、内実的な面について言うと、ソクラテスの頃のソフィストは、文化起源論や言語の本質論など、思想性や哲学的関心を多かれ少なかれ示したのに対し（『ソフィスト列伝』四八〇参照）、第二ソフィストと称されるこの頃の弁論家たちは、古典の研究に打ち込み、そういうモデルに関する知識を活用しつつ、言語表現の磨き上げに多大な労力を払い、効果的な口演に異常なほどの関心を注いだ。ディオン自身は、ソフィストの語をもっぱら否定的・非難的に、内実のない美辞麗句の徒といった意味で用いるが——三五-一〇では立派なソフィストもいると認めているが、やや皮肉な口調（二一-五参照）——、もともと「知者」の意味を持つ（プラトン『饗宴』二〇八C等参照）この語は、必ずしも否定的な呼び名ではなかった。(1) ソフィストを、弁論家（レートール）の一部として、おおよそ、より洗練された、高度な弁論家の名称とすることができるなら（『ソフィスト列伝』四八四）、(2) この時代のソフィストはとりわけそう呼ばれるのにふさわしい。しかし、言語表現への執着は現実との密接な関連性も保っていた。ピロストラトスの『ソフィスト列伝』からもうかがわれるように、「高度な弁論家」たちの、当時の社会における政治的・文化的な重要さは一般に十分に認められていた。彼らは、弁論の才を駆使して皇帝から財政援助を取り付けたり、外国から多くの弟子を引きつけたりするなど、母国に大きな威信をもたらし、経済的貢献もなし

（1）Moles 91.
（2）Cf. Bowersock 13; Sidebottom 71.

た[1]。有名なソフィストはその市の誇りであり、建物やコインなどと同様の栄誉と見られた[2]。富の点でも注目を集める存在であり、代表的ソフィストのポレモン（スミュルナ市民、ディオンより少し年少）のごときは、大名旅行のように派手な旅をして、人々の耳目を引いた（『ソフィスト列伝』五三二）。

そして、ソフィストと哲学者との対比についてすでにふれたが、確かに両者はある面では明確に区別された。まず外見的な区別である[3]。たとえば、ペルガモン人アリストクレスは、はじめはペリパトス派の哲学者だったのが、のちにソフィストになった。そして、「哲学を学んでいた頃は、身なりは無頓着でだらしなく、服装も薄汚れていたのが、いまではすっかり垢抜けて、無頓着ぶりをさっぱりそぎ落とし」（ピロストラトス『ソフィスト列伝』五六七、戸塚七郎・金子佳司訳）、劇場通いなどの楽しみを積極的に味わうようになったという。一種、自然対文明という対立が外面に現われていた。髭や髪の毛の点では、哲学者は剃らず、刈らずにいるのを通例とした。エピクテトスは「私が哲学者であるなら、髭は剃らずに済まそう」と述べた（『談論』一-二-二九）。また髪の毛も、犬儒派やピュタゴラス派では長く伸ばされた、ただしストア派では短く刈り込んだ。他方、あるソフィストは、「髪の毛を入念に整え、歯をぴかぴかに光らせ、爪を磨き上げ、いつも香油をぷんぷんさせている」（『ソフィスト列伝』五七一）となじられ、別のソフィストは、身体の毛抜きまでしているということで、毛深い——おそらく自然のままの——哲学者から非難された（同五三六）。ソフィストは髭を剃り上げはしないが、やはりよく手入れをしていた。「垢抜けた」都会人的なソフィストの衣装は華やかなものであったのに対し、哲学者はおおよそは質素な服、とくに粗末な（必ずしも不潔ということではない）外套トリボーニオンを身に着け、手には杖を握り、頭陀袋をかつぐことも多かった。それで、とくに犬儒派が乞食扱いされることもありうるとエピクテトスは認めた（『談論』三-二二-八九）。前記、ディオンの、「卑しい衣服を身に着け……各地をさまよった」、出会う人々は、彼を「放浪者」と見たり、「乞食」だと呼んだりしたが、ある人々は「哲学者」だと言った、という言葉の背景には、こういう文化表象的なパターンがある。もちろん「卑しい tapeinē 衣服」というのは、放浪の身で、とくべつ目立った様子をしていたということだろうが、都市の中で見かける哲学者たちも、多くは、「肌着（キトーン）なしに外套（ヒーマティオン）だけを身に着け、髪とあごひげを伸ばし……」という特有の外見をしていたらしい（ディオン七二-二）。ディオン自身もそういう格好で現われることがあったらしい（三三-一二「粗末なトリボーニオン」、三四-二、三五-二「長髪」）。

公的・社会的な役割については[4]、前記のアリステイデスの哲学批判で挙げられている諸点のうち、祭典の式辞を述べるというのは確かにもっぱらソフィストに委ねられた役であり、公式プログラムに組み込まれえた。アテナイのゼウス・オリュンピオス神殿の落成式で、ポレモンが演説をした例がある（ピロストラトス『ソフィスト列伝』五三三）。

しかし市民に助言をしたり、人を慰めたりすることは哲学者も行なったわけであり（ディオン二二-五など参照）、役割は重なっている。それを劇場（民会場）のような公的な場所でしたか、より私的なあるいは小規

（1）Bowersock 47.
（2）Bowersock 90.
（3）Sidebottom 76 sq., 83 sq.
（4）Sidebottom 73.

模な環境で行なったかどうかという違いは、一般的にはあったかもしれない。少なくともクインティリアヌスは、哲学者は公の集会には現われないものと言っている（『弁論家の教育』一二-二-七）。セネカは、哲学者の大衆嫌いを表明する（『道徳書簡集』七-一以下）。ディオン自身もそういうことを述べる（三二-八）。ところが、この頃には、哲学者――心ある者から見ると偽物だが――が大聴衆の前で、そして朗々と、口演することも行なわれるようになった。[1] 五〇〇ないし一〇〇〇人の聴衆という数字も聞かれる（エピクテトス『談論』三-二三-一九）。アリステイデスの役割区別論は総じて否定される。[2] ただ、ディオンによると、弁論家（政治家の意味合いを含む）は個別的な問題を、それが出現する都度、「即興」で論じるが、哲学者は以前からものごとを考察していて、あらかじめ見通しを持ちつつ、より大きい視点から発言するという（二二-三以下）。

総じてこの時代の哲学者と弁論家は、お互いに近寄ってきている。まず教育的経歴や素養が重なっていた。当時の教育制度として若者は初等教育・中等教育を受けた後、高等教育として弁論の習得に進み、そういう学校教育を終えてから哲学を学んだ。したがって、たいていの哲学者は――一部の犬儒派哲学者は別として――、弁論術的な教養をしっかり有していた。[3] 弁論術と哲学と共通のトポスも用いられた。[4] 自分の言説をソフィスト的に弁じる哲学者は少なくなかった。また一般の傾向として、この時代には、論理学や自然学より、むしろ道徳哲学的・人生論的な問題がより追究された。[5] 「二世紀には哲学諸派は大衆的になり、生き方の探求を中心とする宗教運動に近いもの」になったと言われる。[6] ディオンも、自然学や論理学への関心は乏しく、[7] 道徳哲学に傾斜している。彼にとって哲学とは良識的道徳論であり、良き人格者（カロス・カイ・アガトス）になるための精神的努力である（一三-二八など）。そういう道徳論は、弁論術でも視野に入れられ利用される。

したがって、「ソフィスト的哲学者」と称すべき人々も見いだされた。見方により、逆の順でも言いうる。ピロストラトスは、「哲学者の中でその説を淀みなく説き明かす人たち」もソフィストと呼ばれたとして、数例を挙げている（『ソフィスト列伝』四八四以下、戸塚・金子訳）。プルタルコスも、「ストア派のソフィスト」に触れている（『食卓歓談集』七一〇b）。古い時代の人々に関しても、ディオンは、哲学者と弁論家（政治家）には共通の公的課題があるという観点から、ソロンらを哲学者とするか、弁論家とするか、どちらも可能という趣旨のことを述べる（二二-二）。外見的な相違は慣習的にあったとしても、言説の性質や内実においては、哲学と弁論とは融合しつつあり、区別しがたかった。[8] 医学なども含め、知的営みの諸分野が絡み合う状況であった。[9] すでにキケロが、弁論家と哲学者の称号を区別するのはあまり意味がないという趣旨のことを述べている（『弁論家について』三-一四二）。前一世紀に、弁論と哲学との部分的宥和が成った、雄弁な哲学者と哲学的弁論家とはほぼ重なり合うとケネディは言う。[10]

（1）Jones 9.
（2）Bowersock 11.
（3）Sidebottom 72.
（4）Russell ad 12. 27（神の摂理）参照。
（5）Jones 9.
（6）R・L・ウィルケン『ローマ人が見たキリスト教』三小田敏雄ほか訳、ヨルダン社、一九八七年、一三四頁。
（7）Swain 7.
（8）Bowersock 11; Jones 9; Whitmarsh 158 sq.
（9）Bowersock 113.
（10）Kennedy 220.

そしてディオン自身に関してピロストラトスは、「ソフィストと称された哲学者」のなかに入れつつ、「すべての面で卓越した才能を持っているため、彼を何と呼んだらいいのか、私にはわかりかねる」と言う（『ソフィスト列伝』四八六、戸塚・金子訳）。哲学（者）の語もソフィスト（術）の語も彼に適用し、さらに『ゲタイ誌』における歴史家的才能をも讃える。シュネシオスの言う「追放後」においてディオンは哲学者を自称するが、人からはむしろソフィスト扱いされることもあったかもしれない。[1] 故国で行なった演説で、自分は敵から「ナイチンゲール（アエードーン、夜鶯）」だとなじられる、という。その表現に便乗して、少し自虐的に、自分は愚かなセミに似ているかもしれないとも述べる（四七-一六）。これらは歌う動物の代表であるが、弁論家やソフィストの慣習として、聴衆を魅惑するため歌うように演説することがあった（ルキアノス『弁論教師』一九等）。その相手を「ソフィストの一人」と言っているので、要するにお互いに「ソフィストだ」となじり合っている形であるが、それはともかく、当時の敵ならずとも、プロではないにせよ、ソフィスト的な面がディオンには見られるとする近代人は多い。[2] 哲学者すなわち思索的、ソフィストすなわち文体・文飾志向とおおまかに分けるとしても、両面が融合している時代的状況では、一人においてどちらがより優位か、見る者の視点によって異なりうる。また、どちらも同等にあると見られることもありうる。あるアテナイ人は、「言葉においては弁論家（レートール）、思考においては哲学者」と碑文で記されている（カイベル編『ギリシア碑文集』一〇六）。[3] さらに、またあらためて述べるが、ディオンには、この二つのカテゴリーを含めそれを超えて、ソフィスト、哲学者、政治家（政治弁論家）、文芸批評家、あるいは創作家（小説家）、あるいは歴史家といった多様な側面が存する。[4] ディオンは何者と称されるべきか、ピロストラトスを含めてわれわれを悩ませる問題なのである。

そこで、第十三篇での「追放・放浪中に哲学者になった」という自伝的記述に戻ると、ディオンの「哲学する」とは、「自分自身に意を用いること」、「優れた人格者（カロス・カイ・アガトス）になることを求め、そう努めること」、あるいは人々をさとしながらそのような方向に促すこと、といった大まかな意味で言われている（一三-一八、七二-九等）。ムソニウスが端的に「哲学するとは、カロカガティアの追求である」と述べているのに通じる（第八篇三八（Hense））。

確かに、そのように道徳哲学的な態度で論じる言説は、第十三篇を含めて追放中またはその後の成立と見られる諸作品のなかで見いだされる。しかし、たとえば第一篇（追放後の作）でトラヤヌス帝を（想定上の）聴き手として説かれる理想的王政論は、哲学的言論と称するべきだろうか？　ムソニウスが、あるシリア王に対して弁じたという『王たちも哲学すべし』という論（第八篇）では、名目上は「哲学すべし」の観点から論じられるが、この「哲学」は前記のように「カロカガティアの追求」というほどの意味である。ところが、こういう「君主教育論」的言論の嚆矢となった『ニコクレスに与う』などの作で弁論家イソクラテスは、王にふさわしく有益でもある「美しい生き方［営み］kala epitēdeumata」（三八）について訓戒を並べるのであ

（1）Moles 93 n. 118.

（2）E.g. Bowersock 112.

（3）Cf. Bowersock 12 sq.

（4）Cf. Hirzel 2, 90 sq.（Volks-und Gerichtsredner, Prediger, Briefe, Dialoge, Novellen, historische Werke, Grammatiker, Kritiker）; Saïd 180.

り、「王たちも（カロカガティアを追求して）哲学すべし」と述べるムソニウスの論と性質上大差はない。同様に、ディオンの第一篇なども、哲学的とも弁論的とも称しうるのである。

ディオンがソフィストを非難するときは、美辞麗句だけで内実がないという意味合いを持たせているが、その言説に内実や真理性があるかどうか、判定は主観的にならざるをえない。言論者の外見はともかく、言説の形式面からはほとんど区別不能というのが、諸分野の絡み合う[1]当時の状況であった。

そしてとくにディオンの場合――彼自身はよく哲学者と弁論家あるいはソフィストを対比して自分を前者の側に置きはするものの――、そういう区分は意味に乏しい。プロ的なソフィストでもなく――自分の「言論にかかわる未熟」を戯れ半分ながら公言するのはソフィストにはあるまじき態度と思える（四二‐三）――、徹底した哲学者でもないというのが彼の真の姿であろう。彼自身は、「自分は哲学者だ」と（状況に応じ）述べることがあるとしても、われわれはむしろ客観的に判断すべきである。

単に美辞麗句をこととする者、あるいは「論争のための論争……空虚の論をもてあそぶ」徒の側面は彼には乏しい（イソクラテス『ソフィストたちを駁す』一、小池澄夫訳）。『鸚鵡の讃美』（散逸）や『髪の讃美』（ロウブ版五‐三三二頁以下）といった遊戯的な作も書いたが、犬儒派のモニモスに、「真面目さをひそかに混じえた幾篇かの戯れ（パイグニア）」の作があったと伝えるように（ディオゲネス・ラエルティオス『ギリシア哲学者列伝』六‐八三、加来訳）、そういう遊戯をソフィスト的と限定することもできない。それに、ディオンの『髪の讃美』は必ずしも軽薄な調子のものではない。ムソニウス的な、哲学者の長髪の称賛（第二十一篇）に通じている。

他方、哲学的言説を述べたり引いたりはするが、何か特定の学派や教義に縛られているのではない。たとえば第六篇など、いくつかの「ディオゲネスもの」(ディオゲネスに中心的役割を与える対話篇など) を書いたが、犬儒派に真剣な忠節を捧げている彼ではない。放浪中の自分が乞食のようにも見られたという点を半ば興がっているように聞こえるが、第六篇などでも記す、乞食狂人的ディオゲネスの奇矯な言動まで真似はしない貴紳である。追放中は、木植えや、土堀りや、水汲みなどの労働をしたというが (ピロストラトス『ソフィスト列伝』四八八)、文字どおりの乞食をしたとは伝えない。こういう点ではむしろストア派的な矜持を保っている。ディオンに影響を与えたムソニウスにも、犬儒派の主義 (禁欲論) への共感とその極端さの忌避が見られる。貴族でありながら (部分的に) 犬儒派的という「パラドックス」の背景には、やはりディオンのバランス・中庸感覚があると思われる。

　ディオゲネスは「世界市民」や世界国家の思想でポリスの枠を超越しようとした (ディオゲネス・ラエル

---

(1) Bowersock 113.
(2) Hirtzel 2, 77.
(3) Montiglio 197 n. 57.
(4) ディオゲネスはプラトンから「狂ったソクラテス」と称された (ディオゲネス・ラエルティオス『ギリシア哲学者列伝』六-五四)。
(5) Cf. Montiglio 196 sq. 彼を、ストア派のムソニウス、エピクテトスと並べるルキアノスは、その派の者と見ているのかもしれない (『ペレグリノスの最期』一八)。
(6) Dudley 190. ただし、犬儒派の乞食容認に批判的なセネカは、犬儒派デメトリオスはそれを拒否したと述べる (「幸福な生について」一八-三)。犬儒派のあいだでもこういう点で考え方の違いがあった。
(7) Brenk 261.

ティオス『ギリシア哲学者列伝』六-六三、七二)。しかしディオンはプルサの貴族として祖国愛に執着する。ただ他方では、都市間の「協和」への訴えにおいてグローバルな志向を示しており、より大きく言えば、帝国全体の「協和」、あるいはそのモデルたる宇宙的「協和」への思いとつながる。何か一方に偏することはなかった人物と言える。哲学の面でディオンはより犬儒派的か、ストア派的か、微妙である。[1] ジョウンズは、「ディオンは追放中に犬儒派に傾いたが、その後ストア派に戻った」、「エピクテトスのように、ディオンは犬儒派的理想を讃嘆するストア派であるが、称号を詐称するペテン師(偽物犬儒派)のことを遺憾に思うのである」と述べる。[2] 第六篇など、一連の「ディオゲネスもの」を追放中の作品と見ているのだろうか? ディオゲネスを主たる論者とする第四篇は、トラヤヌス帝を意識していると見られるが、これはどうなのか? ディオンがある時期から思想的・創作傾向的にそれ以前とははっきり異なる道をたどったとするのは、少なからぬ無理を犯すことになる。ディオンは「半分弁論家として、哲学の特定の派に、いつも変わらぬ程度で束縛されていることはなかった」というヒルツェルの見立ては正しいと思われる[3](ただしディオンを端的・明瞭にソフィスト扱いする点には賛同できないが)。彼が終始犬儒派的に発言したとも言えないし、はっきりストア派と色分けするのも事実にそぐわない。

プラトンへの敬意も随時示すディオンである。しかし、プラトンを愛読したことは間違いないが——たとえば追放中に『パイドン』とデモステネスの第十九弁論『使節職務不履行について』を携えていたという(ピロストラトス『ソフィスト列伝』四八八)——、イデア論のような最もプラトン哲学的要素には関心を示さない。[4]

前記、第十三篇で触れられる、追放・放浪中に人々から哲学者と呼ばれるようになったという成り行き任せ的な「転身」は、追放中に哲学者になったというより、もっぱらそういう役割を求められる状況にいたったということであろう。それにディオンはよく適応したのである。諸作品間の形式的、傾向的相違は、一つには、取り扱う対象の、あるいはそれぞれの機会の多様な相違に対応すると見られる。[5]「回心」と言えるような本質的な変化がディオンの内部で起きたわけではあるまい。[6] 哲学的・思想的な面に限らず、文芸批評においても、たとえばホメロスに対して、あるときは讃美的に、あるときは厳しく批判的に述べる彼である。上流社会階級に生まれ育ち、若いときから政治的に重要な立場に置かれて、自分の家や故国のさまざまな利益のために行動する役割を担った彼は、種々の機会において、そのときどきの状況に合わせた柔軟な発言を行なうことを必要とした。ディオンの言説の多様性は、いわばオデュッセウス的に臨機応変な言論者の、現実への対応の仕方であったろう。ヒルツェルはそれをもっぱら「ソフィストだから」と説明するが、[7] そこにはディオンのパーソナリティも関係しているはずである。モウルズらのように、悪意的に見れば、無節度または食わせ者的にも映るが、[8] むしろ全体にディオンのバランス感覚が働いていると思われる。

(1) Cf. Hirzel 2, 92 (n. 1, 2).
(2) Jones 49.
(3) Hirzel 2, 77.
(4) Brancacci 245.
(5) Hirzel 2, 86.
(6) Cf. e.g. Jones 50; Brenk 262, 268.
(7) Hirzel 2, 90 sq. (sophstische Versalität).
(8) Cf. e.g. Moles 85 sq.

ムソニウスに対しては、アルニムらが言うように、敬意は抱いていたが、ある程度距離のある関係だったのではないか。[1] その講義を聞いたこともあるかもしれないが、思想的影響は得たとしても、ディオンの現存作全体を見るかぎり、直接的な緊密な交流はなかったとみたほうがよさそうである。彼によって回心させられた、といった強烈な体験を反映する言葉や資料はどこにも見いだされない。憶測になるが、『ムソニウスへの反論』も、（早い時期の）客観的な議論の書だったのではないか。

言語表現の彫琢や口演の効果に異常なほどこだわったソフィストたちのこの時代は、総じて「敏感すぎる hypersensitive」特徴を持つと言われるが、[2] それを思うと、ディオンの一種良識的と言うべきバランス感覚はむしろ貴重である。彼の文体は「比較的抑制された伝統」のそれに属する。[3] フイットマーシュは、「プロテウス的な「のらりくらりした」文体」と評するが、[4] それも一種のソフィズムと見るにしても、過度や偏りや誇張や奇矯さを避ける慎重な態度の反映とすべきである。性格的な面について、アンダーソンは、ディオンの「人格におけるソフィストと哲学者との意図的なバランス」を指摘する。[5] （若いときの）彼をやや浮薄にも描くピロストラトスも、「その攻撃には厳しいところがあったが、それにはいわば香辛料のように、穏和さが混ぜ合わせられていた」などと、その言説の性質の混和性を述べる（『ソフィスト列伝』四八七、戸塚・金子訳）。「黄金の口」のディオンは生涯弁論活動から離れることはなく、言語表現の技術をつねに意識し続けたことは確かだが、ケネディの言うように、実際的な知恵の持ち主を真のソフィスト「知者」と呼ぶなら、[6] 当時の知恵ある弁論家の代表的な一人が彼である。

逆に、公衆相手の弁論を厭わぬ哲学者とも評しうる。一般に哲学者が大衆嫌い・外出忌避を標榜することがあった（セネカ『道徳書簡集』七-一以下）。ディオンも、哲学者のそういう傾向に言及する（三二-八）。ディオンは、自分では、軽薄なソフィスト術のみならず弁論術を哲学と対比し、自分を後者の側に立たせて発言することがあるが、それも何か弁論的な言説のなかで行なっている。表に出ることを厭わぬ哲学者だとも言える。

しかし、そもそも当時の人々自身の観念において、弁論家・ソフィストと哲学者とがはっきり区別されていたか疑問であるし、実態は融合が進みつつある。たとえばディオンの代表作の一つ、第十二篇は、弁論と哲学との融合を果たした好例を見せている。とくに、ペイディアスによる仮想弁明という形式のなかに、宗教論や芸術論を盛り込んでいる。ケネディは、弁論から説教（sermon）への移行がここに見られる、ギリシア文化的理想が説かれている、と言う(7)。あるいは、『王政論』に関連して、（理想の王政に関する）ディオンのストア派的・犬儒派的『福音書』ということまで言う人もいる(8)。しかし彼をしかつめらしい説教者やモラリ

（1）本訳集第二分冊二六五頁その他で「師……ムソニウス」と書いた点は修正したい。彼からの影響は認めうる。
（2）Bowersock 74.
（3）Kennedy 568.
（4）Whitmarsh 160（「プロテウス的」という評語は、すでにHirzel 2, 90に見える）。プルタルコスの、蔦のように重く絡み合っている感をときに与える文章や、平明だが軽いとも思わせるルキアノスの文体と比べて、ディオンのそれは、いわば流麗でしかも複層的である。
（5）Anderson 159.
（6）Kennedy 569.
（7）Kennedy 577 sq.
（8）Rostovtzeff I, 119.

ストとばかりに見なすのも一面的であり、彼にはやはりソフィスト的に遊びを楽しむところが晩年まであったに相違ない。前記『髪の讃美』等は比較的老年期に属するかもしれない。

ディオンを、ピロストラトス流にソフィスト的哲学者と呼んでも、哲学理論を活用するソフィストと称しても、大差はない。

C　作風・作品紹介

言説におけるディオンの多様な顔

ディオンは、ピロストラトスには、どう呼んだらよいか分からぬ人物ではあるものの、おおよそは「ソフィスト的哲学者」と映ったが（『ソフィスト列伝』四八六―四八八）、近代においては、彼はもっぱら「弁論家（orator, rhetor）」と呼ばれ、そういう称号とともに紹介される。たとえば近代で最も古い刊本に属するトゥリサヌス（F. Turrisanus）のテキストは『ディオン・クリュソストモスの弁論集（Orationes）八〇篇』と題され、ドゥ・ビュデによるトイプナー版その他でも、多く、彼の『弁論集』と銘打たれる。リドル・スコット編の『希英辞典』では、彼に「ソフィスト」のラベルを付しており、これは彼を「第二ソフィスト」の一人として表示しているのだろうが、やはり弁論家という色分けに従っている（ルキアノスやピロストラトスも「ソフィスト」としている）。

発表形式の観点からは、哲学というより弁論の作品群と称するのは適切かもしれない。たとえば、哲学者と弁論家（レートール）との共通点と相違点とを論じる第二十二篇では、そういう対比で自分が哲学者の側にいることをそれだけ強調するわけであるが、そのような論も、どこかの会場で演説している。当時、哲学者の大聴衆相手の演説が行なわれたことには前記で触れた（エピクテトス『談論』三‐二三‐一九）。最初のアウトプットの形式はやはり口頭——演説のほか、原稿の読み上げ（第三十六篇等）を含む——が大部分なので、この点も「弁論」的ではある。しかし、ディオンには——当時のほかの弁論家・哲学者たちもある程度同様だったはずだが——、今日の著作家のように刊行書でもって世に問うという発表の仕方も試みられた。自己弁明的・自伝的な第四五篇で、「悪しきダイモン」ドミティアヌス帝を公然と非難したと述べているが、そのさい、それを「弁じもし、書きもした」という（四五‐一）。読書日誌のような第五十二篇『アイスキュロス、ソポクレス、エウリピデスについて、またはピロクテテスの弓について』——アイスキュロスら三大悲劇作家のピロクテテス劇に関する論——は、最初から書として世に示すつもりだったかもしれない。また第六十七篇のように、彼と誰かとの対話が傍の者に速記的に記され、それが公刊された場合もあったと推測されている。書簡も伝わる。たとえば、政治活動に身を捧げようとするある裕福な男宛に、政治弁論の参考として役に立つ古典作家について、詩人や歴史家や弁論家の名を順次挙げながら推薦する第十八篇は、その教育論的な内容で有名である。ただし書簡形式は虚構で、むしろ論説であろうとも解される[1]。

要するに、ディオンの作は「弁論」オンリーではない。今日の読者がこの語で思い浮かべるような枠に留

(1)「ルフス」その他にあてた書簡は真偽不明である（ロウブ版五‐三五四頁以下）。

まらない言説の多様性が、ディオンだけにということではもちろんないが、とくに彼に顕著に認められる。しかし発表形式やジャンルの問題だけではなく、ディオンの言説の多様性は、その性格、志向するところが、作品間でまちまちに見える部分もあるという点にも現われる。一括りにしにくいということであり、彼の言論者としての本質は何かという問題にもかかわってくる。その「捉えがたさ」という印象に通じることにもなる。見方によれば、やはり「捉えがたい」作者だと言われるルキアノス（ディオンより七〇年ほど後の人）にましてディオンはそうだと言えるかもしれない。ルキアノスは基本的にパロディーを含めた遊戯の作者であるという点では一貫している。それに比べ、ディオンをどう呼んだらよいか分からぬと言ったピロストラトスの戸惑いは、ある意味もっともなのである。

それはともかく、彼の作品はけっきょくどう総称すべきなのか？　いま述べたように、「弁論」の語はこのためには適切とは言えない。ロウブ版のテキストでは discourses という語がタイトルに含められており、この英語はもっぱら演説や講演を表わすであろうが、さらに広く言説一般にかかわる意義も持つので便利である。本訳集では、とりあえず慣例的な表記でディオンの『弁論集』としているが、もしそれが日本語の書名としておかしくなければ『言説集』のほうがよいかもしれない。あるいは、あまりにそっけないということでなければ、『作品集』であろう。

第二ソフィストたちがことさら身体的パフォーマンスを強調した場合もあるが（ルキアノス『弁論教師』一九等参照）、ディオンにおいては、哲学者ぶった杖などを携えることはあっても、外見・身体行動よりはもっぱら言説を介してそのパーソナリティが表わされようとする。[1]そしてその言説のさまざまな様相から彼の相貌の多様性が知られる。以下でその諸側面を、代表作の一部にも適宜触れつつ、見ることにしよう。

政治的助言者としてのディオン

ディオンの言説の重要な活動領域は、弁論の伝統的な三ジャンル分類の観点から言うと、政治助言的・政策討論的な弁論（bûleutikon）にあった。少なからぬ代表作品が、市民や評議員や一般人など、公衆の前で話された政治弁論に基づいている。[2] こういう口演活動に「弁論」という表記が相応することは言うまでもない。

彼の法廷弁論（dikanikon）は伝わらないが、それもときには行なった。たとえばプリニウスを判事とする裁判で、彼が弁明的陳述をしたという一件がある（前記）。しかしある箇所で、法廷には、必要やむをえざる場合を除き、それまで一度しか現われなかったと、いくぶん誇りを込めて述べるので（四三-六）、個別の小さな案件を扱う種類のものは彼に好まれた分野ではなかったらしい。祖国などコミュニティ全体の運命やその方向を決める政治弁論の重みのほうを選んだ貴族である。仮想裁判の類いは作中に取り込んでいるが（一二-四八以下）、これは大神ゼウスを芸術でどう表現するかという、高貴で重大な主題に関連付けられてい

(1) ディオンが、ライオンの毛皮を着てもったいぶったという『スーダ』の記述（ロウブ版五-四一六頁）はどこまで信用できるのだろうか？

(2) 聴き手として、大きな聴衆を前にすることが多かったであろうが、皇帝の面前で、ということもありえはした。限られた知友を相手にした、「ディオンの仲間の（知的）喜びのための」、より私的な作品（講演などと呼ぶべきもの）もあったと思われる（Swain 6）。

る。

しかし『鸚鵡の讃美』などの遊戯的な演示弁論（epideikrikon）も手掛けることがあった。一種の気晴らしであろう。伝統的な追悼演説の作もある（第二十九篇『メランコマス Ⅰ』）。宇宙のありさまや変動について哲学的・神話的に語る第三十六篇『ボリュステネス篇――祖国での朗読』のように、「哲学的演示弁論」と称されるものもある。またディオンの作品では、第三十二篇など、市民を非難・叱責する調子のものがいくつかある。「非難（プソゴス）」は「称賛（エパイノス）」とともに、ジャンル的にはとくに演示弁論の特徴にされるが（アリストテレス『弁論術』一三五八b一二―一三）、そういうディオンの弁論では何か政治的な語りかけを意図しているとも見られる。「演示弁論」の部には雑多な種類のものが含まれる。ジャンルはともかく、ここではそういう非難の弁論も政治的助言の文脈のなかにある作として扱う。

『ロドス弁論』、『アレクサンドリア人に対する弁論』その他における痛烈な非難

政治的弁論に属し、現存作全体で最も長大な第三十一篇『ロドス弁論』は、古来彫刻術で繁栄するロドスにおいて、古い彫刻の銘だけを取り換えたうえで「新古」作として供給する当時の不誠実な慣習を、ロドス人たち自身に向かって非難し諭そうとする。当時のギリシア世界の一断面を伝える興味深い歴史資料でもある(1)。

これは、祖国を離れた他都市で、しかも、「放埒な国に対してはよく非難を浴びせていた」とピロストラトが言うように（『ソフィスト列伝』四八七、戸塚・金子訳）、そこの市民にとって快くはない批判的内容をかな

り前面に押し出した弁論であり、よそ人もじっと——不満げに騒ぐことも多少はあったろうが——聴き入るディオンの「国際的」名望を物語っている。

類似するほかの弁論として、たとえば第三十二篇『アレクサンドリア人に対する弁論』では、アレクサンドリア（アレクサンドレイア）の市民の「不真面目」な気質・無思慮や、政治的社会的な騒乱傾向を非難し、それとの関連で彼らの音楽狂ぶりとか、競馬などへの熱狂を辛辣に表現する。「あなたたちは、［いま集会場（劇場）に来ているアレクサンドリアの］諸君よ、少しの時間だけ真面目になり、話を聴く気になってくれるだろうか？というのも、君たちはいつも遊んで過ごしており、何かに注意を払うことがない。そして、言ってみれば、遊戯や愉しいことや笑い事にけっして不足することがない。なぜなら、君たち自身が剽軽で愉しい人々であり、そのような事柄に仕える人間をたくさん持ってもいるのだから。だが真面目さは君たちにはまったく欠如していることをわたしは目にする」（三二-一）、と冒頭から厳しく切り出す。

ふだんは節度があるが、いったん劇場や競走場に入ると、「歌や競馬に狂わされ……自分たちにふさわしい行動を何らせず」、それ以前の自分たちの振る舞い方を忘れて、思いつくことを何でも言ったりしたりすることを恥じない民だ、と外国人から見られているという（四一）。

（1）この作は、有名な人文学者カサウボンによって、その精妙さや豊富な議論のゆえに誉められたというが（Swain 18）、ケネディは、もとの弁論が後の編集によって拡張されたと見る（Kennedy 572）。同工異曲的にくどく、長すぎるという印象を解説者には与える。

劇場（政治議論を行なう民会場にもなった）では、アレクサンドリアだけに現われる輩である「キタラー弾きの犬儒派 kitharōidoi Kynikoi」（六二）たちが幅を利かせているという。テバイの神話では、アンピオンが竪琴伴奏の歌によって石を動かし、城壁を建てたと言われるが、こちらの手合いは、市を「転覆させ、滅ぼしてしまう」と述べ、さらに楽人オルペウス（オルフェウス）を引き合いに出して、歌により野獣を馴らし、音楽的な（調和のとれた）ものたちにした彼であるが、この犬儒派的歌人たちは、「君たちを、人間であるのに、野蛮にし、無教養にする」と罵倒する。

オルペウス関連ではもう一つ、アイソポス（イソップ）的（六三）変身寓話も聞かせる。アレクサンドリア人は、楽人の歌に聴き入った（非理性的）動物の成れの果てであるという。オルペウスの死後、悲しむ動物たちが人間に変わり、マケドニア人となってアレクサンドリアに移住した、「それでアレクサンドリアの民は、ほかの誰よりも音楽に引きずり回され、どんなものであれキタラー琴の音を聞くと、オルペウスへの思い出から、我を忘れて身震いし出す。そういう素性なので、「アレクサンドリア人の」性質は軽く無思慮なのである」（六五）。いにしえの、もっともらしい神話を持ち出し、しかしそこに皮肉な神話改変を加えており、(1)さらにはプラトンの「ムーサの徒」としてのセミの神話——歌好きの人間からセミへの変身譚（『パイドロス』二五九B—D）——を愚弄的に利用しているので、(2)彼らの軽薄さへの批判がよけい辛辣に聞こえる。

ほかにも、競馬（馬車競争）関連では、タラクシッポス「馬を乱すもの」というオリュンピアの神は、以前は、競走路の真ん中のところで馬にパニックを引き起こし、馬車の破壊をもたらすならいであったが、祭壇を奉られ祀られるようになって以降は宥められ、いまはその場所は安全になっているが、「わたしは君たちに、それよりももっとこの神を宥め、同じ祭壇を奉るよう忠告する——断じて、馬たちのためではない、君たち自身のためである。君たちが〔競馬観戦で〕かき乱され、秩序をなくしてしまわないようにするためだ」などと言う（七六―七七）。

音楽や踊りや競馬に熱中するアレクサンドリア人たちは、「たくさんのパンと競馬の見物席さえ与えておけばよい」民だということで、「支配者〔ローマ人たち〕に安く eutelesteroi 見られている」とも言う（三二）。

ところで、こういう音楽や競馬への彼らの熱中を非難するのは、それ自体のためではない。そういう点に見られるアレクサンドリア人の軽躁性は、政治の成り行きや国全体の運命に重大な影響を及ぼす。彼らの生は、全体が、一つのコーモスに化しているかのようだと言う。コーモスは、酩酊した者たちの一団が、にぎやかに市中を練って歩く風習である。しかしアレクサンドリア的なコーモスは、「楽しいものではなく、温和なものでもない、いや、野蛮で粗暴なものであり、いちどきに踊りつつ、唄を歌いつつ、人殺しをしつつ進む人間のものなのだ」と、一種ならず者の群れの行動に属せしめる。それから彼らの政治的資質や振る舞いに論を進めて、「君たちは〔支配することはおろか〕うまく治められることさえ知らない。だから、もしも君たちが指導者〔＝ローマ人〕を得ることがなかったら、きっと救われることさえ難しかっただろう」と述べ、その「証拠」として、かつての政治的混乱とその顚末を引いて、「君たちがまだ独立していたあいだは、その王は、笛のことに時を費やさないことは絶えてなく、このことだけに心を用いていたし、君たちのほうは、

（1）Anderson 156.

（2）Saïd 169 sqq.

彼に対しては憎悪を向け、お互いに対しては内紛を企てていた」と言う。プトレマイオス十二世[1]というエジプト王（前八〇から五一年の治世、次の十三世は有名なクレオパトラ七世の兄弟・共治王）は、笛の術にのめり込み、「笛吹き」というあだ名で呼ばれた。親ローマ的な彼をよからず思うアレクサンドリア人たちに追放され、ローマに逃れたが、シリア総督のローマ人の援助で三年後に復帰した。エジプトとアレクサンドリアが独立を完全に失い属州となるのは、前三〇年オクタウィウス（後のアウグストゥス）によるが、ここではその運命の先駆け的な出来事として、ローマの政治介入を挙げている。そのことを、「けっきょく、彼［十二世］は笛を吹くことで、そして君たちは踊ることで、この国を滅ぼしたのだ」と表現する（六九—七一）。

その騒乱気質は、最近も表に現われた。ローマの監視や干渉が近ごろ強化されたらしいが、それは不穏な動きを見せたアレクサンドリア市民自身が招いた結果である。「いまも君たちは、これほどによい指導者［ローマ人総督］を持っているのに、君たち自身に対する猜疑を彼らに抱かせてしまった、それで以前よりももっと用心深い警備が必要だと彼らは思うようになったのだ」と批判して、何かの折りに騒ぎ立てた彼らが、（警備の者に対して？）大胆にもからかいかけたり、手当たり次第にものを投げつけたりしたという振る舞いを指弾する（七二）[2]。

ローマの支配と権威を暗に容認・支持しつつ、同胞ギリシア人の賢明な「治められ方」を、厳しい言葉とともに勧告しようとするディオンである[3]。

第三十三篇『タルソス弁論 I』では、タルソス（小アジア半島南岸、キリキア地方の都市）の市民に rhenkein の悪習があると非難する（三三等）。これは、学者たちの関心を引き議論の的になっているが、ディオンがそれで何を指しているのか、不明確である。ふつうは「鼾をかく」という意味で使われるが、ここではタルソス人の昼の行動について言っているので（三四「昼間に寝ているこういう人間たち」参照）、「鼾」ならぬ「鼻唄」を唱える者たちということであろうか。そして、やはり音楽的風習を政治的混乱、無秩序や道徳的堕落と関連づけて批判しているように見える。その「鼻唄（?）」を、「男のでも、女のでもない声」などと言う（六〇）。そのように、この弁論でもずいぶん過激な非難を浴びせている。[4]

他にも類似の作があるが、こういう弁論では、発言の率直さ（パレーシアー）をトレードマークとした犬儒派的行動が一つの模範にされているであろう。文学ジャンル的には、アルキロコスや古喜劇における特色「毒舌（アイスクロロギアー）」とそれはつながる。[5] また、もともと弁論術では「称賛（エパイノス）」とともに「非難（プソゴス）」が伝統的な言説要素であった。

ただ、こういう高飛車な口調の弁論の背景には、ローマの権威の後ろ盾があったとも見なされる。皇帝の

（1）ロウブ版の註記（三-二四〇頁註3）で十一世としているのは誤り。

（2）Rostovtzeff (II, 586 n. 17) はアレクサンドリアのユダヤ人による騒動と関連づける。この頃のギリシア一般の「反ローマ」的態度・行動について、Rostovtzeff I, 116 sqq. 参照。

（3）ローマ人から与えられた自由に「甘受」することなどを説くプルタルコスの論（『政治家になるための教訓集』八二四C等）を Rostovtzeff (II, 586 sq.) は参考に引く。

（4）しかし、Bost-Pouderon (7) は犬儒派的非難のパロディーに近いと見る。

（5）Hawkins 186 sq.「タルソスにおけるアルキロコス――ディオン・クリュソストモスの『タルソス弁論 I』」参照。

「代理人」[1]とか、帝国の「監査官」[2]とかと称される役割である。たとえば辛辣な第三二篇においても、トラヤヌス帝の使節として何かメッセージを携えてきているとアルニムらは考える。[3]そうとしたら、属州市民たちが、外国人の厳しい言葉を（とりあえず）おとなしく聴いているのは理解できる。

しかし他方では、ギリシアの歴史の輝かしい一面や文化的伝統を誇りに思う政治的・知的エリートの一人として、ディオンは、自国・他国を問わずギリシア人のあいだにときに見られる政治的無秩序や無能に慨嘆していたはずである。それは、支配者ローマ人に軽んじられる結果ももたらし、足の引っ張り合いの悪しき伝統は、いわばギリシア病として彼らに笑われもする（後記）。「安く」見える軽薄さは、支配者ローマ人にとってはむしろ思う壺であろう――たとえば、ニカイア人との協和をニコメディア人に対して勧める弁論で、総督が彼らを「子供のようにあしらう」こともあるなどと言う（三八-三七）。それに対しディオンは、そういう状況を、同じギリシア人として憂え、いさめて、より分別を持たせようと努めるのである。

「協和」の論

政治助言的な弁論では、プルサをはじめとする小アジア・ビテュニアで行なわれた作品群も興味深く、資料的にも、当時のビテュニアの現実的状況をうかがわせる貴重性を有している。彼の青年時代に属するとおぼしい第四十六篇のほかは、追放解除後、故国に戻ってからの作品で、プルサや近隣の都市で行なわれ、この篇よりも公的な、より大きい視点から聴衆に語りかける内容のものが多い。総じてディオンには、コミュニティの視点から考えながらグローバルな状況に思いを馳せる傾向があることが指摘される。[4]「公けの利益」（三八-一等）を思いつつ行なう彼のそういうローカルな弁論では、地方の都市同士の、あるいは都市内部の、協和（ホモノイア）が繰り返し説かれる。すなわち、ビテュニアの都市間で「第一の都市」の名誉などを競う鍔迫り合いや足の引っ張り合いが熾烈で、ディオンによると、ギリシア人的欠陥（ハマルテーマタ）、いわばギリシア病だとローマ人に笑われさえしているという（三八-三八）。もちろん、より小規模の争い、古来からの都市内の内訌も相変わらず起きえた。そういう実りのない競争に消耗することを避け、手を結ぶべしと訴える。協和という語を題に掲げる弁論が四つあり、第三十八篇は『ニコメデイア人への弁論——ニカイアとの協和について』、第三十九篇は『協和について——ニカイアにおける内訌の終息に際して』、第四十篇は『祖国での弁論——アパメイア人との協和について』、第四十一篇は『アパメイア人への弁論——協和について』となっている。題はディオン自身のものかは分からないが、この主題を正面から取り上げている。たとえば第三十八篇は、前記のようにビテュニアの二都市間の長い確執を背景としている。

「協和」は当時の一種の政治的流行語であり、(5) ローマ政府が属州の政治の安定を願っていた現われでもあるが、アパメイアの市民権も持ち、ビテュニア各地にもよく招待されて、それらの地に少なからぬ知人を有

(1) Cf. Swain 43.
(2) Cf. Swain 36 (‘controllore’).
(3) Arnim 437 (‘officiöse Kundgebung’).
(4) Swain 4.
(5) Swain 42. 哲学的国家論の観点ではプラトン的でもあり、ストア派的でもある（cf. Schofield 128 sq. et alib.）。ただしこちらは一つの理想国家内の、あるいは「宇宙ポリス」内の協和。

していたディオン個人の切なる思いでもあったろう。ローマ皇帝とも接する上流階級の人間として、帝国の権威や政策の支持者ではあるが、他方では郷土への彼の愛がローカルな弁論からくみ取れる。(1)

哲学者的側面、とくにモラリストとしてのディオン

ディオンの哲学は折衷的である。彼の世界観、人生観は、犬儒派やストア派やプラトン主義、さらにソクラテス的、クセノポン的考え方という、きわめて多様な要素から合成されている、エピクロス（派）にだけ冷淡であるとヒルツェルが述べるのは正しいと思われる。(2) ただしここには、緩い意味での神話的・詩的思考も考慮に入れるべきであろう。それも、伝統的に人々の考え方を支配してきた知的システムに属するのである。

犬儒派的言説

主として道徳哲学に傾斜し、この点、犬儒派の肌合いに親近する。放浪の経験者という点でディオゲネスの経歴と通じ、それを文学モチーフとして活用する選択をしているので、その教義面にも文章上においては肯定的な態度を取る。たとえばその「自足（アウタルケイア）」の教えである。ディオゲネス・ラエルティオス『ギリシア哲学者列伝』で、子供が水を手で掬って飲んでいるのを見て、自分の頭陀袋に入れていたコップを投げ捨てたとか、公衆の面前で自慰をしたとかと記される（六-三七、四六等）。犬儒派はまた世人の考え方や世の仕来りのテューポス（tȳphos, 虚栄や妄想）を弾劾し、「通貨［＝仕来り］の改鋳［改革］parakharattein」

を自らの行為で実践しようとした。ディオンの「ディオゲネスもの」における記述においても、神殿などを旅の宿にするとか、自然の果実を糧にするとかいったことのほかに、衆人の見るなかで自慰や脱糞までするところもある（六-一四、一七、六二）[3]。

しかしそういう極端な行動の描写は、文学的修辞的要素に属する。皇帝とも交流する上流階級の紳士が、自分でもそうしている、他人にもそうせよと要求しているわけではない。ディオンは現実的にはずっとマイルドあるいは妥協的な自足主義者だったはずである[4]。

他方、当時のローマ世界で、堕落したエセ犬儒派が跋扈していたらしく、そういう者に対しては、エピクテトスやルキアノスと同様、軽蔑を表わす。ルキアノスは、「都市という都市が……身勝手な連中に満たされてしまいました。とくに、ディオゲネスやアンティステネスやクラテスを後見人に立てて『犬〔儒〕』の傘下に入った者たちであふれています。犬の性質で役に立つもの、つまり、守護し、番をし、主人を愛し、恩を忘れない、といった点は真似たことがないが、他方で、吠えること、意地汚いこと、すぐ物をひったくること、次から次へと淫にふけること、迎合的で、物をくれる人にしっぽを振り、食卓の回りをうろつくこ

（1）Cf. Swain 44.
（2）Cf. Hirzel 2, 91. エピククロス批判については、一二一-二三六以下参照。
（3）本訳集第二分冊、八-三六における「ある不名誉な行為」への註記（註（5））を訂正する。「脱糞」のことが言われている（ヘラクレスによる、牛舎の糞掃除に関連して）。
（4）ディオゲネス的自足とは違うという点について Brenk 270, 272 等参照。

と――こういうことのほうは苦心して正確に見習っている」と記すが（『逃亡者たち』一六）、ディオンも、「犬儒派と呼ばれる者たちの群れが都［ローマ］には少なからずいて、他のことと同様、これも増殖をしている。しかし、まがいもので、卑しい群れであり、いわば何も知らないが、糧は必要としている輩である。この者たちは、辻や、路地や、神殿の戸口で乞食をしては、ふざけや、お喋りや、市場で聞くあいうからかいの言葉をいっぱい連ねて、子供や船乗りたちやその類いの大衆を騙しているのだ。それで、よいことは何一つ行なわないが、悪いことは最大に仕出かすのである」（三二-九）と非難する。[1]ディオンが、公衆の面前での自慰などを含め、ディオゲネスの強烈な「通貨の改鋳」行為をも描こうとするのは、文明の埒外に立つ野性的哲人の常識的観念を超える境地を、通俗人以上に俗物的なエセ犬儒派たちのこういう堕落と対比させる意味も持っていただろう。

もともと「犬」は、ギリシア語において「恥知らず」の意味合いを含んでいる。総じてギリシア人に重んじられた名誉も、犬儒派＝「犬たち」は冷笑した（ディオゲネス・ラエルティオス『ギリシア哲学者列伝』六-七二）。犬的な恥知らずの実践として、たとえば、軽蔑の眼で見られる乞食行為も辞さないディオゲネスである（『ギリシア哲学者列伝』六-五七等参照）。それに対し、国家的公的利益の観点に立つ名士ディオンは、名誉のために人は戦死を恐れなくなるなどと述べて、名声の重要性を認めその希求を肯定するので（三一-一七等）、ディオゲネスらの態度と基本的に相いれない。誉れに拘泥しすぎると悪い結果にいたる――人々の目を気にして大衆迎合的に陥る――といった発言は、ディオゲネス的な名誉心の冷笑ではなく、むしろディオンの中庸的な道徳主義を示す（六六-一一「doxokopoi 名誉に汲々の者［人気取り連中］」）。あるいはディオゲネス的禁欲主義は一種弁論上・文学上の理想的原理であり、ディオン自身の実生活には必ずしも呼応しないとも言える。たとえば、自然に即した「自足」主義を記す第十篇『ディオゲネス——財産および神託について』では、奴隷に逃げられた者に、「靴なしで行く者が、悪い靴をはいている者よりも容易に進んでゆけることがあるように、召使いなしでいるほうが、たくさん召使いを持っている者よりも、容易に、悩みなしに、生きてゆける」(一〇-八)などと犬儒派哲人に言わせるが(『ギリシア哲学者列伝』六-五五参照)、実生活では、長い放浪ののち、祖国の屋敷に帰ってくると、「あれほどの召使いたちが立ち去って〔逃亡して〕自由な身になっている」ことなどを見いだした、自分は「大いに不正をこうむった」と述べる(四五-一〇)[2]。ディオンは、現実生活においては、やはり現実的な視点から離れ切れない人間であったろう。

ストア派的・プラトン的・混合的思想のもの

禁欲主義や自足などの点で犬儒派に通ずる(ディオゲネス・ラエルティオス『ギリシア哲学者列伝』七-一二一参照)ストア派の思想も利用する場合がある。とくに自然学(神学)領域で、宇宙や摂理などに関する理論を一部取り込んでいる。第十二篇『オリュンピアのゼウス像と神の観念——詩と彫刻の比較』で、神観念の起源を論じるところは、主にストア派の考え方によっているらしい(一二-二七—三五)。しかし、ここでは、自

(1) Cf. Branham, Goulet-Cazé 15 (n. 47).
(2) モウルズのように時間的・年齢的に考え方が変化したと見る必要はないであろう(Moles 95 n. 133)。

然哲学それ自体を論述するというより、ホメロスの詩と比べたペイディアス式彫刻術の特徴を論じ、人間全体に本来的に存する神観念が、彫刻術においてはどのように表出されたかといった点を説こうとする。ペイディアス作の荘厳なゼウス像を前にした聴衆に語りかける弁論家の、哲学的・美学的雄弁であり、個々の点の発想自体はとくにそうでないとしても、論全体のそういう総合は独自の価値を持つ。

第三十六篇『ボリュステネス篇——祖国での朗読』は、宇宙論的主題を、オリエントのマゴイ由来と称する説を織り込みながら論じており、ゾロアストレス（ゾロアスター）関連のテキストということで有名である。しかし、ビザンツの学僧ポティオスによって「ほかの弁論作以上に、ある種の光輝と荘重さを有する」（ロウブ版五-三九六頁）と評されたこの作品は、全体がじつに興味深く、魅力的である。黒海北岸のギリシア世界辺境の地ボリュステネス（オルビア）を、「追放後」(1)のディオンが訪れた、ゲタイ族における事物を観察するため、スキュティア人の領域を通ってそちらへ行こうとした途次の立ち寄りだった、ヒュパニス（現Bug）河の流れに沿って市外を歩いているディオンを見かけると土地の人が飛び出してきて言葉を交わした、彼らは、「夷狄に囲まれて住んでいるのでもはや明瞭ではない」、なまったギリシア語を話したが、したがってギリシア的古典教養もあまり期待できなかったはずだが——ズボン（アナクシュリデス）をはくなど、スキュティア式ないでたちをしているほどだったが（七）——、少なくともホメロスの詩には関心を保ち続け、『イリアス』はほぼ全員がそらんじているほどだった——その主人公アキレウスを崇拝していた——、またプラトンを愛好している者もいた、もっと話を聴きたいと彼らはせがみ、スキュティア人と絶えず交戦中のこととて、市中のゼウス神殿に移って弁じることになった、等の周辺の記述自体、読者をひきつける。発想的には、アテナイ城壁の外に向かうパイドロスにソクラテスが合流し、イリソス川の岸辺のプラタナスの木陰で語り合うにいたる経緯を記すプラトン『パイドロス』冒頭に範を得ているとも言われるが、単純な模倣ではない。またヘロドトス風に地誌・風俗誌も織り込み、『ゲタイ誌』で発揮されたであろう歴史家的な顔ものぞかせている。なお、そのボリュステネス人相手にした話を、いままた祖国の人々に語って聴かせるという形式になっている。

さて、そのゼウス神殿の境内にみなが坐ると、ディオンは彼らに、ポリス論、とくに「神々のポリス」や、宇宙のありさまや、遠大な未来のことなどを語って聞かせる（三六-一八以下）。

聴衆からポリス論について聴きたいというリクエストがあったらしい（話題を課せられるのは当時の弁論でよくある仕来り）。この聴き手たちが住む「古いギリシアのポリス」は、もともと前六世紀頃にミレトス人が植民した地であるが、「夷狄に囲まれて」毎日を緊張とともに過ごすなかで、ことさらギリシア人風に、古い流儀に従って観に固執していたと見える。「[集まった]みなが、ホメロスの表現するギリシア的伝統や価値髪を長くし、髭を伸ばしていた」（一七）という様子を見て、「哲学者ならだれでも」喜んだろうとディオンは言い、ローマ人式の仕方と対比する。一人だけ、ローマ風に髭を剃っている者がいたが、彼のことを「みなが非難し憎んでいた」[1]、ローマ人たちにへつらってそうしているのだと言われており、「男子にはふさわし

(1)「追放処置を受けてから」、すなわちまだ放浪中に、その他の意にも解される（cf. Bost-Pouderon 108）。

くない」表徴をそこに見ていたという。ホメロスで「髪長きアカイア人」と常套句的に言われた仕方を、古風としている。それに対し、やや後の「親ギリシア的」なハドリアヌス帝以来、逆の傾向が出てくるものの、ローマ人はがんらい短く整える習慣であった。また、「哲学者、うんぬん」という点については、ディオンにも影響を与えているストア派ムソニウスの発言で、髪の毛は——ぶどう樹で無用な枝葉を伐るのと同然に——邪魔な分だけ刈るべきだ、一方、髭（顎鬚）についてはまったく剃るべきではない——それも身体の覆いになっているし、さらには雄鶏にとっての鶏冠やライオンにとっての鬣と同様に男性力の象徴である——、と述べているのが参照される（第二十一篇）[1]。ディオン自身に、『髪の毛の讃美』という作品があった。

聴衆のそういう特色もあって、ディオンはどうやら当初は、ギリシア人的ポリスとしてのあるべき仕方、ポリスを持たない（一五参照）スキュティア人の脅威——昨日も襲撃を受けた彼らである——にも対抗しうるその政治的社会的利点を聴衆に説き、ホメロスの戦争叙事詩『イリアス』の愛好者でアキレウスをも崇拝する「好戦的」な彼らに（九、二八）、勇気や理知などの観点から、間接的言論を通じて励ましを与えようとしたらしい。

そういうつもりの議論のなかで、まず人間とは「死すべき、理性ある生きもの」である、そしてポリスとは、「同じ地に、法によって治められながら住む人間たちの集合」であると述べる。人間に関する前の点は一般によく述べられるが、後者はストア派的定義である[2]。理性と法とは対応している。法を守るポリスでなければ真のポリスではない、たとえば非理知的（放縦）であったニネヴェなどはポリスとは称せない、という。なお、この作品でポリスの語は、「都市国家」という範囲を超えて大きい意味で用いられる（三七参照）。

ディオンは、理知的なポリスという点を、さらに、その成員同士の協和という周知の観点から説こうとする。思慮ある遵法的なポリスとは、指導者が賢明で、民がそれに分別をもって従うときである、ちょうどコロスにおいてコロスの長と合唱舞踏隊とがうまく協働し合うときのようである。ただ人間世界には、あらゆる面から優れたポリスは、過去にも未来にも存在しないと付け足し、本当にそう言えるのは「天上の神々のポリス」（二二）だけだと限定する。この「神々のポリス」は激しい勢いで動いているが――宇宙全体の運動のことを意味する――、そこでは指導者的な神々――日月や惑星のこと――が、互いの争いや勝ち負けなしに、「おのれの仕事を、全員に共通の、いつも変わらぬ、全的な友愛とともに、妨げをこうむることなく」果たしている、彼らは「知性と最高の理性とともに至福の合唱舞踏」をなしているが、残りの神々の群れ――恒星のこと――は、宇宙全体の単一の［統一された］考えと勢いに従いつつ、共通の動きによって導かれている。

これが「唯一至福な国制あるいはポリス」（二三）であるが、この「神々のポリス」はここまでのディオンにとっては一種の枕、あるいは比較の材料であり、本題として、地上のよりよいポリスの議論に進もうとする。理性的存在全体を包括すれば人間もとりあえずこのポリスに入れることはできる、ただそれは人間の子供が、大人のポリスにとりあえず与っていると言われるようなもので、理性の不十分な人間のポリスは過ちに充ちた不完全なものである。それでも、「まったく堕落したポリスと比べてよりまともな状態にあるポ

（1）Russell 111 sq.

（2）Russell 221（*SVF* III, 80, 81）.

リス」の例を語ることには不自由しないだろう、と。
ところが、「そのような問題に話を進めようとしていると」、一老人が「ぶしつけながら」と割って入り、「死すべきポリス thnētē polis」の話は——敵の隣国がそういう余裕を与えれば——明日にでも延ばしてほしい、むしろいまは、「神的なポリスあるいは秩序」について、「プラトンの自由な言説にできるだけ近づくよう話を拡げながら」語ってほしいと求めた（二七）。こういういきさつから、ディオンの論はむしろ神的なレベルのほうへ向かうことになる。(1)

あらためて論じようとする「神のポリス」について、ディオンは、「われわれ一派の者が、宇宙を端的にポリスと見なしていると解するべきではない……宇宙を正しくも生きものと言っておいて、それからそれをポリスだと唱えるのはふさわしくないし説得的でもない」と言う（二九）。ここの「われわれ一派 hoi hēmeteroi」は、Emperius による写本ギリシア語の改定案によるが、それが正しいとして、それを「ストア派」に特定するのは疑問である。(2) 土地の老人からは、プラトン的に壮大な宇宙論を展開するよう求められた。それを受けて、いま神話的な宇宙論を語ろうとするディオンは、宇宙すなわちポリス論を、宇宙すなわち生きもの論と結合して論じる。前者の理論は確かにストア派的であるが、宇宙を理知的生きものと見なすのはストア派のみならず、(3) すでにプラトン『ティマイオス』三〇Bにも見いだされる考え方である。その前の議論での、神々すなわち星々の合唱舞踏（コレイアー）という見方も『ティマイオス』四〇C等にある。ただし、宇宙をポリスと称し、星々を宇宙国家の「市民」とする考え方はストア派的と見られる。(4)「われわれ一派」とは、一般人と異なる「われわれ哲学者」を大きく表わすのであろう（三八「哲学者たちの論」参照）。ラッセルは、ここで「ディオンは……プラトン的な神話を試みる、ただしそれはストア派的メッセージを有している」と説明している。[5] 確かに、ストア派的な「宇宙燃焼」を持ち出すなど（五一以下）、内容的にこの派の自然学理論を取り入れている面が大きいが、ストア派の名は一切出していない。むしろ、それはマゴイの教えだと主張するのである！　ディオン自身が（自己皮肉的に）そういう形容詞を用いるように（四三、五二）、全体に「奇妙な」混成的宇宙神話の気味がある。もちろんそれは、新味を打ち出そうとする語り手ディオンの一種の野心による。

さて、ディオンがあらためて説く「神々のポリス」の論ないし神話は、大きく二部に分かれるが（A、C）、途中で詩人たちへの批評論（B）がはさまれる。

まず（A、二九以下）、すでに前の議論で、「［神々の調和的な］至福のコロス」や「［宇宙全体の］単一の考え」といった言葉で表わされていた観念を敷衍し、さらにやはりそこで人間という、不完全ながら理性的な存在もこのポリスに含めると示唆された線に沿って、「全体が、植物の、また死すべきまた不死の動物の、さらには空気や土や水や火の、多様な形相に分かたれている」（三〇）状態になっているのを、宇宙すなわちポ

（1）Russellは、老人の提案に関する件りは、この主題に特定することのディオン的表現だと述べて、この経緯を——さらにボリュステネス聴衆という点自体を——虚構的と解している（20, 225）。

（2）Crosby (Loeb) III ad loc.; Russell ad loc.

（3）*SVF* II, 191 sqq. (Russell 226).

（4）Russell 223.

（5）Russell 224.

リスと称するのだと説く。その多くの成員・要素は、「単一の魂と権力」に従いながら、秩序正しく治められている。この論は「要するに神的な族に人間の族を和合させようと努めているのであり……こういうもの［ポリス］だけが、共同と正義とを擁する強力で分解されざる統治のあり方だと見ているのである」と述べ、地上の国家では「つねに内紛が絶えない」のに対してこちらでは、「法に即しつつ、全的な友愛と協和とともに治められる真の王政になっている」（三一）とする。そしてこういうポリスの王、「全宇宙の指導者」は、「そのように導きつつ、また、幸せな至福な状態の自分の統治を［人間への］模範として示してもいるのだ」（三二）と言う。

宇宙ポリスにおける指導者、すなわちゼウス（あるいはストア派的「理性」など）を中心とするここの論では、要するに、それをモデルにするという皇帝およびローマ帝政の統治を念頭に置いている。[1] 摂理論を特徴とするストア派的な思想にも沿っており、また、皇帝たちとよく接する貴族弁論家による現実主義的な体制肯定論にも属していて、『王政論』の四篇などと通じる。

そして、詩人たちも、ムーサイからそれを学んで、「神々および人間の父」という呼称を彼に対し用い讃美してきたと話を展開する。ここで、詩人批評の論（B、三三以下）が挿入されるが、これはその後の第二の神話の準備になる。

ムーサイの徒、詩人たちも、「聖なる話」にまったく通じていないわけではない、だが「入信者」には属さず、真実について確かなことは何も知らない彼らである。ムーサイの「僕」と称する彼らは、いわば、扉の外に留まり、中に入ることはない秘儀（テレタイ）の「召使い」であって、秘儀所の内部で行なわれることについては、漏れ出てくる声や光に接するのみのこういう者たちと同様に、ムーサイからの神的な声や息吹が、短いあいだ、ホメロスとヘシオドスという古い詩人たちに達しただけなのであるという。[2] さらに後代の詩人たち、悲劇の徒は、自身が入信せざる身で、入信せざる者たちに、密儀の不完全な模範を示すだけであったが、一般民に称賛されるあまり、自分たちで、大衆を入信せしめようと企てるにいたった。そして真実はバッコス密儀の、覆われざる（芝居）小屋を、悲劇の三叉路に打ち建てたのだ、と。

最後の文で、バッコス密儀は、大衆の宗教として軽蔑的に言われている。また密儀（オルギア）のはずだが、（テスピスらの悲劇の起源的形態で）市場の広場において、衆人の見る前で演じられた点を、「悲劇の三叉路」というややどぎつい表現で言ったようである。

さて、そのように不完全ながら詩人たちが伝えた観念を受けて人々は「王ゼウス」の祭壇を建てるようになり、宇宙をゼウスの「家」とも呼ぶようになったが、「われわれ」哲学者は、宇宙全体にかかわることだから、むしろ「ポリス」とそれを称するのである、と説明する。

そして「もう一つの神話」に話を進める（C、三九以下）。ゾロアストレスらの名を出しているので、オリエント学などの研究者の注意を引いてきた箇所である。

それは「口外すべからざる秘儀においてマゴイの人々により歌われ、驚嘆を誘う」神話になっているとい

（1）Cf. Russell 224.

（2）「神々の預言者のごとく、神殿のどこか見えない奥陣から彼［ホメロス］は声を発している」というほかの作品での評言（六三―一〇）と異なっている。

う触れ込みで始められ、先の詩人たちの、中途半端に聖なる詩と対比される。マゴイの讃歌では、この宇宙の指導者を、「完全なる車の、完全なる、第一の御者」と歌い上げる。詩人たちが語ってきた太陽神の車はより新しいものであり、ゼウスの完全なる車のことは、ここギリシアのどの詩人も——ホメロスもヘシオドスも——ふさわしい仕方で讃美してこなかった、ただゾロアストレスと、その弟子たちであるマゴイだけが歌い上げているのだ、と。

ゾロアストレスがペルシア人に崇められるようになったいきさつが物語られ、マゴイとは、「ギリシア人がその名称に対する無知から呪術師のことをそう（magoi = magicians）呼ぶような」者たちではない、いや、神のことが理解できる者たちをゾロアストレスが選んだうえで教育を授けた人々なのだ、という。そしてマゴイは、聖なる教説に従って行なうことのなかで、とくに、アジアにおいて最も美しく最も大きいニサイア（ニサイオン平原）の馬たちの車をゼウスのために養っている、という。ここでは、クセルクセス軍に従うニサイアの馬のことを記すヘロドトスの記述が参照されているらしい（『歴史』七-四〇）。

これは地上でゼウスに捧げられている馬であるが、このマゴイないしディオンの神話（四二）では、天上におけるゼウスその他の神々の車とその行進のことや、それが「全宇宙の単一の指揮と操縦」の下、「永遠の、止まることのない周回」のなかで行なわれることが説かれる。

ところが、これを具体的に述べようとするにあたって、ディオンは、「わたしは語るのを恥じる」とためらう様子を見せる（四三）。マゴイは、その話で用いる形象（eikōn）が、どの点でも互いに整合的であるようにすることをあまり気にはしていないのだ、という。「ひょっとしてわたしは、ギリシア的な優美な歌に反した、野蛮な歌を唱えれば、奇妙な者に映るかもしれない」、と。

自分の言説を「奇妙（アトポス）」と称するこの態度は何を言わんとしているのか？　ここでディオンは、マゴイあるいはペルシア人の論を、「野蛮」な者たちの、支離滅裂気味な神話と難じているわけではあるまい。真理に関するホメロスらの不完全さを、マゴイの説と比較した後であり、ギリシア人の詩の「優美」さ、という表現には、「うわべだけ」という皮肉な意味を込めている。表面よりもむしろ内実だ、ということになる。

しかし、ここには、そもそもディオンの述べるマゴイの説はどこまでマゴイ的なのかという問題が絡んでくる。ビデ（J. Bidez）とキュモン（F. Cumon）というギリシア哲学やミトラス学の大家が肯定的に解するなかで、[1] むしろ大方の研究者は、ここに、ヘロドトスや、プラトンや、ストア派の言説の取り込みを見ており、ペルシア的要素は飾り物と考えている。[2] ゼウスがつねに支配し、ストア派的に宇宙大火が最後に起きるという論は、諸惑星の時代が順次継起して、最後に主神の太陽の時代になるという、ミトラス的教義と相いれないと判断される。[3] ただし、地中海西部で独立的に発達した宗教という説もあるミトラス教と、オリエント的

（1）ただし二人は、ディオンのこの作には、小アジアのマゴイが、ストア派的思想を自分たちの伝統的宗教教義と結びつけた説が記述されていると見る（Bidez & Cumon, *Les mages hellénizés*, Paris 1938, apud Bost-Pouderon 131）。ストラボンが、カッパドキアのマゴイに触れている（『地誌』C七三三）。

（2）Russell 22. しかし、アンダーソンはやはりペルシア的神話とみる。たとえばベレロポン神話にも出てくる飛行する馬の要素はアジア的だ、と（Anderson 157 sq.）。

（3）Russell 22.

なゾロアストレス・マゴイの説とを関連づけてよいのかという厄介な問題もあり、この面から明確なことは言えそうにない。

それはともかく、後記のように、神々の馬の、天上における疾駆は、明らかにプラトン『パイドロス』の一節を想起させるが（二四六E以下）、ここの神々は、プラトンにおけるようなある程度擬人的な存在ではなく、むしろ火・空気・水・地という四元素を表わすらしい。ただ、元素論はストア派の特徴ではあるが、プラトンの『ティマイオス』でもその相互影響が語られる（五六D—五七C）。

さて、神々はそれぞれの馬が引く車を駆ってゆくが、ゼウスの馬は、天のいちばん高く最長の部分を最も高速で走っており、最も大きく輝かしく多彩である。二番目に——一つの車に計四頭の馬がつながれているということらしい——、ヘラの馬がその近くを、より力は弱く、その肌色の一方は黒く、しかし他方の太陽に照らされている部分は輝いている状態で行く。三番目がポセイドンの馬であり、二番目の馬よりもっと遅い。四番目がヘスティア（炉）すなわち大地である。中央で停止していると見なされる大地にも、この形象を当てるのは「とても奇妙なことだが」、やはり馬車を持っている、ただ、はみを噛んでその場に留まっている馬であると、苦しい説明になる。以上の馬は、自然学で言われる四元素に当てられた形象であるという点ではストア派的だが、プラトン『ティマイオス』で創造神（デーミウールゴス）が、星々を回転運動に置き、また宇宙全体の魂を分割してから「それぞれの魂をそれぞれの星に割り当て、ちょうど馬車にでも乗せるように」あてがったと言われている箇所も想起させる（四一E、種山恭子訳）。また、大地はストア派ではデメテルあるいはレアに結びつけられるのが通例で、それをヘスティアとするのはむしろプラトン『パイドロス』的であり（二四七A）[1]、しかも『パイドロス』ではヘスティアは、彼女を除く一一体の神々の車の疾駆には与らない。ここでは、大地（地球）が、動きはしないが、「万有を貫いて延びている軸のまわりを旋回」しているとする『ティマイオス』の論に関係するのだろうか（四〇B、種山訳）。

さて、これらの馬は、互いに平和的に友愛をもって過ごしているが、長い時間と周期が経ると、第一の火の馬から激しい息が、ほかの馬たちに吹きかかってきて熱くする。とくに第四の馬がその鬣を焦がされる羽目になり、詩人たちが（より不正確な説明で）パエトンに帰する地上的大火となる。これはプラトン『ティマイオス』二二C—D的な説明である。[2]またポセイドンとニンフ（水の精）の馬が棒立ちになると、多量の汗を、隣の大地の馬に浴びせかけるので、大洪水となる。歴史の浅いギリシア人は、一回だけ、デウカリオンのときにそういう洪水があったと語るが、これも周期的な出来事である。またそれらは人間の破滅のために起きることではなく、宇宙全体を救済し、操る神の意向によることだと言う。馬たちが暴れ騒動が起きるという論は、またプラトン『パイドロス』を想起させるが（二四八A—B）、ここではプラトン的な魂論ではなく、自然界の出来事に関連づける。

それは部分的な、大地だけにかかわる出来事だが、別の、全宇宙的な規模の大変動が最後に生じる。ほか

（1）Bost-Pouderon 117 sq.

（2）しかし真にマゴイ的な説がここで引かれているという解釈で、ノンノスの「バクトラの地……そこでの神はミトレース（ミトラス）、ペルシアにおけるアッシリア人パエトン」という句が挙げられる（『ディオニュソス譚』二一-二五〇—二五一）。

の馬が、第一位の馬に敗れ、変化して、一つのものになる。「奇妙」な形象(喩え)を用いれば、手品師が、馬たちを蠟で作っておいた後に、互いをだんだん付着させてゆき、最後に一つの馬に仕立て上げるがごときであると述べる[1]。そのように火の馬がほかのものを、蠟のように滅ぼし、おのれの中に取り込んで、より強く輝かしいものとなるのである。この宇宙的燃焼(エクピュローシス)――この後で触れられる宇宙の再生(パリンゲネシアー)とともにストア派的思想[2]――ののちは、そこには「端的に御者の、支配者の魂のみ」があるという状態になるという。その知性(ヌース)のみが残され、それが広大な空間に行き渡るという。

この後、新たな世界が創造される。世界の制作をあらためて思い立った知性は――人間行為的に述べることのあたりはプラトン『ティマイオス』におけるデーミウールゴスの宇宙創造を想わせる――、自分の光度を下げ、ヘラと交わり、あらゆるものの種を放出する。ここはストア派での、「神は…宇宙の秩序の工作者として、時のある一定の周期に従って、全存在を自分のなかに吸収するとともに、また再び全存在を自分のなかから生み出す」(ディオゲネス・ラエルティオス『ギリシア哲学者列伝』七-一三七、加来訳)といった説に呼応するが、こういう表現にもかかわらず神は彼らにとって擬人的な存在ではない(『ギリシア哲学者列伝』七-一四七等参照)。それはともかく、宇宙は作られた当初は、いまの世界よりもずっと輝かしいものであった。新たな世界を見て彼は大いなる喜びを味わった。この描写は『ティマイオス』的である(三七C)。

こうボリュステネスの人々に語ったのを、いま祖国の人々にあらためて聴かせたということらしいが[3]、最後にディオンは、ヒバリか何かが飛び上がって雲中に隠れるように、「あまりに高い、茫洋とした」話になってしまっていたら、わたしよりも、ボリュステネス人たちの要求のせいにすべきである、と締めくくってけむに巻く（六一）。ラッセルらが考えるように、ボリュステネス人相手の弁という点が虚構であったなら、[4]よけいに人を食った終わり方である。しかし、もしこの旅が虚構であったとするなら、この作で示されるディオンの豊かな想像力と創意の才とがそれだけ称賛に価するということになるだろう。

それはともかく、この「茫洋」とした神話には、その他の部分とともに、じっさい読者を戸惑わせるところがある。それは、主に、その「奇妙」な混成にあるだろう。ストア派的な、自然学的観念や発想を、プラトン的な、天上で馬を駆る神々という擬人神話に包んだというには止まらない。学僧ポティオスは、そこにもっぱら「プラトンとの張り合い」による宇宙論を見て、ストア派的側面にはまったく触れない（ロウブ版五-三九六頁）。他方、近代の学者は、しばしば、ストア派的思想内容を主たる部分と見て、プラトン的要素は模倣的な表現手段の扱いにする。[5]しかし、汎神論的な神観に近づく[6]ストア派的自然論・元素論に、プラト

（1）蠟うんぬんは、表現的にはストア派的と見られるが（Russell 242）、「創造」のイメージはプラトン『ティマイオス』的（Bost-Pouderon 118）。

（2）Cf. *SVF* II, 596-632.

（3）写本の副題で「読み上げた、朗読した」とある。もしそれが事実なら、公衆の前で原稿を読んだらしい（ディオゲネス・ラエルティオス『ギリシア哲学者列伝』六-三八参照）。

（4）Russell 20; Bost-Pouderon 113. もちろん個人的な実体験に基づくという見方もあり（e.g. F. Jouan, apud Bost-Pouderon 113 n. 1）、解説者もそれに賛同する。

（5）Cf. e.g. Bost-Pouderon 135, 137.

（6）「全体的にも、また万物にあまねく行き渡っているそれの部分としての面でも、神は万物のいわば父」、ディオゲネス・ラエルティオス『ギリシア哲学者列伝』七-一四七（加来訳）など参照。

ン『ティマイオス』で見られる宇宙創造神の働きを融合させるようなここの神話は、中核内容において、プラトニズム的かつストア派的（かつマゴイ的？）と称すべきものである。[1]ポリス論も、「プラトン的・アリストテレス的王政論と、ストア派的な、宇宙に本拠を持つ神々と人間とのコミュニティという観念との結婚」とスコフィールドは判定する。[2]懸隔のある両派を溶け合わす手段として、ギリシア思想の埒外にあるマゴイの名を借りたのだろうか。

オリエント人を持ち出すのは、やはりプラトン『ティマイオス』で、ソロンがエジプト神官からアトランティスの話を聞いたという趣向にならうが（二一C以下）、こういうオリエントの称揚は、一つには、ギリシア・ローマの相対化にもつながる。また、真理に近く立つ哲学者や、より深遠な智慧を持つとされるマゴイとの対比のなかで、詩人批評が組み合わされる。第五十五篇『ホメロスとソクラテスについて』で、「ソクラテスもホメロスの弟子だ」などと持ち上げることもある一方で、第十一篇『トロイア陥落せず』におけるごとく、「嘘つきだ」などと厳しい批判をホメロスに加えることもあるディオンだが、この『ボリュステネス篇』では、古風な伝統を守っているボリュステネス人がホメロスを愛好しているのを知って喜んだようにも見えるのに、他方では、中途半端に賢明な詩人だと、ヘシオドスとともに貶める。

宇宙的大火とその更新のことも織り込むこのディオン的神話は、けっきょく、ネルウァやトラヤヌスがもたらした「新秩序」への讃美を意味するというのがラッセルの見立てであるが、[3]ここではその出来事のみならず、諸形象、諸要素が「奇妙」に混合されており、単純なメッセージ性を読むことをためらわせる。「奇妙」という自己皮肉的な言葉で、ディオンが、自分の新奇な大胆な言説創作を表わそうとしていることだけは確かと思われる。

ローマ支配の肯定・讃美になっているようにも受け取れるが、他方では、ローマ人にへつらうボリュステネス人の悪評についてもそのまま記している。帝国統治とギリシア的矜持との微妙なあつれきに注意を向けさせるという態である（一七）。しかしまた、ボリュステネス人がイオニア（ミレトス）風に男色の風習を続けており、あまつさえそれを「夷狄」にまで教え込もうとしている点を諷刺する（八）。ディオンの公平なまなざしが認められる。

「ローマの平和」の恩恵をおそらく信じきれない状況のなかで、スキュティア人との闘争に明け暮れつつ過ごすギリシア人の小さな貧しいポリスは、アキレウスを崇める彼らの勇敢さによってこれからも何とか存続してゆくのだろうか？　宇宙的ポリスの遠大な運命のもとで、彼らはどのような行路をこれからたどってゆくのだろうか？　人間界の争いも諍いも、最後に宇宙の大火に包まれて、雲散霧消するのだろうか？　そのようにわれわれの視線は、遠くへいざなわれる。

この作品の論が長くなったが、一つには、ディオンの作の諸特色がここに集約されているように思うから

（1）ピロンの哲学を、「特定の学派の表徴をすべて取り去ったアノニム」な種類のものと評するR. Arnaldez参照（apud Bost-Pouderon 125）。
（2）Schofield 88. なお、アリストテレスの政治論・国家論では、ディオンの説と部分的に通じるところもあるが、他方でアリストテレスは、中間層の人々による共同体が最善と考えるので（『政治学』一二九五b三五―三九）、この点は決定的に異なる。
（3）Russell 23. やはり宇宙の協和と大火について述べる四〇-三五―三七参照（四八-一四も）。

である。そして、「黄金の口」の流麗な文章が、読む者を魅了する。

第三十篇『カリデモス』では、人生の本質を三通りの神話的・比喩的表象によって論じる。まずそれは「監獄」であるという、オルペウス教的・プラトン的な見方に触れられる。ティタン族の血を引くがゆえに人間たちは神々に憎まれ、ここで懲罰を受けている、と。次いでそれは「植民地」であるとも言われる。神々が植民して築いたのがこの世界であり、当初はそれを指導して守っていた彼らだが、のちにはここを去って人間たちだけにそれを委ねたという[1]。最後に、それは「美しい屋敷」に喩えられる。人間たちはそこで饗応を受けるが、そのなかで正しい生を送った者たちだけを神が自分のもとに呼び寄せるという。ディオンを敬愛していたという若者カリデモスが、死の床で、後に残される父や兄弟たちを励ますために述べた遺言的な弁を、その父が伝えるという形式で、プラトン『パイドン』において、死の間際のソクラテスの言をパイドンが伝えるという枠組みを参考にしているかもしれない。ここには（第三の論において）、ポジティブな、ストア哲学的思想が見いだされるとスエインは言う[2]。「慰め（コンソーラーティオー）の文学」のジャンルに属するが、父親や自分への慰めという、虚構的・仮託的とも見うる形式を超えたディオンの人生論の開陳がここにはある。

モラリスト的言説としてのディアトリベー

道徳的言説としてこの時代にはディアトリベーが盛んになった。犬儒派あるいはストア派が好んで用いたディアトリベーという形式は、犬儒派のビオン（ボリュステネス出身、前四から三世紀）によって始められたと言われる。ソクラテス的問答法を模範にし、対話形式をとるが、論理的やり取りの積み上げより、むしろ教示が主体である。「議論的な独白で、想像上の会話者を擁する」とブランハムらは定義するが、[3] エピクテトスのディアトリベーのように、現実の講筵や、私的な集まりや、道端で行なわれた談論風の話を基にしている場合もあるだろう。むしろそれが起源態かもしれない。ヒルツェルは、「エピクテトスのディアトリベーが教えるように、それは談話のみならず講義も含んでいた」と述べつつ、「原則的に、一人の男の話や談話を、ほかの者が、自分の聴聞に基づき、あるいは第三者の報告に従って記録したもの」がディアトリベーの特質としている。[4] 確かに緩く用いられがちな語であり、「実際上、口頭のどの哲学的論説にも用いられうる」[5] とも言われ、このジャンルを立てることを疑問視する向きもあるが、帝国時代の道徳哲学的な談論風・講義式の対話的かつ教示的散文として、一連の作品をくくることは有益と思われる。

　ディアトリベーはモラリスト的言説の形式として、政治的助言とは直接関係しないのが基本である。ムソニウスに『王たちも哲学すべし』という作品（第八篇）があるように、論の相手が支配者――そこでは彼を

（1）プラトン『政治家』二七二E以下参照（Hirzel 2, 111 n. 3）。

（2）Swain 7.

（3）Branham, Goulet-Cazé 11.

（4）Hirzel 1, 370 n. 2. ディアトリベー（diatribē）は、クレイアイ（khreiai 箴言集、言説集）、アポムネーモネウマタ（apomnēmoneumata 言行録）、ディアロゴイ（dialogoi 対話）、スコライ（skholai 講義）とは異なるとヒルツェルは説く（同所）。

（5）*OCD* 'diatribe' (Moles), 447.

訪れたシリア王――の場合もあるが、具体的な政治論ではなく、一般的な治世者の心得の観点から話される。理想的王政論を述べるディオンの『王政論』の作品群も、皇帝への語りかけという形式を一部で示しているものの、むしろ、そういう言説だと見ようとすれば見うる形式のもとに、アレクサンドロス大王らの架空対話をも盛り込んだ、王の心得を論じる虚構的ディアトリベーと見ることもできる。ムソニウスと彼のもとに来て教えを受けるシリア王は、第四篇でのディオゲネスとアレクサンドロスとに相当する。さらには、「わたし」ディオンが予言者的老婆のところに辿り着き託宣を受けるという第一篇では、犬儒派的老婆がディオゲネスに相当するとも見うる。そうとすれば、ここにはディアトリベー形式の自由な発展が見られると言えよう。

「ストーリー・テラー」的、創作的才能

ディオンの傑作は、ギリシア古典期の文学作品に並ぶとスエインは評する。(1) 彼には、自由で豊かな創作の才がある。形式には関係なく、政治弁論でも、ディアトリベーでも、その他でも、この才能がきらめきを放つ部分が見いだされる。哲学思想的な面では独自な考えのものは少ないと見られるが、弁論術で言う発案(inventio)の力に富んでおり、それが、ディオンの作風の特色である虚構的要素・性質につながってくる。(2) 弁論術はもともとフィクション性を積極的に利用する言説であり、とくに演示弁論は「芸術のための芸術」的な性格(3)からそれを追求した。また、古典作品を真剣に研究した第二ソフィストたちは、そこに伝えられる伝統的なモチーフを、ストーリー・テリングのために利用するとともに、そこに自由な「本歌取り(4)」を試み

た。その代表的な一人がディオンである。

まず、「ストーリー」の原型的、源泉的な言説として神話や伝説に触れると、それに対しては文芸批評的なコメントを加えることも憚らないディオンであるが、彼においては、フィクションとしての神話創作も進んで行なわれる。神話は、今日の研究者の定義論で、「伝承（口承）的」言説と説かれることが多いが、古代ギリシア人は必ずしもその点にはこだわらなかったようである。ストラボンが、「神話（ミュートス）とは新たな語り（カイノロギアー）である」と述べているように（『地誌』C一九）、ディオンにおいても、神話改変や創作が新たに、しかもかなり大胆な仕方で試みられる。ただし、そういう語りそれ自体を楽しむというより、何か別の目的を持って行なっている。

既存の神話を換骨奪胎的に書き換える例が、前記の第三十二篇『アレクサンドリア人に対する弁論』にある。オルペウス神話における、楽人の音楽に聴き入る動物たちという話に、人間への変身という新規の要素を付け加える。これは、もう一つの源泉として、歌好きな人間からセミへの変身というプラトン的神話（『パイドロス』二五九B—D）によっているが、その方向を逆にした「本歌取り」である。その趣意は、（ストア派らの考え方で）動物すなわち非理性的生きものという観念に従って、音楽的享楽に過度にふけるアレクサンドリア人の性質を揶揄することにある。

（1）Swain 1.
（2）Cf. Swain 6.
（3）Lausberg 131.
（4）Cf. Hirzel 2, 107（freie Nachschöpfung）.

神話創作は第五篇『リビアの神話』でも大胆に行なわれる。ここではセイレン型神話と、遠国リビアにまつわる奇怪な空想譚の伝統を組み合わせ、独自のモンスター神話とそれに付随する伝説（王やヘラクレスによる退治の試み）を提示する。ここでは、プラトン的な欲望の心理学に、主にストア派的な、神話の寓意的理解法を取り合わせて、その克服が神話形象を通じて説かれる。

神話には、面白おかしい作り話というニュアンスが古来つきまとい、それを話して人の歓心を買うというやり口の胡散臭さが意識されたが（アリストパネス『蜂』五六六以下、『プルートス』一七七参照）、他方では、「何か嘘を吐《つ》かねばならぬ場合は、嘘を吐けばよいのだ。……嘘を吐くときも、真実をいうときも畢竟目指すところは一つ」と言われるごとく（ヘロドトス『歴史』三-七二、松平千秋訳）、「嘘も方便」という方法論もある。第五篇冒頭でのディオンの、「［リビアの神話は］立派な人々に感心される類いのものではない……しかし……場合によっては……少なからぬ利益をもたらす」（一）という弁明的な言葉の背景には、この両面の観念がある。

しかしまた、「嘘ごと」である神話には、真実の核が宿されているとも見られた。プラトンの『国家』においてソクラテスは、「われわれは子供たちに、最初は物語（ミュートス）を話して聞かせる……これは全体としていえば、作りごとであるといえよう。真実もたしかに含まれてはいるがね」と述べる（二-三七七A、藤澤訳）。ある弁論学者は、神話とは、「真実を形象化した、偽りのロゴスだ」と定義づける（アプトニオス『予備弁論』二-二一-二—三（Spengel）[1]）。

より後のストア派にとくに顕著だが、一般に西洋古代人が寓意的な理解の仕方を神話に適用し、そういう解釈法を試みたのは、いわばその奥底を掘り起こす作業に属する。

しかし、神話の虚構性という点に関連して、ディオンが身を置いた弁論術の世界では、一般に、ある程度の虚構性の投入が容認された。弁論家には、何かをより明瞭に言おうとするためには、歴史的事実に関して「嘘を吐く」ことも許容されると、すでにキケロは述べている（『ブルトゥス』一一-四二）[2]。虚構的証拠に寛容なのであれば、それでなくとも「芸術のための芸術」的な、純文学的な性格を有する演示弁論の種類のものにおいては、そういう要素を混ぜることに抵抗は少なかったのである。したがって弁論家、とくに、「見せびらかし」的な弁論を本領としたこの時代の「第二ソフィスト」たちには、ここに大きな利用価値が見いだせたはずである。自由で大胆な創作者の顔を持つディオンは、間違いなくそう意識していたであろう。

そして、神話的、非現実的環境には属さないが、他方でまた日常世界そのものからは遊離した境遇の叙述も試みられ、虚構的な諸要素とともに作中に取り込まれることになる。神話改変の場合と同様、伝統的な文学モデルも自由に利用する。しかし、神話を扱うときと同じく、そういう自由な創作においても、現実世界との関連性がディオンの視野には含められている。

エウボイア島を舞台とする第七篇『エウボイアの狩人』で描かれる事件は、ディオンの放浪中の実体験を表わすとも見られるが[3]、中核に関してはそうとしても、多くの要素が架空の設定や虚構の記述によることは

（1）Cf. Saïd 164 (n. 29).

（2）「創作された法律」の利用に関してキケロ『発想論』二-一一一八参照。

（3）Cf. Jones 56.

疑いない。その点を示す特徴として、ユートピア的設定、[1]恥じらう若い恋人たちという恋愛小説的なペア、諸エピソードへの明瞭な分節、集会場における急転回などが挙げられる。[2]一人称のディオンも、半ば「ディオン」という作中人物として登場する。

文学モデルとして、まず、ディオンのエウボイア漂着・滞在は、ホメロス『オデュッセイア』において、主人公がユートピア的なスケリアに辿り着き、しばし時を過ごすのを想起させる。また、ロンゴス『ダプニスとクロエ』的な、素朴な自然のなかの恋愛物語が前半部に含まれ、田園小説的な記述が行なわれる。[3]もちろんこれも一種のユートピア的環境であり、思想的には「自然に帰れ」的な犬儒派の思想傾向とも呼応する。

他方、弁論術では、「田舎の生活と都市のそれとどちらがよいか」というトポスがもともとあり（クインティリアヌス『弁論家の教育』二-四-二四）、後半部でそれが現実世界における問題として論説される。前半部を長い叙述部（narratio）として自由に展開し、創作家としての才能をいかんなく発揮する一方、全体の構成において、理想郷と現実社会とのギャップを示すという、[4]弁論作品としても特異な形式を試みたとも見うる。[5]

ユートピア描写は、インドに関する記述においても見いだされる。第三十五篇『プリュギアのケライナイにおける弁論』で、[6]インドではミルクの河、澄んだブドウ酒の河、蜜の河、オリーブ油の河が流れ、穀物・果実は労せずして得られる、王への貢物は河の一月分の流れであり、それ以外の期間の分は、庶民の取り分となる、運河もあり、それに沿って水浴場も設けられていて、女子供がそこで泳いでは、岸の草地に横たわって歌を楽しんだりする、人々は四〇〇年以上の生を、しかも若く無病のままで、過ごすなどと記す（三五–一八一以下)。ヘロドトスのインド誌(『歴史』三–九八以下)などの情報によっているらしい部分や、ルキアノスの『本当の話』(二–六以下)と共通の資料を利用しているとおぼしいところがあるが、純空想譚的な後者などと異なり、ここでは、ケライナイ(小アジア内陸部)という豊かでビジネスの盛んな都市と、豊かで無労役の桃源郷とを比較する点が独自である。ケライナイの市民に向かって、マイアンドロス河などの流れを含めた自然の恵みや、交易の中心地としての活気ある市場や、巡業裁判所の拠点としての人々の集まりなどを誉めるように述べるが、他方では、「あなたたちの権勢の最大の指標は、貢税の量だ」と述べ、くびきに掛けられた駄獣で、最も多くの荷を引くものが最も力強いと思われるのと同様に、都市でも、最も多くの金を(ローマに)納めるところが最もすぐれているのだ、と皮肉に表現する(一四)。「この都市で暇にしているものは何もない、くびきの獣でも、家々でも、女たちでもそうだ。そしてこれは幸福に大いに寄与する」(一五—一六)と、そのせわしなさを特徴に挙げ、「家畜が最も多くたむろしている場所が、農民にとっては、その糞のおかげで、いちばん豊穣になるという」(一六)とも言う。こちらでは糧は、原料としての動物や植物から苦労して獲得しないといけないが、あちらでは、「それはあらゆる点で清らかであり、おそらく「動

(1)ユートピア作者 Edward Bellamy と第七篇について Swain 32.
(2)Bekker-Nielsen 138; Ma 110.
(3)ロンゴスとディオン、および文化に優る自然というテーマについて、Anderson 146; Whitmarsh 196 参照。
(4)Cf. Anderson 159.
(5)もともと別々の作品だといった見解もある(本訳集第二分冊二六一頁以下)。
(6)Cf. Anderson 147.

物たちへの」暴力や冷酷さなしに得られるのだ」(一八)と述べる。そこでは貢税は、前記のように、河が自然と運んで提供してくれる。ただし、バラモンたちはわざわざ労苦の生活を選んでいるとも付け足す(二〇)。このインド譚が空想的であることはもちろんだが、もともと信用の高くない交易商人が、インドでも低く見られている人々から仕入れた話だと断っているので、自分で自分の言葉に水を差しているようにも聞こえる(二一―二三)。ケライナイを称賛しているのか――都市称賛は演示弁論でよくあるテーマ――、その鼻を少し折ってやろうとしているのか、よく分からない。その点も含め、やはりディオン的な特色がいくつか現われている作品である。

ディオンにはまた、クムランの宗教共同体エセノイを讃美する作品もあったという。「全体が幸福な市［共同体］」として讃えたらしい(散逸、ロウブ版五-三七八頁)。同時代の大プリニウスが、「孤立した民で、世界に類を見ないほど驚嘆すべき人々であり、女はいず、あらゆる快楽を絶ち、貨幣はなく、ヤシを仲間［=常用］にしている」と述べている(『博物誌』五-七三)[1]。ディオンもこういう観点から扱ったかと見られる。彼の歴史的・地誌的関心とも合致する材料だったと思われる。

歴史批評的・文芸批評的な関心

最後に、ディオンの歴史または歴史記述に対する関心、あるいは詩作品に対しての批評について述べたい。詩、とくに叙事詩には、伝説的・歴史的要素が、部分的あるいは改変的にせよ含まれていると――現代におけるのと同様に――信じられたので[2]、この二方面にかかわる問題には重なり合うところがある。

そのさいに頻繁に取り上げられるのはホメロスの詩である。ローマ帝政期には「ホメロス見直し（読み直し）論」[3]の動きが起きた。ホメロスの神格化が行なわれた時代でもあるが、他方では、アレクサンドリアの学者たち（前二世紀頃のアリストパネスやアリスタルコスら）の研究も受けて、その詩作品に見いだされると感じられた不審点・矛盾点に関する議論や、その解決の試みが盛んに行なわれた。

ホメロスについて、ディオンはいろいろな作品で取り扱ったり言及したりしているが、最も共感的あるいは称賛的な態度を示しているのは、第五十三篇『ホメロスについて』である。哲学者たちの意見を引用しながら、ホメロスの詩的美や、その人柄や、道徳的内容を讃える。第一篇『王政論その一』や第十二篇『オリュンピアのゼウス像と神の観念』その他と主題的・内容的に重なるところがある。

哲学者デモクリトスが「ホメロスは、神々しい天性を得て、詩句のあらゆる装飾法を創り出した……神々しい、人並みはずれた天性がなければ、あれほどに美しく知恵のある詩句を作ることは不可能だ」（一）と述べるように、詩人を称賛する人々がいること、別の人々は――以前は「批評家 kritikoi」と呼ばれていたがいまは「文法家 grammatikoi」と称される学者たちが[4]――ホメロスの詩の批評・解説に力を注いでいること、

（1）Jones 64.

（2）歴史（記述）関連ではないが、詩を例証にしてはならないと説いたヒポクラテスの態度はこれと異なる（『医師の心得』一二）。

（3）Kim 601 (n. 5).

（4）この用語変遷に関して、cf. R. Pfeiffer, *History of Classical Scholarship from the Beginnings to the End of the Hellenistic Age*, Oxford 1968, 67, 157 sqq. ディオンが独自にそういう研究史を調べたということより、むしろ専門家（文法家）たちの書によく通じていたということであろう。

しかしまたアリストテレスは、そういう（アレクサンドリア的）批評学・文法学の始祖となりつつ、また詩人を嘆賞もしている、と弁を始め、次いでプラトンが、「その［ホメロスの］詩句の快さや優美さには讃嘆しながらも、神々に関する神話や叙述においてはしばしば非難の声を上げている。人々にとってけっして為《ため》にならないことを詩人は言っている」（二）などと批判している点に話を進める。それに対し、ストア派ゼノンらは、「正反対のことが［作中で］言われていると思える箇所同士のあいだで詩人が自己矛盾を犯していると思われる」ことを防ごうとした、そして、それはあるときは「［一般人の］臆説 doxa に従って、またあるときは真実どおりに、書かれている」（四）からだと説いて、それを解決しようとしたという。ここはストア派的なアレゴリー解釈法が念頭に置かれているようである。ディオン自身は、批判か、弁護的解釈か、態度を明らかにせず、「［この問題は］判定を下しがたい性質のものである。ちょうど、わたしの思うに、二人の友人が――両方とも重きを置かれている人物であるが――、互いにやり合っているとき、片一方に負けを宣することが容易ではない」（三）のと同然だと述べ（アリストパネス『蛙』一四一一以下参照）、この点では彼らしいとも言える逃げを打っているが、しかし全体は、ホメロスを讃える調子になっている。

プラトン自身もその優美さは嘆賞したことに触れてから、こう述べる――ホメロスの詩は、異国人の心をもとりこにしている、「二言語を話す混合種族の者たちが、他のギリシアの詩人のことはろくに知らないのに、ホメロスの詩句については非常によく知っているし、場合によっては、きわめて遠くに住む民でもそうである。インド人のあいだでも、ホメロスの作品を、彼らの言語と言葉に移して歌っているという。それでインド人も、われわれが眺める星々の多くは見られないにもかかわらず――［北天で見られる］大小の熊座はあちらでは現われないということだが——、それでもプリアモスや……アキレウスとヘクトルの武勇にかかわることとかには無知ではない」(六)という興味深い記述を行なう。ここは、おそらく、アレクサンドロス遠征後、マウリア朝の北西部に、ギリシア植民地由来の町が存続することを許され、そのアショカ王は、自分の勅令の碑文をギリシア語(またアラム語)でも刻ませた、また、マウリア朝の首都パリンボトラは、一時的に、インド・ギリシア系の支配者に治められていたらしい、ということと関連するであろう。[1] これは、歴史家メガステネスの『インド記』による情報かもしれない(一二―一〇参照)。なお第三十六篇『ボリュステネス篇』でも——ボリュステネス人は混血民族ではないが風習的に一部スキュティア的になっている——、辺地のギリシア人がホメロスをそらんじるほど愛好していることに触れられ、ホメロス熱の広範な拡がりが証言される。

これは受容面への言及だが、次に、詩人の人となりに論を進めて、「人々は、その作品よりも詩人の人柄をいっそう誉めるだろう。貧乏な生活をして放浪しつつ、生きてゆけるだけの糧を作品によって得るというのは、讃嘆すべき潔さであり、不屈の心がまえである。さらに、[自作の]どこにも自分の名を記さず、作品のなかで自分のことを語ることもしない」(九)ホメロスであると称賛する。第十一篇一五以下にも見える、ホメロスが放浪の貧者、乞食であったという当時の伝記的通念に従っているが、ここでは第十一篇とは逆の意味合いに、すなわちその清貧ぶりを称賛するために、それが持ち出される。作品に自分の署名を入れな

(1) *DNP* 5, 966 以下および 9, 188 参照。

かった控えめな著作者という見方も当時一般的であった（伝プルタルコス『ホメロスについてⅠ』一参照）。

最後に、ホメロスは、「徳と悪徳」に関連して、「王たる者はどのようであるべきか」という説を、善意・愛情に充ち、「力と智」を有する「人間と神々の父」ゼウス像を通じて表現していると述べて、『王政論』での善王の議論に通じる考えを表わす。ホメロス批判の伝統は確かに強固に存続したが、総じて彼への敬意・尊敬は古代において一貫して保たれる。そういう大多数的意見の側に立った論である。

散逸したが、『プラトンに対してホメロスを擁護する弁』四巻という作品もあったという（『スーダ』、ロウブ版五-四一六頁）。これもホメロスへの好意を示す作品に入る。

さらには、ソクラテスをもホメロスの弟子にする第五十五篇『ホメロスとソクラテスについて』がある。[1] 精神的な観点で、また論の趣意や語りの技術において、彼をホメロスの（私淑的な）弟子と見なせるという。より後代に、プラトンによるホメロス批判に対して、詩と哲学とを融和させようとする試みが新プラトニズムにおいて行なわれるが、その先駆けの一種と見うる。

しかし他方でディオンは、ときに、厳しいホメロス批判に及ぶこともある。[2] 第三十六篇『ボリュステネス篇』で、ホメロスとヘシオドスを中途半端に聖なる詩人と述べる箇所に前記で触れた。

第十一篇『トロイア陥落せず』は、最も解釈の難しい作品の一つだが、[3] 基本的には、「ホメロス見直し論」の視点に沿う作である。ただそれが、「挑戦」的再創作の意図と結びつけられて、ホメロスの詩を否定的な批評眼にさらす。第六十三篇で、「［一般人の］臆説に従って語る」ホメロスという批評法があったことに触れられているが、ここでは、真実どおりではなくてもあえて大衆の考え方に合わせて語った、という受け止め方よりずっとシニカルに、聴衆を「見下し」つつ（二一等）、どんな嘘でもためらわずつく人騙しの詩人（一八等）という見方がとられる。その具体的議論にはここでは立ち入らないが、(4) そういうホメロス的権威あるいはトロイア戦の正統的伝承の破壊（アナスケウエー）は、エジプト人に仮託したディオンの新説の企てとセットにされる。「そこでわたしは、［トロイア戦について］彼［エジプト神官］から聞いたとおりに述べる」ことにしようと言って、「ヘクトルがアキレウスを倒した」などという、その新説の開陳に移るのである（四三）。むしろこちらが主目的ともとれる。作品後半部はほとんどこれに費やされる。

これは、要するに、新しいフィクションの試みを、史実と了解されていたトロイア戦争の歴史記述に関して行なおうという試みである。トゥキュディデスのように正確な事実の追究と記述を目標にした歴史家もい

(1) ソクラテスと、彼を『国家』等の作中人物にしたプラトンとの思想が、ディオンにおいては分けられているとブランカッチは説く（Brancacci 254）。

(2) ディオンは総じてホメロスを絶対的権威としては扱わないとサイドは言う（Saïd 180）。そうとすれば、ここにまったく相反する態度が現われる、というわけでもないことになる。

(3) 迷妄（犬儒派の用語 tȳphos［一一-一〇］、ここではホメロスへの盲信）に対する犬儒派的な論説だ、弁論術の一ジャンル「反駁」のパロディーだ、A. Wolf ら近代のホメロス学やナラトロジーを先取りした真面目な学問成果だ、ホメロス学のパロディーだ、ローマのプロパガンダだ（cf. Saïd 176-186 sqq.）、いやむしろ東西の融合の試みだ（Swain 38）、などと唱えられる。カサウボンらがディオンの「ソフィスト期」のものと判じているが（apud Hirzel 93）、ここでは執筆時期の問題には立ち入らない。しかし、若い時期の「血気」に駆られた作品という印象は受ける（本訳集第二分冊二八三頁）。

(4) 本訳集第二分冊二七一頁以下参照。

るが、他方で、歴史における作り話を認める考えもあった。「ヨセフスは『ユダヤ戦記』の序文で、もっとも称賛すべき歴史家は……自分の時代の出来事について物語をつくる人間であると見なしている」とポール・ヴェーヌは説明する。[1]まして古い昔の出来事であれば、その面の野心を人々はより強く抱いたことであろう。もともと弁論術においては「虚偽の証拠」も認められた。悲劇と絵画について、ものごとを真実に似せながら最もよく騙す者が最もすぐれていると、ソフィズム的・弁論術的な著『両論（ディッソイ・ロゴイ）』では説かれている（三―一〇）。「騙す」という表現はある意味偽悪的であるが、そもそも多くの場合に真と偽とが分けがたく絡み合っている状況で、最もそれらしく、最も納得がゆくように表わされるものがベストだという発言であろう。弁論術の世界に身を置くディオンの歴史・文芸批評は、そのようにして改変的創作と結びつくのである。ディオンはトロイア戦に関して、より常識的な議論をすることもある（一七―一四参照）。確かに第十一篇における新説展開は大胆に過ぎると思えるが――おそらく本人もあまり受け入れてはもらえないだろうと意識しているが[2]――、それは、創意を追求した血気と、それを促した何か外的な機会とがあいまった結果であろう。

ディオンにおいては、そのような「批評と創意（発案）の独特な混合」がときに現われる。[3]しかもそれが、心理的な解釈法を取り込んでいる場合がある。最後にそういう例に触れる。

第六十一篇『クリュセイス』は、ホメロスのテキストをめぐる解釈論を記す一作である。対話篇の形式で、話の相手が一人の女性という点が特殊である。出だしで、ホメロスが示す、「人間たちの諸感情に関する知識」が称賛されるように（一）、ここでは、心理的読み込みが特色となる。

ホメロス『イリアス』冒頭において、トロイア近くのクリュサに住むアポロン神官クリュセスが、ギリシア軍に捕われてアガメムノンの妾にされている娘クリュセイスを請け出すため、ギリシア軍の陣地にやってきて嘆願するが、そのときはアガメムノンに冷たくあしらわれ、むなしく戻って行く、しかしその直後にそれをきっかけの一つとして起きたアキレウスとの喧嘩を経て、けっきょくアガメムノンがそれを了解し、オデュッセウスに託して彼女を返還させる、という経緯が述べられる（『イリアス』一-一二以下）。ところがこれは、ホメロスの記述で、戦争開始後十年目の事件とされる（『イリアス』二-三二九以下参照）。なぜいまごろになってクリュセイスの返還を求めるのか？　常識的には、開始直後にそう動くであろう。この、主に論理的な不審点が本作の基本問題である。この問題の解決には、論理的な視点や、成り行きについての推測のほかに、心理的な解釈法が積極的に投入される。

まず、父は自分独自の考えでそういう行動を起こしているのではなく、娘の意向を受けているのだ、と論じる。「［父は］娘の気持ちに反して陣地にやって来たのだろうか……それとも逆に娘のほうで、もしそれができれば、助けてほしいと父に頼んだのだろうか？　なぜなら、もしクリュセイスが現在の状況に満足し、アガメムノンといっしょにいることを望んでいたのなら」、父のほうでも、娘をもアガメムノンをも不快に

（1）ポール・ヴェーヌ『ギリシア人は神話を信じたか』大津真作訳、法政大学出版局、一九八五年、一八頁。

（2）「事実はこのようであったということを受け入れる者は誰もいないだろう」（一二四）参照。

（3）Kim 621「文芸批評の主流からディオンがいかに外れているかという証拠」（第六十一篇に関して）。

するような行動は取らなかったはずだ、という（三—四）。

しかしなぜ十年目に？　という対話相手の質問に答える形で、次に、捕虜になった当初のクリュセイスの心理を忖度しながら論じる（六—七）――彼女のような（名誉を重んじる）自由人にとって、アガメムノンのように最大の名声と富を享受している男から去ることは「喜ばしい」ことではなかったのだ、またアガメムノンも彼女を好いていることを皆の前で公言していた、それにもし国へ戻れば、アガメムノン（ギリシア軍）の隷属国となっている奴隷身分の男の誰かと結婚することになるだろう。

対話相手がまだ不審な言葉を発すると――じっさいにまだ議論は尽くされていないのだが――、ディオンは、ホメロスのテキストのなかにさらに踏み込んで、そこには詩人が「読者の認識に任せている箇所」――「沈黙の技法」による部分（後記）――もあるのだと述べ、クリュセイス問題の全体の経緯をより大きく捉えなおそうとする（八—一六）。

当初は彼女は、すでに述べられたように、名声あるアガメムノンに与えられたことに満足し、神にも感謝していた、それで自分の身請けに関しても何も行動を起こさなかった。ところが、その後、ギリシア・アルゴスにおけるアガメムノンの家の実情について彼女はいろいろと知ることになり、妻のクリュタイムネストラが残酷で大胆な女性であることも聞き知った。それで彼女は、アルゴスに行くことを「恐れる」ようになった。最後に、いよいよトロイアの命運が尽きそうな情勢になると、もうその陥落まで待とうとはしなかった、というのは、勝利者が傲慢になりがちということも知っていたし、さらにアトレウス一族がもともと「女性支配的」な一家であり、そういう家に属するクリュタイムネストラのもとに彼女が連れてゆかれれば、嫉妬を引き起こすだけということも分かっていたのである。また賢い彼女はアガメムノンの気質もよく見抜いており、傲慢な彼が、欲望から冷めたら、捕虜の自分にどういう振る舞いをするだろうかという点も「計算」した。それで彼女は、父を呼ぶにいたったのである、と。

キムは、古代のホメロス学で取り上げられた「沈黙の技法」(1)の解釈視点を本篇でクローズアップするが、むしろ全体にこういう心理的読み込み法が特徴的と思われる。あるいは、自由な心理解釈でその「沈黙部分」の穴埋めをしようとする試みが大きな位置を占める論である(2)。

ついでながら、ホメロスのテキストでは何も話さない受動的なクリュセイスは、ここでは、賢明な知性を持ち、一種自立的に「禍いから自分を救いつつ」(一五)、父を動かして自分の幸福のために行動する女性である。対話相手も、あまり多くの台詞は与えられていないのでよくは分からないが、比較的率直な言い方をする女性と思われる。クリュセイス論の選択と議論の仕方はそれとも関係するであろう。ムソニウスの論も

(1) skhēma siōpēseōs (kata to siōpōmenon) (Kim 614). たとえば、エウスタティオスは、クリュセスが、「わたしの涙をダナオイ [ギリシア軍] があなた [アポロン] の矢で [射られて] 償うようにしてください」と祈りかけるが（ホメロス『イリアス』一-四二)、その直前の、海岸を帰っていったという箇所では、涙を流しながらという表現は何もしていないという点について、「詩人は、必要な叙述に急ぐあまり、そういう（より不必要な）点については沈黙し、聴衆（読者）にその点の認識を委ねている」と説明する (*Eustathii Commentarii ad Homeri Iliadem pertinentes*, ed. M. v. d. Valk, I, p. 60).

(2) Cf. Saïd 175.

想起させる、[1]女性への親愛なまなざしがここには感じられる。

三、後代の受容

ディオンは、後代のキリスト教徒にも非キリスト教徒にも読まれた。ピロストラトスの言及については前で触れた。ほかに、ユリアノス帝やテミスティオスも『王政論』から影響を受けた[2]。プラトン、クセノポンやデモステネスら、古典作家たちの文章に範を取り、荘重さ（semnotēs）と飾らぬ（aphelēs）文体とを結合したと評される[3]、正統的なアテナイ語を駆使するディオンの作品は、中世ビザンツ時代にいたるまで、古典作家たちと同様の尊敬を受けた。キュレネ出身の新プラトン主義的キリスト教徒シュネシオス（後四から五世紀）や、ビザンツの学者で、コンスタンティノポリス総主教をつとめたポティオス（八世紀）がディオンの作品を愛読し、詳しい伝記を書き遺した。ポティオスの弟子アレタス（九世紀）は古註を書いた。テッサロニキの大主教エウスタティオス（十二世紀）も何度かディオンに言及している。

ルネッサンス以降はどのように読まれてきたか。ある十六世紀末のイタリア人は、政治的観点に立ちながら、「ディオンの哲学は、プラトンの『国家』全篇やアリストテレスの全倫理学書に優っている。なぜなら彼は行動の人であり、ドミティアヌスに追放され、トラヤヌスに援助され、故国に恩恵を施し、政敵や恩知らずな民の犠牲になったのである。ただクセノポンとイソクラテスだけがまさっている。神の人間に対する配慮についての彼の考えは、その宗教をキリスト教にとても近くしている。かくて王や『仲裁者』たちは彼いているらしい。

を読まねばならない」と述べた。[4]「仲裁者」というのは、「協和」などを説く政治弁論家ディオンを念頭に置

ディオンの政治弁論家的な面は確かに重きをなす。その点をとくに強調する捉え方は、より最近においても、彼の言論活動を、僭主政に対する理想の王政を説く『福音書』のように扱う議論（前記）などに現われている。「東と西が会う（ギリシアとローマが宥和する）[5]」ことか、都市同士が協和することとかを訴えるディオンの努力をクローズアップするそういう視点[6]は、グローバルな騒乱の動きがまた激しくなりつつある現代においても考慮に価するだろう。

しかし本解説においては、言説者としてのディオンが、政治弁論も含め、広い領域にわたって見せる諸相貌の多様性に力点を置いて説明した。この論述の仕方は、まだあまりよくは知られない、しかし力ある古代著作家の全体的な紹介として、意味を持つはずである。そのさい、ポストモダン思想の影響もあって、彼を、

（1）第三篇『女性も哲学をすべし』（女性も男性と同じ理性、感性等を授かっているから）など参照。
（2）Cf. Jones 115; Swain 3.
（3）アレタスの批評（ロウブ版五-四一六頁）。Cf. Hirzel 2, 107 n. 3.
（4）H. Zenarus, apud Swain 16 sq.
（5）「東」と「西」の対立について Rostovtzeff I, 117 sq. 参照（経済的に復興したギリシアが自分たちの文化への自信を新たにし、誇りを持ってローマと対したが、皇帝たちはその名誉心を十分に満足させなかった、うんぬん）。
（6）Cf. Swain 38.

「心から書いているのではない」「仮面の男」[1]式に捉える見方もされるが、ここではむしろ、理想を尊ぶととももに、現実にも通じていた貴族階級の人間の、諸レベル的なバランス志向をその作品に見ようとした。

四、初期の校訂本、写本と作品番号について

西ローマ帝国の滅亡後は、一般にギリシア古典は西側では忘れられた。ルネッサンスになってふたたび読まれ出すが、ディオンの作で、最初にラテン語に訳されて西方ヨーロッパに紹介されたのは『トロイア陥落せず』である（一四二八年、刊行は一四九二年、クレモーナ）。ただし、最初にラテン語訳が発行されたのは『王政論』の四篇であった（一四六九年、ローマ）。

ギリシア原語による最初の刊行本は一四七六年にミラノで出たものらしいが、それはいまは行方不明で、現在残っているものでは、一五五一年にヴェニスでTurrisanusによって発行されたのが最古のものである。[2]

写本は、ドイツの学者アルニム（フォン・）によって、三種類のグループに分かたれた。第一の種類には、U（Urbinas 124, 十一世紀）およびB（Parisinus 2958, 十四世紀）が属する。Turrisanusによる初版が基にしたのはこの系統の写本である。第二の種類にはV（Vaticanus 99, 十一世紀）とM（Meermannianus Lugdunensis 67, 十六世紀）が属し、ポティオスが手に取った写本がこの種類の最古のものである。作品の順番は、第一のグループとは部分的に異なる。第三のグループ、P（Palatinus 117, 十五世紀）とH（Vaticanus 91, 十三世紀）は、作品全部を含まず、順番も独自である。アルニムは、第二のグループでの作品順番がより合理的としてそれを彼の校訂本

で採用している。しかし、本訳書でもそうだが、Turrisanus 以来、第一のグループの作品順番に従うのが今日では通例である。個別的な読みについてアルニムは、第二および第三グループのそれを重視したが、むしろVとUとを合わせ用いて校訂すべきという考えも出されている。

五、略号と文献（抄）

G. Anderson, 'Some Uses of Storytelling in Dio', in: Swain（ed.）, 143 sqq.

H. v. Arnim, *Leben und Werke des Dio von Prusa*, Berlin, 1898.

T. Bekker-Nielsen, *Urban Life and Local Politics in Roman Bithynia: The Small World of Dion Chrysostomos*, Aarhus, 2008.

C. Bost-Pouderon（ed.）, *Dion de Pruse dit Dion Chrysostome, Œuvres, Or. XXXIII-XXXVI*, Paris 2011.

G. W. Bowersock, *Greek Sophists in the Roman Empire*, Oxford, 1969.

R. B. Branham, M.-O. Goulet-Cazé, *The Cynics*, Berkeley/ Los Angeles, 1996.

F. E. Brenk, 'Dio on the Simple and Self-Sufficient Life', in: Swain（ed.）, 261 sqq.

G. de Budé（ed.）, *Dionis Chrysostomi Orationes*, I, II, Leipzig, 1916, 1919（Bibliotheca Teubneriana）.

J. W. Cohoon, H. L. Crosby（edd.）, *Dio Chrysostom*, I-V, Cambridge, Massachusetts/ London, 1932-51（The Loeb Classical

（1）Whitmarsh 215.

（2）Cf. Swain 16.

Library).

DNP = *Der Neue Pauly*, edd. H. Cancik, H. Schneider, Stuttgart, 1996-2003.

F. K. Dörner, 'Prusa ad Olympum', *RE* 23, 1071 sqq.

D. R. Dudley, *A History of Cynicism*, London, 1937.

T. Hawkins, *Iambic Poetics in the Roman Empire*, Cambridge, 2014.

R. Hirtzel, *Der Dialog*,1, 2, Leipzig, 1895.

C. P. Jones, *The Roman World of Dio Chrysostom*, Cambridge, Massachusetts, 1978.

G. Kennedy, *The Art of Rhetoric in the Roman World*, Princeton, 1972.

L. Kim, 'Dio of Prusa, *Or. 61*, *Chryseïs*, or Reading Homeric Silence', *Classical Quarterly* 58. 2 (2008), 601 sqq.

H. Lausberg, *Handbuch der Literarischen Rhetorik*, Stuttgart 1990.

LS = *A Greek-English Lexicon*, compiled by H. G. Liddell, R. Scott, et al., Oxford, 1996.

J. Ma, 'Public Speech and Community in the *Euboicus*', in: Swain (ed.), 108 sqq.

J. L. Moles, 'The Career and Conversion of Dio Chrysostom', *Journal of Hellenic Studies* 98 (1978), 79 sqq.

S. Montiglio, *Wandering in Ancient Greek Culture*, Chicago 2005 (193 sqq. 'Dio Chrysostom's self-presentation as a wandering philosopher').

OCD = *The Oxford Classical Dictionary*, Fourth Edition, edd. S. Hornblower, A. Spawforth, E. Eidinow, Oxford, 2012.

RE = *Paulys Realencyclopädie der classischen Altertumswissenschaft*, edd. G. Wissowa et al., Stuttgart 1893-1978.

M. Rostovtzeff, *The Social and Economic History of the Roman Empire*, second edition, I, II, Oxford, 1972.

D. A. Russell (ed.), *Dio Chrysostom Orations VII, XII, XXXVI*, Cambridge, 1992.

S. Saïd, *Dio's Use of Mythology*, in: Swain (ed.), 161 sqq.

W. Schmid, 'Dion Cocceianus', *RE* 5, 848 sqq.

M. Schofield, *The Stoic Idea of the City*, Cambridge, 1991.

H. Sidebottom, 'Philostratus and the Symbolic Roles of the Sophist and Philosopher', in: *Philostratus*, edd. E. Bowie and J. Elsner, Cambridge, 2009, 69 sqq.

SVF = *Stoicorum Veterum Fragmenta*, ed. H. v. Arnim, I-III, Leipzig, 1903-24.

S. Swain (ed.), *Dio Chrysostom*, Oxford, 2000.

———, 'Dio's Life and Works', 'Reception and Interpretation', in: Swain (ed.), 1 sqq.

T. Whitmarsh, *Greek Literature and the Roman Empire*, Oxford, 2001.

固有名詞索引

1. 本文のみを対象とし、「内容概観」、註（本文挿入註記を含む）、解説等は含めない。ただし、ギリシア語原文にはないが訳で補って本文中に入れたものは拾ってある。
2. 典拠箇所として記す数字は、本訳書の頁数である。
3. ギリシア語をローマ字転記して記す。なお、κ は k に、χ は kh に、ου は ū に、γγ（γκ, γχ）は ng（nk, nkh）にする。隠れた長母音（ā, ī, ȳ）も表わす。
4. 同じ名が同一頁に複数出てくる場合、その点を註記することはしない（一つには、訳文で意味を明瞭にするため、原文にはない場合もあえて繰り返すことがあるので）。
5. 民族名は原則として国名と同一視する。例：「アテナイ人たち　Athēnaioi」は「アテナイ　Athēnai」と同じとして扱う。

ア　行

アイアキデス　Aiakidēs　→アキレウス
アイアス　Aiās
テラモンの子、サラミス人。 *40, 49*
アカイア人　Akhaioi
ギリシア人の古名、ホメロス的名称。 *36, 43, 45, 47, 51, 53-54*
アガメムノン　Agamemnōn
トロイア遠征のギリシア軍総大将、ホメロスでは「ミュケナイ王」だが、後代では「アルゴス王」。 *38, 40-41, 49-50, 56-57*
アキレウス　Akhilleus
トロイア遠征のギリシア軍第一の勇士。 *38, 40-41, 43-44, 51, 53, 110, 150*
アクロコリントス　Akrokorinthos
コリントスの城砦、「垂直に3.5スタディオン（630メートル）」（ストラボン）の高さ。 *147*
アジア　Asiā
しばしば小アジアのこと。 *48, 50, 74, 110, 112, 146*
アスクレピオス　Asklēpios
男神（医神）。 *7, 152*
アッシリア　Assyriā
アジア・メソポタミアの古帝国。 *6, 126*
アッティカ　Attikē
アテナイを中心とする地域。 *55, 146, 161*
アテナ　Athēnā
女神。 *5-6*
アテナイ　Athēnai
アテネ市。 *40, 46, 64, 122, 130, 146-147*
アトス　Athōs
マケドニア・カルケィディケ半島の一突出部アクテにある高山。 *72*
アトラス　Atlās
ティタン神族の一。天空を支えている。プレイアデスの父。 *36*

アトレイデス　Atreidēs
アトレウス（ミュケナイ王）の子孫、第２篇ではアガメムノンのこと。 *57*
アナクレオン　Anakreōn
前６世紀の抒情詩人、テオス島出身。 *43, 55*
アプロディテ　Aphrodītē
女神。 *55, 150*
アポロドロス　Apollodōros
前279年頃にマケドニア・カンサンドレイアの僭主となる。アンティゴノス・ゴナタス（マケドニア王）により、前276頃に倒された。恐怖政治の代名詞的存在で、ポリュビオスやプルタルコスらにも彼への言及がある。 *60*
アポロン　Apollōn
男神。 *8, 45, 75, 112*
アマゾン　Amazōn
一伝承では黒海南岸にいた民、女族。 *117*
アミュントル　Amyntōr
ポイニクス（アキレウスの教育者）の父。 *38*
アラビア　Arabiā
第４篇では、ペルシア王クセルクセスに従軍し、駱駝を駆るアラビア兵に言及。 *109*
アリストテレス　Aristotelēs
前４世紀の哲学者。 *38, 60*
アルカディア　Arkadiā
ギリシア・ペロポネソス半島の中央部の地域。 *18*
アルキノオス　Alkinoos
オデュッセウスが漂着したスケリアの王。 *46*
アルクメネ　Alkmēnē
ヘラクレスの母。 *143*
アルケラオス　Arkhelāos
アレクサンドロス王の祖先。 *116*
アルゴス　Argos
ギリシア・ペロポネソス半島の都市（またはその地方）。 *22*
アルペイオス　Alpheios
ギリシア・ペロポネソス半島の河。 *19*
アレクサンドロス　Alexandros
（1）３世、マケドニア王、ピリッポス２世とオリュンピアスとの子。 *5, 7, 32-39, 43, 46, 60, 98-104, 107-111, 113-116, 118*
（2）３世の先祖、アレクサンドロス１世（前５世紀）。 *44*
アレス　Arēs
軍神。 *53*
アンピポリス　Amphipolis
ギリシア北部の都市。 *40*
アンモン　Ammōn
リビアの神。アレクサンドロスの真の父とも言われた。 *103, 143*
イオニア　Iōniā
小アジア西岸部の地域。 *48, 50, 55*
イカロス　Īkaros
アテナイの工匠ダイダロスの子。背中に取り付けた翼で飛行を試み、海に墜落。 *128*

イクシオン　Ixīōn
テッサリア・ラピタイ族の王。女神ヘラに似せられた雲と交わり、そこからケンタウロス一族が生まれた。 *129, 131*
イタケ　Ithakē
ギリシア本土西方に浮かぶ島。オデュッセウスの故郷。 *49*
イタリア　Italiā
第２篇では、南イタリアやシケリアに植民したギリシア系イタリア人に言及。 *50, 74*
イダンテュルソス　Idanthyrsos
スキュティアの王。 *60*
イリュリア　Illyriā
ギリシア本土西部の地域。 *35*
インド　Indoi (Indiā)
第３篇では、ペルシア王に飼われていた、インド産の大きな猟犬に言及。 *74, 95, 99, 111*
エウボイア　Euboia
エーゲ海の島。 *37*
エウリピデス　Eurīpidēs
前５世紀のギリシア悲劇作家、アテナイ人。 *48*
エウリュステウス　Eurystheus
ヘラクレスに試練を課したと伝えられるアルゴス王。 *22*
エエティオン　Ēetiōn
アンドロマケ（トロイア人ヘクトルの妻）の父、アキレウスに殺された。 *43*
エクバタナ　Ekbatana
メディア（ペルシア帝国の一部）の都。 *111, 146-147*
エジプト　Aigyptos
本分冊ではエジプトの古い王たち、またペルシア王に従軍したエジプト兵に言及。 *60, 109*
エニュアリオス　Enȳalios
アレスの称号。 *53*
エリス　Ēlis
ギリシア・ペロポネソス半島北西部の地域。 *18, 71*
エレウシス　Eleusīs
アテナイ西方、デメテルの聖地。 *147*
エロス　Erōs
愛の神（男神）。 *55, 89*
王政　Basileiā
抽象概念の擬人化、女性。 *26-29*
オケアノス　Ōkeanos
大地を取り巻く大河（大洋）。 *110, 112*
オデュッセウス　Odysseus
トロイア戦争時のギリシアの英雄、イタケの王。 *40-41, 48, 50, 107, 161*
オリュントス　Olynthos
カルキディケ半島の町。ピリッポス２世に破壊された。 *60*
オリュンピア祭　Olympia
(1) ギリシア・ペロポネソス半島西北部のオリュンピアで４年ごとに開催された競技祭。創始の前776年を含む４年間を第１オリュンピア紀とし、以降第２、第３……と

数える。 *39*
(2) マケドニア・ディオンにおける祭典。 *33*
オリュンピアス　Olympias
アレクサンドロスの母、ギリシア本土西部エペイロス出身。 *38, 103, 105*
オリュンピオン　Olympion
アテナイのゼウス神殿。 *46*
オリュンポス　Olympos
(1) 伝説的な笛の名手。 *6*
(2) ギリシア北部の高山、神々の住まい。 *38*
オルペウス　Orpheus
伝説的な楽人。 *22*

カ　行

快楽　Hēdonē
抽象概念の擬人化、女性。 *124*
カイロネイア　Khairōneia
ボイオティアの町。 *33*
カリア　Kāriā
小アジア南方の地域。 *50*
カリオペ　Kalliopē
ムーサの一。 *41*
カリュプソ　Kalypsō
ニンフ、漂流中のオデュッセウスが7年間その島に滞在。 *47*
カルキス　Khalkis
エウボイア島の町。 *36*
キオス　Khios
エーゲ海の島。イオニア地方に属する。 *149*
欺瞞　Apatē
抽象概念の擬人化、女性。 *127, 131*
キュロス　Kȳros
ペルシア王。 *60, 111*
ギリシア（人）　Hellas (Hellēnes)
本分冊では、たとえば、ソクラテスの当時、イタリアその他とともにペルシアに従属していないわずかの地域として言及。 *9, 15, 19, 22, 24, 29, 37, 40, 44, 46, 48, 50, 56, 74, 99-100, 104-105, 109-110, 112, 116, 143, 146, 150*
キルケ　Kirkē
魔女、漂流中のオデュッセウス一行がその島に1年滞在した。 *161*
クセルクセス　Xerxēs
ペルシア王。 *46, 72, 109*
クラネイオン　Kraneion
ディオゲネスが過ごした、コリントス市近くの杉の森。 *101, 147*
クレオブロス　Kleobūlos
少年、アナクレオンの思われびと。 *55*
クレタ　Krētē
エーゲ海南方の島。 *48, 54*
クレテス Kūrētes

クレタの若い男神たち。 *54*
クロノス　Kronos
ゼウスたちの父神。 *8, 77*
ケイロン　Kheirōn
ケンタウロスたちの１人。 *152*
ケンタウロス　Kentauros
半人半馬の族。 *131*
こだま　Ēkhō
擬人化された女神。 *151*
コリントス　Korinthos
ギリシア・ペロポネソス半島の都市、イストモスの近くにある。前２世紀、ローマ執政官・将軍のムンミウスによって破壊された。 *100-101, 146-147*

サ　行

サカイ　Sakai
スキュティアの部族。 *109, 114*
サッポー　Sapphō
女流詩人。 *42*
サラミス　Salamīs
アテナイ沖にある小島。 *148*
サランボス　Sarambos
アテナイの居酒屋の亭主。 *122*
サルダナパロス　Sardanapallos
アッシリアの伝説的な王。 *6, 45, 83, 132*
残酷　Ōmotēs
抽象概念の擬人化、男性。 *29*
シキュオン　Sikyōn
ギリシア・ペロポネソス半島の都市。 *75*
シノペ　Sinōpē
黒海南岸、ミレトスの植民都市、現トルコ Sinop, ディオゲネスの故郷。 *98, 146*
シュルティス　Syrtis
アフリカ沖の難所。 *138, 142*
シリア　Syriā
ダマスコ等の都市を含む。シリア語（アラム語の文語的言語）による多くの文書がある。アッシリアを指すこともある。 *50, 105, 126*
スカマンドロス　Skamandros
トロイア地方の河、イダ山に発し、シモイス河と合流。 *120*
スキュティア　Skythiā
黒海北方に住んでいた遊牧民。 *60, 99-100*
スサ　Sūsa
ペルシアの首都。 *109, 111, 123, 146*
スタゲイラ　Stageira
カルキディケの市、アリストテレスの故郷。 *60*
ステシコロス　Stēsikhoros
シケリア・ヒメラ出身の合唱抒情詩人、前７から６世紀。 *37, 43-44*
スニオン　Sūnion

アテナイの岬。 *146*
スパルタ　Spartē
ギリシア・ペロポネソス半島の都市。 *43, 46, 48, 54, 60, 161*
スフィンクス　Sphinx
テバイの近くで人々に、「朝には 4 本足、昼には 2 本足、夕には 3 本足のものは何か」という謎を出し、それに答えられない者を取って食らった女妖怪。 *140*
正義　Dikē
抽象概念の擬人化、女性。 *27*
ゼウス　Zeus
神々の王。 *8, 15, 17-18, 22-24, 26, 29, 41, 56-57, 59-60, 77, 103-105, 107-108, 111, 143, 150, 152*
説得　Peithō
抽象概念の擬人化、女性。 *8*
セミラミス　Semīramis
ニノスの妻にして後継者。 *46, 155*
ソクラテス　Sōkratēs
哲学者、前399年死去。 *64-65, 71-72, 74*

タ　行
ダイダロス　Daidalos
伝説的技術者、彫刻家。 *128*
タソス　Thasos
エーゲ海北部の島。 *149*
正しき言葉　Orthos Logos
抽象概念の擬人化、男性。 *27*
ダルダニダイ　Dardanidai
トロイア人の始祖の 1 人ダルダノスの子孫、すなわちトロイア人たち。 *44*
ダレイオス　Dāreios
ペルシア王。 *46, 102, 109-112, 123*
タンタリダイ　Tantalidai
タンタロスの子孫（メネラオスを含む）。 *48*
タンタロス　Tantalos
小アジア・シピュロスの王。 *48, 160*
治安　Eunomiā
抽象概念の擬人化、女性。 *27*
地中海　hē thalatta
原文（第 5 篇）の hēde hē thalatta「この海」とはギリシア人・ローマ人的な視点からの表現（ラテン語 mare nostrum「われわれの海」参照、「地中海 mare mediterraneum」という語そのものは後 3 世紀の Solinus に初出）。
デイオケス　Dēïokēs
メディア王朝の始祖。 *60*
ディオゲネス　Diogenēs
シノペ出身、犬儒派の祖、主にクラネイオンの森で過ごす。死後コリントス市門の前に埋められた。 *98-103, 105, 109, 111-114, 116-118, 146, 149, 154, 161*
ディオニュソス　Dionȳsos
ぶどう酒の神。 *55-56*

ディオメデス　Diomēdēs
ギリシア・アルゴス出身の将。 *40, 49*
ディオン　Diōn
マケドニアの市。 *33*
ティモテオス　Tīmotheos
笛吹き。 *5-6*
テオグニス　Theognis
前6世紀の詩人。 *34*
テッサリア　Thessaliā
ギリシア本土やや北部の地域。 *94, 100, 146, 161*
テティス　Thetis
海の女神、アキレウスの母。 *38*
テバイ　Thēbai
(1) ギリシア中部の都市。 *24, 42, 44, 103*
(2) 小アジア・ミュシアの都市（テベ Thēbē とも）。 *43*
デモステネス　Dēmosthenēs
前4世紀の弁論家。 *39-40*
テュポン　Tȳphōn
上半身は人間、下半身は蛇の怪物。 *24*
テュルタイオス　Tyrtaios
スパルタの詩人。 *43*
テルシテス Thersītēs
トロイアを攻めるギリシア軍中の兵。 *41*
トラキア　Thrākē
ギリシア北部の地域。 *22, 74, 100*
トラヤヌス　Trāiānus
ローマ皇帝。 *5-6, 14*
ドリス　Dōris
ギリシア本土中部の地域、スパルタ人等「ドリス族」の故郷。 *20*
トリバロイ　Triballoi
ギリシア北部トラキアの民。 *35*
トロイア　Troiā
小アジア北西部の国。 *36, 38, 40, 44, 46, 51, 53-54, 150*
ドロモン　Dromōn
アテナイの居酒屋の亭主か。 *122*

ナ　行

内紛　Stasis
抽象概念の擬人化、女性。 *29*
ニサイオン　Nīsaion (pedion)
ペルシア領内の平原。 *94*
ネストル　Nestōr
ギリシア・ピュロスの老王。 *40-41*
ネレウス　Nēreus
海神。 *39*

ハ　行

パイアケス　Phaiākes
オデュッセウスが漂着した国スケリアの民。 *47*
パイオニア　Paioniā
マケドニアの民。 *100*
パエトン　Phaëthōn
太陽神の子。 *17*
バクトラ　Baktra
バクトリアの首都。 *111, 146*
ハデス　Hādēs
「黄泉」。 *107, 160*
バビュロン　Babylōn
バビュロニアの首都。ペルシア王の冬季の滞在地。 *111, 123, 146-147, 155*
パラリス　Phalaris
シケリアの伝説的王。 *60*
パロス　Pharos
エジプト沖合いの島。プロテウスの領地。 *33*
パン　Pān
野山に住む野性の神。 *151*
ピエリア　Pīeriā
マケドニアの地。 *33*
ピサ　Pīsa
オリュンピア北東の町。 *19*
ヒッピアス　Hippiās
エリス出身のソフィスト、前５世紀。 *71*
ピュロス　Pylos
ギリシア・ペロポネソス半島、ネストルの治める地。 *46*
ピリッポス　Philippos
２世、アレクサンドロス大王の父。 *7, 32-40, 43, 45-46, 50, 60, 103, 119*
ピンダロス　Pindaros
前６から５世紀の抒情詩人。 *43-45*
フェニキア　Phoinīkes (Phoinīkē)
カナン（パレスチナ）に相当する地域。シドン、ベリュトス（ベイルート）等を含む。フェニキア文字の碑文は古くは前13世紀頃のものが知られる（ギリシアからも発見されている）。 *105*
プティア　Phthīā
ギリシア・テッサリアの地域、アキレウスやプロテシラオスの故郷。 *38*
プラトン　Platōn
ソクラテスの弟子、哲学者、アカデメイア派の創立者。 *49*
プリアモス　Priamos
トロイア王。 *56, 150*
ブリセイス　Brīsēïs
トロイアにおけるアキレウスの妾。 *43*
プリュギア　Phrygiā
小アジア北西部の地域。 *150*
プレイアデス　Plēïades

昴。 *36*
プロピュライア　Propylaia
アテナイ・アクロポリスの正門。 *46, 147*
プロメテウス　Promētheus
ティタン族の1人、ゼウスによってカウカソス山に縛られ、毎日鷲によって肝臓をついばまれる。ヘラクレスが鷲を射殺して彼を解放した。 *152-153*
ペイライエウス　Peiraieus
アテナイの港。 *146-147*
平和　Eirēnē
擬人化された女神。 *27*
ヘカテ　Hekatē
黄泉の世界の女神。 *121*
ヘクトル　Hektōr
トロイア王子中の長子。 *43, 45, 53, 56*
ヘシオドス　Hēsiodos
前7世紀のギリシア叙事詩人。 *22, 34-37, 41-42*
へつらい　Kolakeiā
抽象概念の擬人化、女性。 *29*
ヘラ　Hērā
神々の女王。 *26, 131*
ヘライア　Hēraiā
アルカディアの町。 *19*
ヘラクレス　Hēraklēs
英雄。 *18, 20, 22-26, 60, 105-106, 114, 116, 142-143*
ペリオン　Pēlion
ギリシア北方の高山。 *38*
ヘリコン　Helikōn
ギリシア中部の山。 *36*
ペルシア　Persai (Persis)
多く、ペルシア王たちとの関連で言及される。 *46, 50-51, 65, 72, 74-75, 92, 96, 99-100, 102, 105, 109-110, 112, 115, 123, 146-148, 155, 160*
ヘルメス　Hermēs
ゼウスの子、伝令の神。 *24-26, 29, 151*
ペレウス　Pēleus
テッサリア・プティアの王、アキレウスの父。 *38*
ヘレスポントス　Hellēspontos
今日のダーダネルス海峡。 *49*
ヘレネ　Helenē
スパルタ王妃、ゼウスの娘。 *37*
ペロプス　Pelops
小アジア・シピュロスの王タンタロスの子、アトレウスらの父、アガメムノンらの祖父。 *48*
ペロポネソス　Peloponnēsos
ギリシア南部の半島。 *19, 146, 161*
ボイオティア　Boiōtiā
ギリシア中部の地域。 *22, 161*

ポイニクス　Phoinix
アミュントルの子、アキレウスの教育者的老人。 *38, 40*
法　Nomos
抽象概念の擬人化、男性。 *27*
暴政　Tyrannis
抽象概念の擬人化、女性。 *28*
暴慢　Hybris
抽象概念の擬人化、女性。 *29*
ポキュリデス　Phōkylidēs
箴言詩の詩人。 *34*
ポセイドン　Poseidōn
海神。 *72*
ホメロス　Homēros
伝承的には前 8 世紀頃の叙事詩人。 *8-10, 15, 17, 32-34, 36-44, 46, 48, 50-52, 56, 60, 67, 72, 76, 103, 107-108, 110, 120, 154, 161*
『イリアス』 *Īlias* *40, 108*
『オデュッセイア』 *Odysseia* *108*
ポリュクセネ　Polyxenē
トロイア王女。 *151*
ボレアス　Boreās
「北風」の神。 *128*

マ　行
撒かれた人々　Spartoi
ギリシア・テバイ人の祖先。 *103-104*
マグネシア　Magnēsiā
リュディアまたはマケドニアの町。 *122*
マケドニア　Makedoniā
ギリシア北部、テッサリアとトラキアの間の国。 *35, 38, 74, 98, 100, 110, 112, 116*
マルシュアス　Marsyās
笛の巧みなサテュロス。 *6*
マルドニオス　Mardonios
ペルシアの将軍。 *46*
ミノス　Mīnōs
クレタの伝説的な王。 *15, 108*
ムーサ（イ）　Mūsa（複数　Mūsai）
学芸の女神。 *8, 22, 33, 35-36, 41, 53*
無法（アノミアー）　Anomiā
抽象概念の擬人化、女性。 *29*
メガラ　Megara
イストモス上の、アテナイの隣国。 *147*
メディア　Mēdiā
アジアの国（後ペルシア帝国の一部）、カスピ海の南部、南西部。 *46, 60, 109, 112, 146*
メネラオス　Menelāos
スパルタ王。アガメムノンの弟。 *46-48*

メリオネス　Mēriones
クレタ出身の将。 *54*
モロス　Molos
クレタ人、メリオネスの父。 *54*

ヤ　行

友愛　Philiā
抽象概念の擬人化、女性。 *29*
欲望　Epithȳmiā
抽象概念の擬人化、女性。 *126*
ヨーロッパ　Eurōpē
大地を、アジアおよびリビア（＝アフリカ）とともに3分した一部。 *74, 110*

ラ　行

リビア　Libyē
北アフリカの地域。 *74, 110, 117, 136, 138, 140, 142-144*
リュクルゴス　Lykūrgos
スパルタの伝説的な立法者。 *48, 54*
レウコン　Leukōn
黒海ボスポロス王国（クリミア半島）の王。 *60*
レカイオン　Lekhaion
コリントスの港。 *147*
レスボス　Lesbos
エーゲ海の島。 *149*

訳者略歴

内田次信（うちだ　つぐのぶ）

大阪大学大学院文学研究科教授

一九五二年　愛知県生まれ

一九七九年　京都大学大学院文学研究科博士課程修了

二〇〇六年　光華女子大学文学部教授を経て現職

主な著訳書

『ギリシア文学を学ぶ人のために』（共著、世界思想社）

『ヘラクレスは繰り返し現われる――夢と不安のギリシア神話』（大阪大学出版会）

『ルキアノス選集』（国文社）

ピロストラトス『英雄が語るトロイア戦争』（平凡社）

『ギリシア悲劇全集6』エウリーピデース『ヘーラクレース』担当、『ギリシア喜劇全集3』アリストパネース『蛙』担当、『ギリシア喜劇全集7』「アッティカ喜劇」担当（以上、岩波書店）

ピンダロス『祝勝歌集／断片選』、ディオン・クリュソストモス『トロイア陥落せず――弁論集2』、ルキアノス『偽預言者アレクサンドロス――全集4』（共訳）、プルタルコス／ヘラクレイトス『古代ホメロス論集』（以上、京都大学学術出版会）

王政論《おうせいろん》――弁論集《べんろんしゅう》1　　西洋古典叢書　2015 第3回配本

二〇一五年八月二十五日　初版第一刷発行

訳　者　内《うち》田《だ》次《つぐ》信《のぶ》

発行者　末　原　達　郎

発行所　京都大学学術出版会

606-8315 京都市左京区吉田近衛町六九 京都大学吉田南構内

電　話　〇七五-七六一-六一八二

FAX　〇七五-七六一-六一九〇

http://www.kyoto-up.or.jp/

印刷／製本・亜細亜印刷株式会社

ISBN978-4-87698-912-6

定価はカバーに表示してあります

西洋古典叢書 〔第Ⅰ～Ⅳ期、2011～2014〕既刊全113冊（税別）

【ギリシア古典篇】

アイスキネス　弁論集　木曾明子訳　4200円
アキレウス・タティオス　レウキッペとクレイトポン　中谷彩一郎訳　3100円
アテナイオス　食卓の賢人たち　1　柳沼重剛訳　3800円
アテナイオス　食卓の賢人たち　2　柳沼重剛訳　3800円
アテナイオス　食卓の賢人たち　3　柳沼重剛訳　4000円
アテナイオス　食卓の賢人たち　4　柳沼重剛訳　3800円
アテナイオス　食卓の賢人たち　5　柳沼重剛訳　4000円
アラトス／ニカンドロス／オッピアノス　ギリシア教訓叙事詩集　伊藤照夫訳　4300円
アリストクセノス／プトレマイオス　古代音楽論集　山本建郎訳　3600円
アリストテレス　政治学　牛田徳子訳　4200円
アリストテレス　生成と消滅について　池田康男訳　3100円
アリストテレス　魂について　中畑正志訳　3200円

アリストテレス　天について　池田康男訳　3000円
アリストテレス　動物部分論他　坂下浩司訳　4500円
アリストテレス　トピカ　池田康男訳　3800円
アリストテレス　ニコマコス倫理学　朴　一功訳　4700円
アルクマン他　ギリシア合唱抒情詩集　丹下和彦訳　4500円
アルビノス他　プラトン哲学入門　中畑正志訳　4100円
アンティポン／アンドキデス　弁論集　高畠純夫訳　3700円
イアンブリコス　ピタゴラス的生き方　水地宗明訳　3600円
イソクラテス　弁論集　1　小池澄夫訳　3200円
イソクラテス　弁論集　2　小池澄夫訳　3600円
エウセビオス　コンスタンティヌスの生涯　秦　剛平訳　3700円
エウリピデス　悲劇全集　1　丹下和彦訳　4200円
エウリピデス　悲劇全集　2　丹下和彦訳　4200円
エウリピデス　悲劇全集　3　丹下和彦訳　4600円
エウリピデス　悲劇全集　4　丹下和彦訳　4800円

ガレノス　解剖学論集　坂井建雄・池田黎太郎・澤井　直訳　３１００円
ガレノス　自然の機能について　種山恭子訳　３０００円
ガレノス　ヒッポクラテスとプラトンの学説　１　内山勝利・木原志乃訳　３２００円
クセノポン　キュロスの教育　松本仁助訳　３６００円
クセノポン　ギリシア史　１　根本英世訳　２８００円
クセノポン　ギリシア史　２　根本英世訳　３０００円
クセノポン　小品集　松本仁助訳　３２００円
クセノポン　ソクラテス言行録　１　内山勝利訳　３２００円
セクストス・エンペイリコス　ピュロン主義哲学の概要　金山弥平・金山万里子訳　３８００円
セクストス・エンペイリコス　学者たちへの論駁　１　金山弥平・金山万里子訳　３６００円
セクストス・エンペイリコス　学者たちへの論駁　２　金山弥平・金山万里子訳　４４００円
セクストス・エンペイリコス　学者たちへの論駁　３　金山弥平・金山万里子訳　４６００円
ゼノン他　初期ストア派断片集　１　中川純男訳　３６００円
クリュシッポス　初期ストア派断片集　２　水落健治・山口義久訳　４８００円
クリュシッポス　初期ストア派断片集　３　山口義久訳　４２００円

クリュシッポス　初期ストア派断片集 4　中川純男・山口義久訳　3500円
クリュシッポス他　初期ストア派断片集 5　中川純男・山口義久訳　3500円
テオクリトス　牧歌　古澤ゆう子訳　3000円
テオプラストス　植物誌 1　小川洋子訳　4700円
テオプラストス　植物誌 2　小川洋子訳　5000円
ディオニュシオス／デメトリオス　修辞学論集　木曾明子・戸高和弘・渡辺浩司訳　4600円
ディオン・クリュソストモス　トロイア陥落せず——弁論集 2　内田次信訳　3300円
デモステネス　弁論集 1　加来彰俊・北嶋美雪・杉山晃太郎・田中美知太郎・北野雅弘訳　5000円
デモステネス　弁論集 2　木曾明子訳　4500円
デモステネス　弁論集 3　北嶋美雪・木曾明子・杉山晃太郎訳　3600円
デモステネス　弁論集 4　木曾明子・杉山晃太郎訳　3600円
トゥキュディデス　歴史 1　藤縄謙三訳　4200円
トゥキュディデス　歴史 2　城江良和訳　4400円
ピロストラトス／エウナピオス　哲学者・ソフィスト列伝　戸塚七郎・金子佳司訳　3700円
ピロストラトス　テュアナのアポロニオス伝 1　秦　剛平訳　3700円

ピンダロス　祝勝歌集／断片選　内田次信訳　4400円
フィロン　フラックスへの反論／ガイウスへの使節　秦　剛平訳　3200円
プラトン　エウテュデモス／クレイトポン　朴　一功訳　2800円
プラトン　饗宴／パイドン　朴　一功訳　4300円
プラトン　ピレボス　山田道夫訳　3200円
プルタルコス　英雄伝　1　柳沼重剛訳　3900円
プルタルコス　英雄伝　2　柳沼重剛訳　3800円
プルタルコス　英雄伝　3　柳沼重剛訳　3900円
プルタルコス　モラリア　1　瀬口昌久訳　3400円
プルタルコス　モラリア　2　瀬口昌久訳　3300円
プルタルコス　モラリア　3　松本仁助訳　3700円
プルタルコス　モラリア　5　丸橋　裕訳　3700円
プルタルコス　モラリア　6　戸塚七郎訳　3400円
プルタルコス　モラリア　7　田中龍山訳　3700円
プルタルコス　モラリア　8　松本仁助訳　4200円

プルタルコス　モラリア 9　伊藤照夫訳　3400円
プルタルコス　モラリア 10　伊藤照夫訳　2800円
プルタルコス　モラリア 11　三浦　要訳　2800円
プルタルコス　モラリア 13　戸塚七郎訳　3400円
プルタルコス　モラリア 14　戸塚七郎訳　3000円
プルタルコス／ヘラクレイトス　古代ホメロス論集　内田次信訳　3800円
ヘシオドス　全作品　中務哲郎訳　4600円
ポリュビオス　歴史 1　城江良和訳　3700円
ポリュビオス　歴史 2　城江良和訳　3900円
ポリュビオス　歴史 3　城江良和訳　4700円
ポリュビオス　歴史 4　城江良和訳　4300円
マルクス・アウレリウス　自省録　水地宗明訳　3200円
リバニオス　書簡集 1　田中　創訳　5000円
リュシアス　弁論集　細井敦子・桜井万里子・安部素子訳　4200円
ルキアノス　食客――全集 3　丹下和彦訳　3400円

ルキアノス　偽預言者アレクサンドロス――全集４　内田次信・戸田和弘・渡辺浩司訳　３５００円

【ローマ古典篇】

ウェルギリウス　アエネーイス　岡　道男・高橋宏幸訳　４９００円

ウェルギリウス　牧歌／農耕詩　小川正廣訳　２８００円

ウェレイユス・パテルクルス　ローマ世界の歴史　西田卓生・高橋宏幸訳　２８００円

オウィディウス　悲しみの歌／黒海からの手紙　木村健治訳　３８００円

クインティリアヌス　弁論家の教育　１　森谷宇一・戸高和弘・渡辺浩司・伊達立晶訳　２８００円

クインティリアヌス　弁論家の教育　２　森谷宇一・戸高和弘・渡辺浩司・伊達立晶訳　３５００円

クインティリアヌス　弁論家の教育　３　森谷宇一・戸田和弘・吉田俊一郎訳　３５００円

クルティウス・ルフス　アレクサンドロス大王伝　谷栄一郎・上村健二訳　４２００円

スパルティアヌス他　ローマ皇帝群像　１　南川高志訳　３０００円

スパルティアヌス他　ローマ皇帝群像　２　桑山由文・井上文則・南川高志訳　３４００円

スパルティアヌス他　ローマ皇帝群像　３　桑山由文・井上文則訳　３５００円

スパルティアヌス他　ローマ皇帝群像　４　井上文則訳　３７００円

セネカ　悲劇集　1　小川正廣・高橋宏幸・大西英文・小林　標訳　3800円
セネカ　悲劇集　2　岩崎　務・大西英文・宮城徳也・竹中康雄・木村健治訳　4000円
トログス／ユスティヌス抄録　地中海世界史　合阪　學訳　4000円
プラウトゥス　ローマ喜劇集　1　木村健治・宮城徳也・五之治昌比呂・小川正廣・竹中康雄訳　4500円
プラウトゥス　ローマ喜劇集　2　山下太郎・岩谷　智・小川正廣・五之治昌比呂・岩崎　務訳　4200円
プラウトゥス　ローマ喜劇集　3　木村健治・岩谷　智・竹中康雄・山澤孝至訳　4700円
プラウトゥス　ローマ喜劇集　4　高橋宏幸・小林　標・上村健二・宮城徳也・藤谷道夫訳　4700円
テレンティウス　ローマ喜劇集　5　木村健治・城江良和・谷栄一郎・高橋宏幸・上村健二・山下太郎訳　4900円
リウィウス　ローマ建国以来の歴史　1　岩谷　智訳　3100円
リウィウス　ローマ建国以来の歴史　3　毛利　晶訳　3100円
リウィウス　ローマ建国以来の歴史　4　毛利　晶訳　3400円
リウィウス　ローマ建国以来の歴史　5　安井　萠訳　2900円
リウィウス　ローマ建国以来の歴史　9　吉村忠典・小池和子訳　3100円